森の小さな〈ハンター〉たち

狩猟採集民の子どもの民族誌

亀井伸孝

京都大学学術出版会

口絵1

精霊の衣装を編む少女たち

ラフィアヤシの若葉で、バカの人びとが信仰する森の精霊の衣装を作るのは、子どもたちの役目である。ついでに、たすきがけの飾りや髪飾りを作って身にまとう。

口絵2
やり猟に出かける少年たち
この日の成果はパパイヤひとつ。逆に、犬をなくして帰ってきた。

口絵3
おとなといっしょに畑に向かう
親に連れられて畑に行くことがある。畑では少年たちは放任されているが、少女はすでに一人前の働きぶりを見せる。

口絵4

学校の寄宿舎に集まる子どもたち

伝統的な住居モングルがいくつも立ち並ぶ寄宿舎で、まるで森のキャンプのように楽しいひと時を過ごす。しかし、乾季の半ばになると、みな森に入ってしまった。

本書を、私に森の歩き方を教えてくれた「先輩」である
狩猟採集民バカの子どもたちに捧げます

はじめに――人類学者、森の子どもたちに弟子入りする

バーバ（八歳）「ノブウ、ドモ！」（ノブウ、来い）
ノエリ（六歳）「ノブウ、ドモ・ドモ！」（ノブウ、来い来い）
ノブウ（私＝二六歳）「バシカ・ビセケ」（ちょっと待ってえな……）

二人の少年に率いられ、ひよわな人類学者は息をきらしながら後を追いかける。密林の小道に横たわる倒木やからまったつるをぴょいぴょいと飛び越え、垂れ下がる枝の下をひょいとくぐって先へ進む「小さな先輩たち」。森の中では背が低い子どもの方がぜったい有利だよなあ、とつぶやきながら、図体のでかい「後輩」の私は、枝をかきわけながら後をついていく。

バーバ「ノブウ、アカ！」（どこだ）
ノエリ「ノブウ、アカ・アカ！」（どこだどこだ）
ノブウ「……」（ハア、ハア）

向こうはちょっと先で休んでこちらを見やりながら、ついでにパパイヤの実を見つけたり、倒木に生える

キノコなどを集めたりしている。採った物をくるくるっと葉っぱでくるめば、またたく間に今日の成果である包みができる。私が追いついたら、またもや走り出す少年たち。たのむ、待ってくれ……。

ここは、中部アフリカ、カメルーン共和国東南部の熱帯雨林である。昼でも薄暗い森の中を、やりと弓矢と小かごをたずさえ、犬を連れて駆け回るピグミー系狩猟採集民バカの子どもたち。私はこの地域で過ごした一年半の間、この少年少女たちと日がな生活と行動をともにしながら、森の歩き方をひとつずつ教えてもらった。その暮らしを通して、おとなの文化や社会とは異なる、子どもたちの森の生活世界が少しずつ見えてきた。

本書は、とくに以下の点を念頭に置いて書かれた、森の子どもたちのエスノグラフィー（民族誌）である。

ひとつ目は、子どもたちの目線で森と暮らしを見ることである。自然環境の中で生活する人びとの営みについては、これまでも先人たちによって多くの民族誌が記されてきた。この人と自然の関わりを、すべて子どもたちのまなざしでとらえ直し、「子どもが主役の民族誌」を記すことを本書は試みた。それは、おとなのまなざしで文化、社会、環境、そして子どもを見ることに慣れている私たちに、新しい視角をもたらしてくれるであろう。

ふたつ目は、子どもたちが創りだす文化を学ぶことである。「子どもはおとなに教え導かれる存在である」という前提が、子どもたちがそなえている多くの可能性や潜在能力を見えにくくしてきたのではないだろうか。毎日、子ども集団に参与観察調査をすることを通して、私は子どもたちの自律的に文化を創造する能力に出会うことができた。それを、本書ではあますことなく紹介したいと思う。

三つ目は、子どもたちの営みが、外部であるおとなたちの社会や制度とどのようにつながっているのかを見すえることである。子どもたちの生活世界は、ある程度自律的でありながらも、外部世界と無関係ではなく、さまざまな影響を受けている。その関わりを見ながら、子ども文化の自律性とそれが置かれている位置についても検討したい。

本書は、アフリカの密林の中をさっそうと駆け回る世界一かっこいい子どもたちと、この小さな狩猟採集民に弟子入りして森の歩き方を教えてもらった世界一かっこわるい人類学者の、一年半におよぶ出会いの記録である。

用語と表記について

【用語】

「ピグミー」（または「ピグミー系狩猟採集民」）

中部アフリカの熱帯雨林域に暮らし、狩猟採集をおもな生業とする、バカ、アカ、ムブティ、エフェなどの諸民族の総称。平均身長が低く、伝統的な歌と踊りの文化をもつなどの共通した特徴が見られるが、「ピグミー」という単一の民族はない。また、言語も民族ごとに異なっている。

「バカ」

カメルーン共和国、コンゴ共和国、ガボン共和国にまたがる地域で生活する、ピグミー系狩猟採集民の一集団（一七ページ図2-1参照）。伝統的な狩猟採集活動を行う一方、近年では焼畑農耕をもあわせて営んでいる。

「子ども」

本書では、バカにおける *yando*（子どもたち）のカテゴリーに準拠し、おおむね五〜一五歳の年齢層を指すこととする。なお、本書での用語として、おおむね五〜一〇歳を「年少期の子ども」、一一〜一五歳を「年長期の子ども」と区分することがある。

【表記】

人名

本書の主役であるバカの少年少女については、調査協力への謝意を込めて実名でご紹介した。ただし、住民登録上の名前ではなく、日常生活の中で呼び合う愛称を用いた。敬称は、省かせていただいた。

言語

本書の会話部分でカタカナにより表記されている言語は、注記がないかぎりバカ語である。日本語訳は、Brisson & Boursier［1979］を参照しつつ、筆者が行った。

バカ語には、多様な方言がある。本書で紹介したのは、カメルーン共和国東南部ンギリリ村周辺で話されているヴァリエーションのひとつであり、他の地域においては語彙などが異なることがある。

森の小さな〈ハンター〉たち◎目　次

目次

森の小さな〈ハンター〉たち

第一章

狩猟採集民の子どもたち

本書は、アフリカの熱帯雨林に暮らす狩猟採集民バカの子どもたちの生活世界を描いた民族誌である。

狩猟採集民とは、食物や物質文化の素材を自然の生態系から直接獲得する生活を営む人びとである。今日の世界ではすっかりマイノリティになってしまっているが、狩猟採集生活は、人類史約七〇〇万年のうちの大部分を占めるもっとも主要な生活様式であり続けた。

狩猟採集民の社会の特徴のひとつとして、**おとなが子どもたちに対して積極的な教育や訓練を行わない**という、放任的な子育てのスタイルがある。このような社会で、**子どもたちは、なぜ、いかに、狩猟採集を自発的に行うようになっていくのであろうか**。このことに対し、人類学はしばしば「子どもたちは遊びを通して教育・訓練されている」といった説明を与えてきたが、このような後付けの解釈で済ませるのではなく、**子どもたち自身における動機の側面を重視しながら理解することはできないであろうか**。

子どもの目線で文化伝承の仕組みを理解しようと、私は子どもたちの仲間に入れてもらい、いっしょに遊びや狩猟採集をしながら参与観察調査を行うこととした。

この章では、狩猟採集民の子どもの研究の意義と本書の問いを述べ、私がカメルーンでバカの子どもたちというテーマに出会うまでの道のりを紹介する。

狩猟採集民バカの少女たち

一　森の狩猟採集民バカ

森に入ってしまう子どもたち

「バカの子どもたち、また森に入ってしまったのよね……」

カメルーン東部州、熱帯雨林が広がる地域のある村でのことである。狩猟採集民の子どもたちのための学校を運営するカトリックミッション（伝道団）のシスターは、まったく困ったものだわとでも言いたげな表情とともに、ため息まじりで私にこうこぼした。シスターたちは、公立学校になかなか通おうとしない狩猟採集民バカの子どもたちが通いやすいようにと、小さな私立学校を各地に開設し、子どもたちを集めようと活動をしている。

雨季、すなわち狩猟採集に適していない季節には、バカのおとなたちは定住集落に滞在していることが多い。このような季節には子どもたちも定住集落にいて、学校に顔を見せることがある。しかし、乾季がおとずれて森の中で狩猟採集を行うのに絶好のシーズンともなれば、子どもたちは親や親族のおとなたちについて、いっしょに森の奥深くへと入ってしまう。その結果、朝、学校に集まって来る子どもの数は、激減することになる。

また、雨季の定住集落に滞在している時期であっても、ある朝起きてみたら、集落中から少年や少女たちの姿がぷいっと消えてしまっていることがある。

「あいつら、今日は釣りに行ったよ」

狩猟採集民バカの森のキャンプ。おもに乾季に滞在し、狩猟採集を営む場所である。

「母親といっしょに、採集に」

バカのおとなたちは、とりたてて変わったこともないかのように、学校をさぼって森に行った子どもたちのことを語る。しかし、集落という定点において学校事業を進めようとしているカトリックミッションの人たちや教師たちにとって、それは子どもたちが「消えてしまう」のと同じことと映る。

もちろん、子どもたちは消えてしまうわけでなく、森の中で定住集落におけるのとは異なる生活を営んでいる。しかし、「学校」という定点でしか子どもたちを見ることができない立場の人たちには、森に入った先に何があるかを想像し、理解することは難しかったようである。

幸い、人類学者はこのような定点をもっていない。むしろ、そのフットワークの軽さでいっしょに森の中に入ってしまい、そこでの暮らしぶりをつぶさに見ることができる。本書は、「森に入ってしまった」後の子どもたちの姿を追いかけ、その日常の生活を明らかにしようとする。学校関係者が期待している、まじめに毎朝通学するだけの子どもたちの姿とは似ても似つかない、森の中での活躍ぶりを示すことになるであろう。また、そのような森の生活を中心としたまなざしで、あらためて学校というものを見つめ返すこともできるにちがいない。

子どもたちが森に入り、学校に来なくなってしまうことを「好ましくない問題」ととらえるのではなく、「狩猟採集民としての本来の生活の場に帰っていくこと」として見たら、どのような子どもたちの姿に出会えるであろうか。これが、本書の一貫した視点である。

狩猟採集民とは

まず、狩猟採集民とはどのような人たちであるかを述べておきたい。

狩猟採集民（hunter-gatherers）とは、食物や物質文化の素材を自然の生態系から直接獲得する生活を営む人びとである。今日では、世界人口のうち農耕や都市生活を営む人が圧倒的な割合を占めているがゆえに、狩猟採集という生業を営む人びとはマイノリティとなっているが、約七〇〇万年におよぶ人類進化の過程を振り返ると、狩猟採集生活は人類史の九九％以上を占めてきたもっとも主要な生活様式である。今日、必ずしも狩猟採集生活を営んでいない私たちにおいても、ヒト（*Homo sapiens*）としての生物学的特徴は、かつての狩猟採集生活の中でそなわったと考えられている。その社会と文化の特徴を理解することは、私たちヒトを理解することでもある。

世界には、寒冷地から熱帯にいたるまで、さまざまな自然環境のなかで、狩猟採集を営む人びとが暮らしている。その生活様式には多くの違いが見られるが、おおむねいくつかの共通した特徴があると言われている［サーヴィス 1966（1972）；丹野 1986；北西 1997；市川 1986；菅原 1986］。

生業に関連することとして、動植物とその利用法に関する詳細な知識をもっていること、狩猟採集の技術や道具の文化をもつこと、男性が狩猟を、女性が採集を行うといった性別分業の傾向があることなどが挙げられる。また、経済面では、道具などの物質文化が簡素であること、蓄財を行わない傾向にあること、獲得した食物を平等分配するシステムをもつことなどが指摘されている。さらに、社会的な側面として、定住生活ではなく遊動生活を営み、生活の場を頻繁に変えること、生計をともにする集団の顔ぶれが流動的に変化すること、また、穏和なパーソナリティをもつことなどが指摘される。これらは、自然環境に依拠して暮らす生活の中で成立した、狩猟採集文化に共通する特徴であると言える。ヒトは進化の過程で、このような生活様式をもつ動物の一種として出現したものと考えられる。

本書のテーマである子どもに深く関わることとして、一般に狩猟採集社会では、子どもに対する教育や訓練が積極的に行われないという傾向が、民族誌の中でしばしば指摘されてきた。学校制度をもたないだけでなく、おとなが子どもに物を教えるという態度がなく［原 1979］、しつけらしいしつけも見られないとされる［分藤 2001］。それにもかかわらず、さまざまな生業活動や家事労働が、子どもたちによって自発的に行われる様子が描かれており［山本 1997］、このような社会においては、教育の多くは意識されずに遂行されているのであろうと解釈されている［原子 1980］。それは、なぜ、いかに達成されるのであろうか。狩猟採集民の子どもの民族誌は、この部分に光を当てていくことになる。

ピグミー系狩猟採集民バカ

次に、私が調査を行ったバカ（Baka）という民族について紹介しよう。バカとは、中部アフリカに広がるコンゴ盆地北西部の、カメルーン共和国、コンゴ共和国、ガボン共和国にまたがる熱帯雨林に生活するピグミー系狩猟採集民の一集団である（二七ページ図2-1参照）。彼らは、バカ語という、東アダマワ系ウバンギアン・グループに属する独自の言語を話す［Bahuchet 1992］。人口は、およそ三～四万人と推定されている［Althabe 1965］[1]。コンゴ盆地の熱帯雨林に生活する他のピグミー系狩猟採集民と同様、これまでバカは森林の中のキャンプを移動しながら、狩猟、採集、漁撈を中心とした生業活動にたずさわる生活を営んでいたとされる。ただし、一九六〇年代以降、定住化、農耕化が普及し［Althabe 1965］、現在では定住集落周辺で農耕を営みつつ、一年に二度訪れる乾季の狩猟採集に適したシーズンに、森のキャンプへ移動するという生活形態が主流である（図1-1）。

生業活動としては、わなや銃による狩猟、定住集落の周辺における採集、釣りやかいだし漁（第四章六節参照）が森の中で行われるほか、定住集落の周囲の焼畑では加熱調理用のプランテンバナナやキャッサバなどの栽培が行われている。雨季には定住集落周辺に暮らしつつこれらの畑の耕作を行い、乾季には定住集落を離れて森のキャンプに入って狩猟や漁撈、採集中心の生活を送る。なお、前述のとおり、狩猟採集社会に一般的な特徴として、男性が狩猟を行い、女性が採集を行うという性別分業があるが、バカの社会において

街道沿いのバカの定住集落。おもに雨季に滞在する。農耕民たちが居を構える本村からは、少し離れた場所にあることが多い。

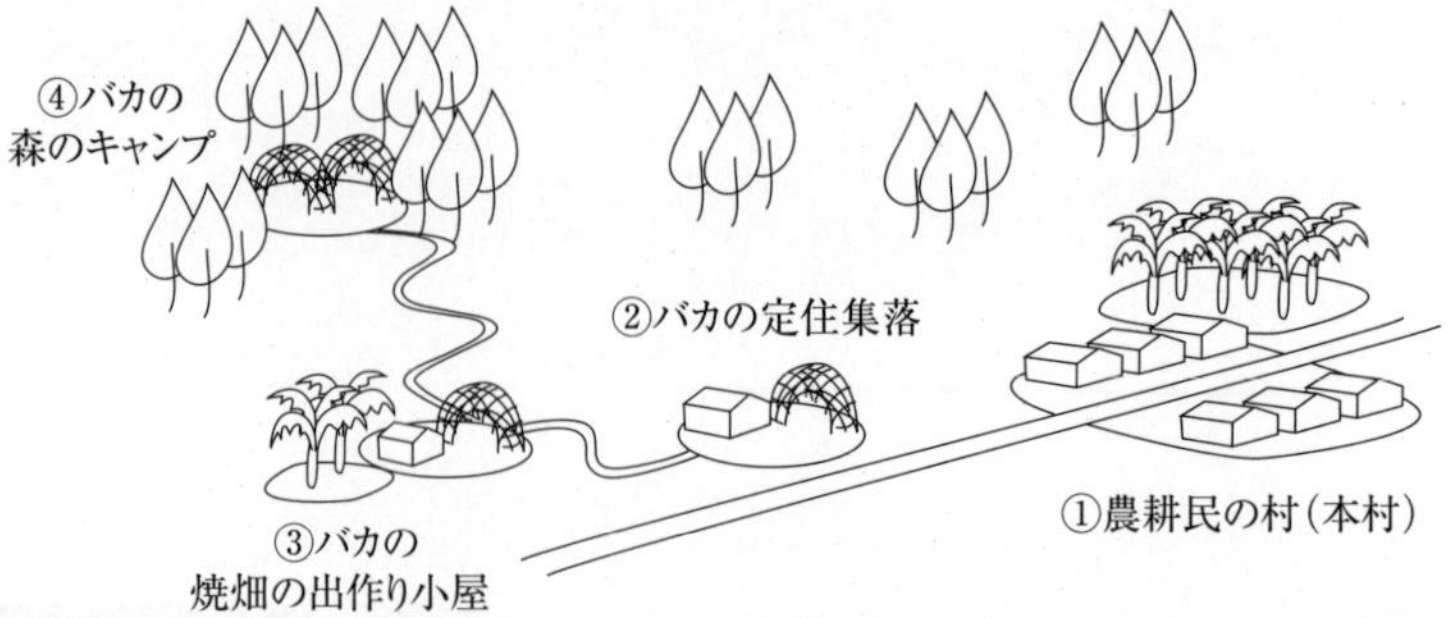

図１－１　バカの生活空間（模式図）

一般に、農耕民の大きな村（①）が行政、交通、商業、教育などの中心となっている。狩猟採集民バカは、その近くの街道沿いに小さな定住集落を構えるが（②）、必要に応じて焼畑の出作り小屋（③）に滞在したり、狩猟採集を営む森のキャンプ（④）で過ごしたりする。

もこれが明らかに見られる。一方、性別に関わること以外で明瞭な分業を見ることは少なく、各人がジェネラリストとしてさまざまな生業や家事労働に従事しており、顕著な社会階層を見ることもない。この点でも、バカは多くの狩猟採集社会に共通した特徴をそなえている。

バカの人びとにとっての森という環境は、精神世界においても重要である。森の中には多くの種類の精霊「メ（*me*）」がいると信じられており、それに関わる伝統的な歌と踊りの集い「ベ（*be*）」を、おもに日暮れ時に頻繁に行うことで知られている。この「ベ」のダンスや、そこにおいて歌われる伝統的な歌の合唱の巧みさも、この民族の文化の特徴としてしばしば言及されている。

本書では、この部分的に農耕化した狩猟採集民であるバカに焦点を当てることとする。現在では、生業活動と食生活の上で農耕が占める比重は高いが、今なお森の中で狩猟、採集、漁撈を行っている。また、流動的な社会編成や食物分配の慣習、簡素な物質文化など、狩猟採集社会のさまざまな特徴を保っている。子どもに対するおとなの放任的な態度についても、他の民族誌に描かれてきた狩猟採集民の傾向と同様である。総じて言えば、「狩猟採集民らしさ」を色濃く残したまま、生業のひとつとして農耕も取り入れ始めた人びとであると言うことができるであろう。

つまり、このバカの人びとは、狩猟採集を中心とした森の中の生活と、畑や学校を舞台とする村の生活の、両面をもちあわせた人びとである。バカの社会における伝統的な狩猟、採集、漁撈と、比較的新しい生業である農耕の性格を比較したり、森と村という両方の生活の場を行き来する子どもたちの行動を見たりすることで、狩猟採集社会の特性を知る手がかりとすることができるであろう。

バカに関しては、多くの言語学的、人類学的研究がなされてきており、網羅的かつ詳細な民族誌が編まれている［Bahuchet 1992；木村 2003］。また、バカの子どもについては、山本［1997；2001］が定住集落における子どもの日常生活を記載しているほか、分藤［2001］がバカのライフサイクルに関する記載の中で少年期に触れている。

二　教育のない社会で育つ子どもたち

放任的な社会における文化伝承

本書の主人公は、熱帯雨林に暮らす狩猟採集民バカの子どもたちである。なぜ子どもたちに注目することが興味深いのであろうか。それは、先に述べた狩猟採集社会の特性のひとつである「教育や訓練を積極的に行わないこと」に関わっている。

おとなが子どもたちに対して、手取り足取り、森の歩き方や狩猟採集の方法、動植物の知識などを教え込んでいる姿を、私は見たことがない。このような放任的な社会において、子どもは、なぜ、いかに、そのような知識と技術を獲得して、この社会の成員としての役割をもつおとなの男女となっていくのであろうか。社会が崩壊せず、文化の世代間伝承が円滑に行われているように見える以上、そこには何らかの仕組みがあるにちがいない。では、その仕組みとは何であろうか。そして、それを成り立たせている要因とは何であろうか。以下では「子どもが文化を獲得し社会の成員となる過程」を社会化過程と呼び(三)、その仕組みを明らかにすることを目指したい。

狩猟採集社会の子どもが成長に伴って獲得することは多岐にわたるが、ここではおもに子どもが生業活動へ参加するようになる過程に焦点を当てる。なぜなら、狩猟採集社会の最大の特徴は、自然環境から食物などとなる有用な動植物を直接手に入れる営みにあり、子どもを成長に応じて適した形で生業活動に組み込むことは、社会の構成員の生存を支えるために欠くことができない一過程であるからである。狩猟採集生活が人類の歴史の中で占める重要性を考えれば、ヒトの特徴を理解する上でもこの過程がどのような仕組みにおいて行われるかは注目に値するであろう。

ここでは、とくにこの問題を「自発的に生業活動を行うようになる過程」と「自発的に性別の分業に従うようになる過程」のふたつに分けて、論点を整理することとしたい。

まず、一点目の「生業活動を行うようになる過程」に関してである。狩猟や採集などの動植物を取る活動とは、「食物を手に取って食べる」という個人の行動に還元できない社会性をもった活動である。有用な動植物を得るための知識と技能は文化によって与えられ、それによって子どもは活動参加を動機付けられる。また、多くの狩猟採集にあたっては、集団を編成し、役割分担をしながら進めるため、活動それ自体が社会的な行為の集合である。つまり子どもがそれらを自分で行えるようになるためには、社会の中でさまざまなことを覚えなければならない。

子どもの狩猟採集活動に関わる研究はこれまでもなされてきたが[Draper 1976 ; Lee 1979 ; Blurton Jones, Hawkes & Draper 1994 ; Blurton Jones, Hawkes & O'Connell 1997 ; Bird & Bird 2000 ; Hewlett & Lamb eds. 2005]、これらは、子どもたちの生計への寄与の度合いを定量的に分析するものであり、子どもが狩猟採集活動に参

画していくプロセスを、子どもたちの動機に注目して明らかにした研究はない。本書の注目点は、なぜ、いかに、子どもたちは生業活動を行うようになるのかという部分にある。それを、子ども自身の体験に肉迫することで理解したいと考えている。

次に、二点目の「自発的に性別の分業に従うようになる過程」に関してである。一般に、狩猟採集社会では労働の専門的専従化が見られず、一人一人が多岐に渡る活動をこなすジェネラリストであるとされるが、その例外が性別分業である。男性が狩猟を、女性が採集をおもに行うという性別分業は、狩猟採集社会に広く見られている［サーヴィス 1966（1972）; 丹野 1995］。性別分業の中のさらに細かい分業は見られないため、狩猟採集社会において、性別は、年齢や個人の能力など他の差異に比べて、際立って重要な位置を占めているカテゴリーであると言える(三)。

ある生業活動や家事労働を、男性と女性のどちらの性に割り振るかについては、通文化的研究の中で一定の傾向が示されている［Murdock 1937］。多くの社会で、男性は狩猟や体力を伴う仕事を、女性は採集や育児などを行う傾向があるとの類似性があり、その説明としては、男女の体力差などの生物学的性差や、自然環境という外的要因などが指摘されてきた［D'Andrade 1974; 西田 1999; 原 1979］。これらが、当該社会の性別分業のシステムを規定する究極的な要因であるとするならば、一方で、個々の子どもたちがそのあり方を文化として学び、その分業を引き受けていく仕組みはいかなるものかという問いが残るであろう。先に述べた通文化的研究の中でも、男性と女性の分業のあり方には社会による差異もあわせて浮かび上がっており、個々の少年や少女を生まれながらにして特定の生業活動へと駆り立てるような、何らかの生物学的要因があると想定することは難しい。その細部は、やはり文化によって定められ、子どもたちは学習の中で、当該社会における適切な性別役割を選びとっていくと考えられる。それがなぜ、いかに達成されるかを、子どもたち自身の動機のレベルで説明したいと考えている。

「遊び＝教育」論と本書の問い

子どもたちは、なぜ、いかに自発的に生業活動を営むようになるのか。そして、なぜ、いかに自発的に男女別の分業をするようになるのであろうか。このような問いに対して、人類学はしばしば、「子どもたちは遊びを通して教育・訓練されている」という説明を与えてきた。

たとえば、コンゴ盆地のピグミー系狩猟採集民ムブティの調査を行ったターンブル［1962（1976）］は、おとなの狩猟採集のまねをして遊ぶ子どもたちの姿を描き、「教育の第一歩」であると解釈している。他の狩猟採集社会においても、子どもたちの間におとなの生業活動に類似した遊びが見られ、それらはおとなの活動の模倣と見なされ、生業活動に関わる何らかの学習効果をもたらすと解釈される［田中 1994；原子 1980；市川 1985］。

少年は、おとなの男性の活動を模倣した遊びを通して教育されている。少女は、おとなの女性の活動を模倣した遊びを経験する中で、訓練を受けている。これらが、近代社会における学校教育などの代替であり、社会に埋め込まれた教育であり、文化伝承に寄与している。このような立論は、文化要素を機能主義的に理解する上ではきわめて整合性のあるモデルである。

ただし、これらの指摘は着眼点として興味深いものでありながら、十分にその仕組みを解明してはいないという点で不備を残している。子どもたちは、なにも「教育されたい」「訓練されたい」と思って遊ぶのではなく、単に「おもしろい」という衝動にかられて遊んでいるにほかならないからである。そうであるにもかかわらず、なぜ、いかに、子どもたちの行動が、既存のおとなの文化である生業活動へと収斂していくのか。どのような要因が、少年少女を、狩猟採集民としての適切な役割へと誘っているのであろうか。その部分が、「遊び＝教育」論では抜け落ちてしまっている。

「遊び＝教育」論は、社会化の結果を後付け的に説明するものであって、それが成立するための仕組みを明らかにするものではない。言い換えれば、これは子どもたちが自発的におとなの男女の役割を担うようになることを期待している「おとなの目線」で語られるモデルであって、子どもたち自身が楽しさにかまけてさまざまな遊びなどの活動を展開している現場に立った「子どもの目線」のモデルではない。

以上の論点を整理しよう。

「子どもたちは、なぜ、いかに自発的に生業活動を行うようになるのか」

「子どもたちは、なぜ、いかに自発的に性別の分業に従うようになるのか」

これらの問いに関して、子どもたちの日常生活全般と諸活動を直接観察に基づいて記載し、子どもたち自身における動機の側面を重視しながら理解を進め、回答となるべき仮説群を提示することが本書の目的である。

三　バカの子どもたちと出会うまで

子どもというテーマの模索

私が狩猟採集民バカの子どもたちの日常生活と行動を研究テーマに選んだ理論的背景は、以上の通りである。とはいえ、研究テーマの選択は、このような理路整然とした学術的要請と問題意識によってのみ行われるものとは限らない。私が子どもを調査対象に選んだことには、他にもいくつかの理由があった。その楽屋裏の事情を、少しだけご紹介することとしたい。

まず、重要なこととして、子どもに関する先行研究が少ないということがあった。狩猟採集民に関しては、おとなが行う生業活動や儀礼などを中心に、先人たちの研究の蓄積があり、私のように後を追う研究者は、まだ手をつけられていないテーマを探す必要があった。

私は大学院博士後期課程に進学した直後、寺嶋秀明教授（神戸学院大学）を代表とする科学研究費補助金（国際学術研究）の研究組織の一員としていただく機会を得て、カメルーンの熱帯雨林で調査を行うチームに属していた。単身アフリカに乗り込んで探検を行うのとは異なり、同じ地域の同じ民族を対象に研究に取り組む仲間たちが数多くいるなかで、同業者とのテーマの重複を避けることは重要なことであった。

一九九六年一一月、市川光雄教授（京都大学）に連れられ、やはりアフリカ初訪問の分藤大翼《だいすけ》准教授（信州大学、当時京都大学大学院生）とともに、カメルーン東南部をドライブ旅行しながらあれこれ見聞して回った。赤い土ぼこりがもうもうと立ちこめる中、洗濯板のように凸凹がはげしいがたがたの林道を、四輪駆動の白いパジェロで猛スピードで突っ走った。一日走れば、汗まみれの顔に赤い土ぼこりが貼り付いて、人間が「赤いきな粉餅」のごとくになった。そのような顔をして町のホテルに着いたら、逗留していたフランス人から「火星旅行からようこそお帰り」などと冷やかされた。日系企業の日本人社長が、「短期間でこんなにボロボロになりますか！」と目をむくほどにガタのきた車で、東へ西へと移動して回った。右側通行、左ハンドルのカメルーンでの運転になじんだ私は、おかげでいまだに日本の右ハンドルに慣れることができないでいる。

このような強行軍の広域予備調査を経て、「ここの集落、子どもがえらい多いな」「そういえば、子どもってこれまで調査があんまりなくてええんちゃうかな」といったたあいもない会話を交わすなかで、おのずとその焦点がしぼられていった。

また、私の研究の志向性として、動植物に関する博物学的な知識を蓄積することよりも、人びとのコミュニケーションや行動により強い関心をもっていたことがある。アフリカに渡る前、大学院の修士課程に在籍

集落を訪れるカトリックミッションのシスター。バカの集落を巡回し、キリスト教布教のほか、学校教育や医療活動をしている。

していた頃、私は霊長類学を学んでいたことがある。宮崎県の幸島という無人島に泊まり込み、一〇〇頭あまりの野生ニホンザルを相手に、全頭の個体識別を行い、社会的行動の調査をしていた。修士論文発表のテーマは「ニホンザルの行動選択にかかわる社会的条件――食物をめぐる葛藤の事例分析」［亀井 1996］というものであったが、直接観察を通してニホンザルの社会を記述すること、社会科学的な視点を含めて対象集団の全体像を理解することに関心があった。また、当時はまったくの余暇活動としてであったが、ろう者が話す日本手話の勉強を始めていたという経緯もあり、コミュニケーション全般への関心が強かった（後にこれが自分の主要な研究［亀井 2006 ; 2009b ; 秋山・亀井 2004 など］へとつながっていくとは、当時はまったく想定していなかった）。

さらにもうひとつ、隠れた動機として、体育会系の強靭な身体をもっていない私は、おとなの生業活動を調査することに限界を感じることがあった。一般に、おとなが狩猟採集を行うとき、その行動範囲は非常に広くにおよんでいた。私はバカの男性たちの狩猟などについていったことがあるが、行くたびにハアハアと息を切らして森の中でばててしまい、狩猟の一行の足を引っぱることもしばしばであった。子どもたちを相手に調査することにすれば、肉体的な負担が多少は軽減されるのではないかという読みもあった。むろん、子どもたちについていっても、本書の冒頭で紹介したように、やはり大幅に後れをとってチームの足を引っぱっていたので、結局迷惑をかけていたことには変わりない。それでも、なんとか仲間には入れてもらえたので、比較的ましな選択ではあったであろう。

もっとも、このようなもろもろの事情も、ある意味ですべて「後付けの説明」になるのかもしれない。私が狩猟採集民の子どもたちとの調査にのめり込んでいった動機としては、おそらく、魅力的な子どもたちと現地で出会ってしまったという偶然の要素がもっとも大きかった。当初は学校教育を中心とした調査をしようと考えていたが、学校が長期休暇に入ってしまい、森の中の子どもたちの姿を目にし始めたことが、おもしろさにぐっと惹き付けられていったきっかけであった(第二章)。

このような偶然の要素をあまさずつかみ取れることが、現地に身を置く調査法であるフィールドワークの最大の強みであろう。当初の計画がうまくいかなかったとしても、何度でも軌道修正をすることができる。つまり「転んでもただでは起きない」というフィールドワークの長所を、私は最大限に活かすことができたのである[武田・亀井編 2008]。

「はんぱな活動」の数かず

「子どもたちの自発的な社会化」の謎を解き明かす上で、手がかりとなりそうなこととして、「まるで成果の上がらない、子どもたちの狩猟採集のごとき一群の活動」がある。私がバカの社会で子どもの活動の観察をしていたときに目に付いたのは、なかなか収穫物が得られないわりには、連日楽しそうに動植物を手に入れようと出かけていく子どもたちの姿であった。その活動の形式は、多くの場合おとなのそれと類似してはいるものの、いまだ経済活動としての位置を与えられておらず、おとなの生業活動と同列にあつかうことはできない、いわば「はんぱな活動群」である。また、これらにはしばしば遊戯的な側面が伴っているが、有用な動植物を取ろうとする目的があることも多く、純然たる遊びともやや異なる面をもっている。本書では、子どもたちの遊びや生業活動を広くとらえ、このようなグレーゾーンの活動群をも対象として観察、記載し、その実態をつかもうとする。

もうひとつ、現地で観察する中で私が強く感じていたことは、子どもたちが自分たちで集団を作って活動を組織し、いわば一人前の狩猟採集民の風格をただよわせて森を歩いていたことである。おとなのすることをまねて教わっているというよりは、むしろスケールの小さな狩猟採集民そのものなのではないかという観察である。

北米の狩猟採集民ヘヤー・インディアンの社会では、子どもたちが幼い頃から刃物をあつかい、一人前の風格をもって仕事に励んでいるという［原 1979］。バカの子どもたちのさっそうとした森歩きの姿も、それに負けぬ風格をもち、自発的かつ主体的にさまざまな活動をくり広げているように見受けられた。

「子どもの民族誌」に挑む

狩猟採集に積極的に身を投じていく子どもたちの楽しげで頼もしい姿に学ぼうと思った私は、子どもたちの活動を観察し、その文化を正しく理解、記述することで、先の問いに迫ろうと考えた。それは、「おとなによって教え導かれる、学習途上の存在」として子どもを見るのではなく、むしろ「自身の関心と意欲に従って、自ら学び育つ存在」として子どもを見るという視点の転換でもある。この視点の転換のためのもっとも効果的な早道とは、「私自身が狩猟採集民の子どもになること」であろう。現実的に子どもになることはできないが、それに近い存在になることはできるはずである。つまり、子どもたちの集団への参与観察を行って、その文化を学ぶという方法である。

子どもの間で伝承されている文化（歌や遊びなど）の研究の例はいくらか存在しているが［Opie & Opie 1959；藤本 1985；岩田編 1987］、概して子どもは「できかけのおとな」として、文化的集団としては記述されにくく、文化人類学の民族誌においては敬遠されがちであった［Hirschfeld 2002］。また、民族誌が子どもをあつかうとき、文化人類学者の視点は、往々にして親による「子育て」や「教育」のまなざしに重なりがちであった［原 1979；青柳 1977］。人類学者が対象民族の文化の中に入っても、おとなたちの視点への共感にとどまっており、さらにもう一歩、子ども集団の中にまで入り込んでそのまなざしで民族誌を描くという例はなかった。文化人類学が、対象集団への参与観察を通してイーミック（emic）な視点、すなわち集団の内側からのまなざしによって文化を描くことを試みようとするのであれば、何よりもまず、子ども集団の中に入り込むのがよいはずである。

　それならば、子どもたちの仲間に入れてもらって、いっしょに遊びや狩猟採集などをしながら参与観察をすればよいではないか。こう思い立った私は、バカの子どもたちに弟子入りすることにした。

四　本書の対象と構成

バカの年齢階層

本書であつかう子どもたちの年齢層を、バカにおける年齢区分を参照しながら確認しておきたい。

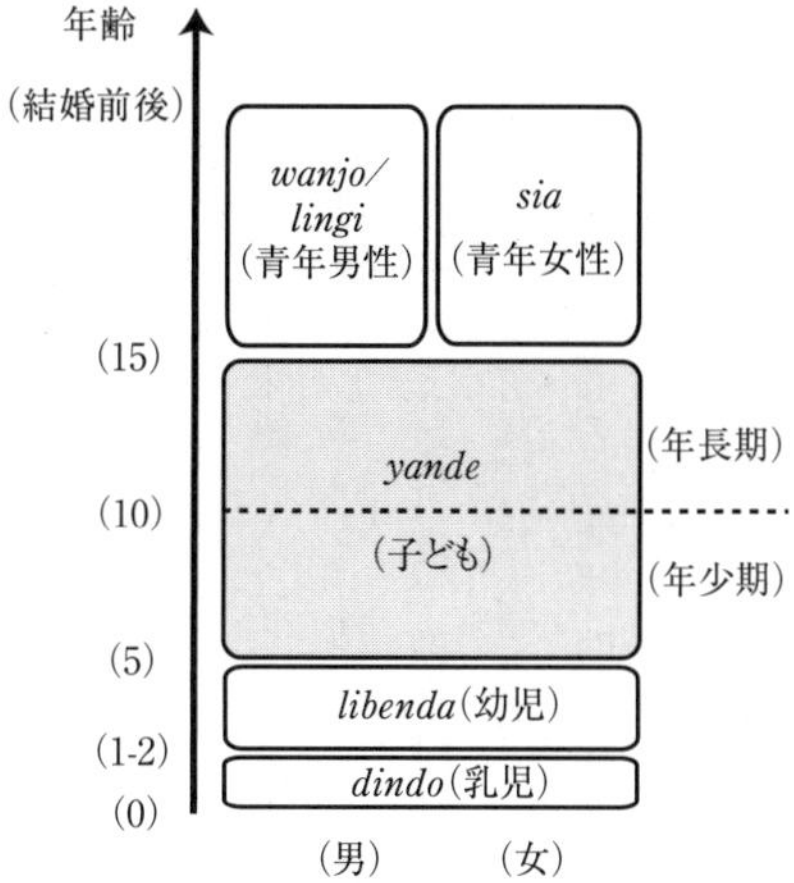

図1-2　バカ社会における未婚者の年齢階層（模式図）
年齢はいずれも目安。

　バカの社会における年齢の区分は、おおむね次のようになっている。幼い方から順に、*dindo*（乳児）、*libenda*（幼児）、*yande*（子ども）、*lingi* ないし *wanjo*（青年男性）、*sia*（青年女性）、*mbotaki*（おとな）、*kobo*（初老）、*ngbekoa bo*（老人）である［Brisson & Boursier 1979；分藤 2001］。いずれも何歳以上といったような明確な基準を伴った区分ではなく、カテゴリーが柔軟に用いられる傾向がある（図1-2）。

　本書の対象は、*yande*（子ども、複数形は *yando*）期に相当する年齢階層で、その推定年齢はおよそ五～一五歳である[四]。本書ではこの階層を総称して「子ども」と呼ぶこととする。子どもを性別に分けて呼ぶ必要がある場面では、「少年」「少女」と呼ぶことにする。さらに、この子ども（少年、少女）を、一〇歳を区切りとして「年少期」と「年長期」に分けてあつかうことがある。つまり、子どもを性年齢によって、大きく四つのカテゴリーに分けることとする。

バカの未婚の人たちの年齢階層のおおまかな特徴を見ておこう。乳児（出生～一歳）は歩行せず、親とともに過ごしている。幼児（二～四歳）は、歩き始めるものの、親の近くで過ごすことが多い。年少期の子ども（五～一〇歳）は、親と離れて、同年齢や年上の子どもとともに活動する機会が増える。年長期の子ども（一一～一五歳）は、子どもたちの活動の中で中心的な役割を担うとともに、生業活動や家事労働の一部も行うようになる。青年（一六歳～結婚前後）は、身体的に成熟して本格的に生業活動に参加するとともに、男性は出稼ぎに行き、女性は家事労働の中心に入る。結婚相手を探すための、集落を越えた相互の訪問活動も盛んになる。結婚の際は、婚資労働のため男性は妻方に滞在した後に、自分の居住集団に戻って生活するケースが多い。

本書の構成

バカの子どもたちの生活世界を描く本書は、次のような構成をとっている。

まず、バカの子どもたちの集まりにおいて参与観察をしようと決めた私が、現地でどのような調査を行ってきたか、その方法を具体的に紹介するとともに、少年少女たちの日常活動全般を素描する（第二章）。そのなかで、まず子どもたちが行っている遊びに焦点を当て、それぞれの遊びを紹介するとともに、その特徴や傾向を見る（第三章）。ついで、狩猟、採集、漁撈、農耕といった生業活動への参加の様子を描き、とくに関連する遊びや遊戯的性格に注目して分析する（第四章）。さらに、子どもの行動範囲と自然観、食生活と食物分配、余暇時間を含めた子どもの社会関係や居住のあり方全般について記載し、分析する（第五章）。

そして、近年この社会に訪れた変化の事例として、学校教育の導入の状況を報告する（第六章）。これらをまとめつつ、子どもが生業活動へ参加し、かつ活動の性差を現していく過程の仕組みについてまとめ、狩猟採集社会の特性と関連付けて考察する（第七章）。

なお、第二章で紹介する調査法のうち、とくにフィールドにおいて「スケッチを描く」という方法の利点について、別途論考を付している（補論）。

サトウキビの株
（フィールドノートより）

第二章

子どもたちの仲間に入る

私はカメルーン共和国東部州のバカの定住集落や森のキャンプに住み込み、子どもたちを対象とした調査を始めた。

子どもたちを相手とするフィールドワークで**もっとも難しかったのは、「はじめに仲良くなること」であった。**私は、白い顔をした長髪の奇妙な外国人である。このような人物がいきなり自分たちの集落にやって来て住み着いたら、子どもたちが恐怖心や警戒心を抱くのは当然のことかもしれない。その緊張を解き、友だちになるために、私は森の遊びやバカ語を覚え、絵を描き、一発芸の踊りまで披露して、身を張って子どもたちに溶け込むよう心がけた。

一度緊張が解ければ、後はもう遠慮の要らない対等な友だちである。私は自分の家のベンチを子どもたちに開放し、いつでもそこで遊んでもらえるようにした。やがて、子どもたちの方から、私を遊びや狩猟、採集に誘ってくれるようになった。毎日夕方に行った聞き取り調査も、子どもたちと私にとって楽しい日課のひとつとなった。

この章では、子どもたちを対象としたフィールドワークの手法の数かずを紹介するとともに、バカの子どもたちの日常活動の概要を示したい。

私の家は、子どもたちがたむろする「子どもの家」になった

一　調査地の概要

調査開始！

「ノブウ、ゴイ！」（ノブウ、行くぞ！）

お呼びがかかった。よし、調査開始の合図である。

昼下がり、自分のテントでノート整理などをしているときに、不意に子どもたちから声がかかることがある。目をやれば、少年たちがやりをもって集まり、他の少年たちも家から駆け出してくる姿が見える。私も狩猟の仲間として誘われたというわけだ。そうなれば、ノート整理などいつでもできることは後回し、即座にポケットのたくさん付いたチョッキをはおり、ノートとペンとカメラをもって、合流する。

私「マア・ゴエ」（行ってきます）

おとな「イーイ」（はーい）

「あはは、ノブウも子どもだ」

そのようなおとなたちの温かい見送りのまなざしを背に、集落を出て、昼下がりのひと時を子どもたちの森行きに同行する。

このような、なんとも愉快な調査の定番スタイルができあがるまでには、しかし、ずいぶんの紆余曲折があり、時間を費やしたものである。

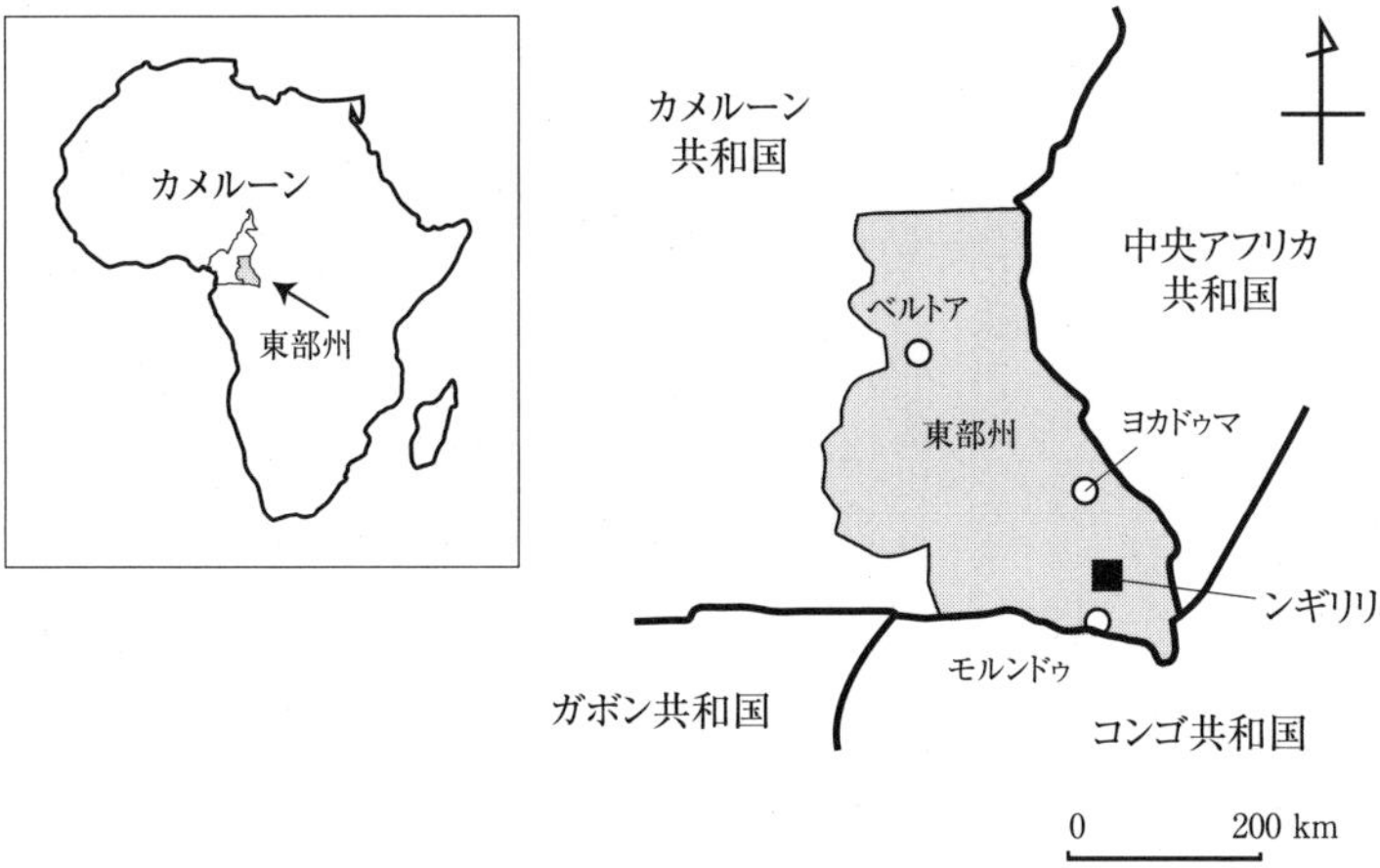

図2－1　調査地

東部州ンギリリ村のバカの集落

私が調査のために滞在したのは、カメルーン共和国東部州ブンバ・ンゴコ県モルンドゥ郡ンギリリ村である（図2-1）。ンギリリ村は、コンゴ共和国との国境に接する町モルンドゥから約二〇キロメートルの位置にある人口およそ五〇〇～六〇〇人の村で、バクェレ、ボマン（以上バントゥー系農耕民）、バンガンドゥ（ウバンギアン系農耕民）、バカなど、複数の民族集団の集落が含まれている。村の中心部には農耕民が集住し、公立学校、教会、診療所が設置されているほか、雑貨店、食堂などがある。村の中心部から東に延びる林道沿いに集落が点在し、その大半はバカの集落である。

この地域にバカがいつ頃から定住集落を作って居住するようになったかは定かでないが、一九六四年時点の調査によれば、すでに同林道沿いにバカの集団の分布が見られることから［ORSTOM 1964］、バカの定住化の歴史の中では、比較的早期に成立した集落であると言えるであろう。

調査はンギリリ村中心部から約四キロメートルおよび四・五キロメートルに位置するふたつのバカの定住集落、マラパおよびマプンブルと、その構成員が移動した先の森の中のキャンプなどにおいて行われた（図2-2）。マプンブルは三つの区域から成るため、便宜的にⅠ、Ⅱ、Ⅲと名付けた。ⅢはⅡに暮らす老人夫婦の娘夫婦とその子どもたちで構成されている。定住集落周辺での生業活動は頻繁にいっしょに行うが、食事や森のキャンプへの移動は別べつに行っている。近接した位置関係にあるためにひとつの定住集落とみなしているが、社会的にはそれぞれが小さな居住集団としての性格をもつ。

それぞれに属しているのは、マラパは二〇世帯の約九〇人、マプンブルは一四世帯の約五〇人である。ただし、そのうちの複数の家族は、数キロメートル離れた焼畑の出作り小屋を生活の中心とし、調査期間中に集落で生活していない[一]。ここでは、「集落に帰属し、かつ調査期間中に実際に生活の中心が集落にあった人びと」を居住者と見なすこととし、その性年齢構成を示した（表2-1）。これ以外に、おとな男性が狩猟や出稼ぎのために長期にわたって集落を留守にしたり、別の集落を訪問してしばらく帰ってこなかったり、逆に他の集落から来た一時的滞在者がいたりするなど、集落における滞在者数は常時一定していない。この調査で対象とした子どもたちは、ここに示した両集落の年少期および年長期の少年少女たち計三一人であるが、これ以外に、近隣の集落の子どもがマラパやマプンブルを訪問、滞在し、ともに活動に関わることがあった。

マラパの集落には、一九九二年にカトリックミッションが開設した学校がある。主としてバカを対象とし、周辺の集落の子どもはここへ通うよう指示される。マラパの学校を卒業した子どもは、引き続きンギリリ村中心部にある公立学校に編入するよう指導される。通学開始年齢は一定しないが、およそ七歳頃からマラパの学校へ行くよう指示され、およそ一二〜一四歳で公立学校へ進学する例が多い。ただし、経済的な事情や、生業活動を優先する親や本人たちの価値観も関わって、学校に通わない子どもも少なくない（第六章）。

一九九六年一一月〜一九九七年四月（六か月）の広域的な予備調査を経て、バカの定住集落マラパ、マプンブルとその周辺地域を調査地と定め、同年五月〜一九九八年三月（一一か月）、集落と近隣の森のキャンプに住み込んで本格的な調査を行った。

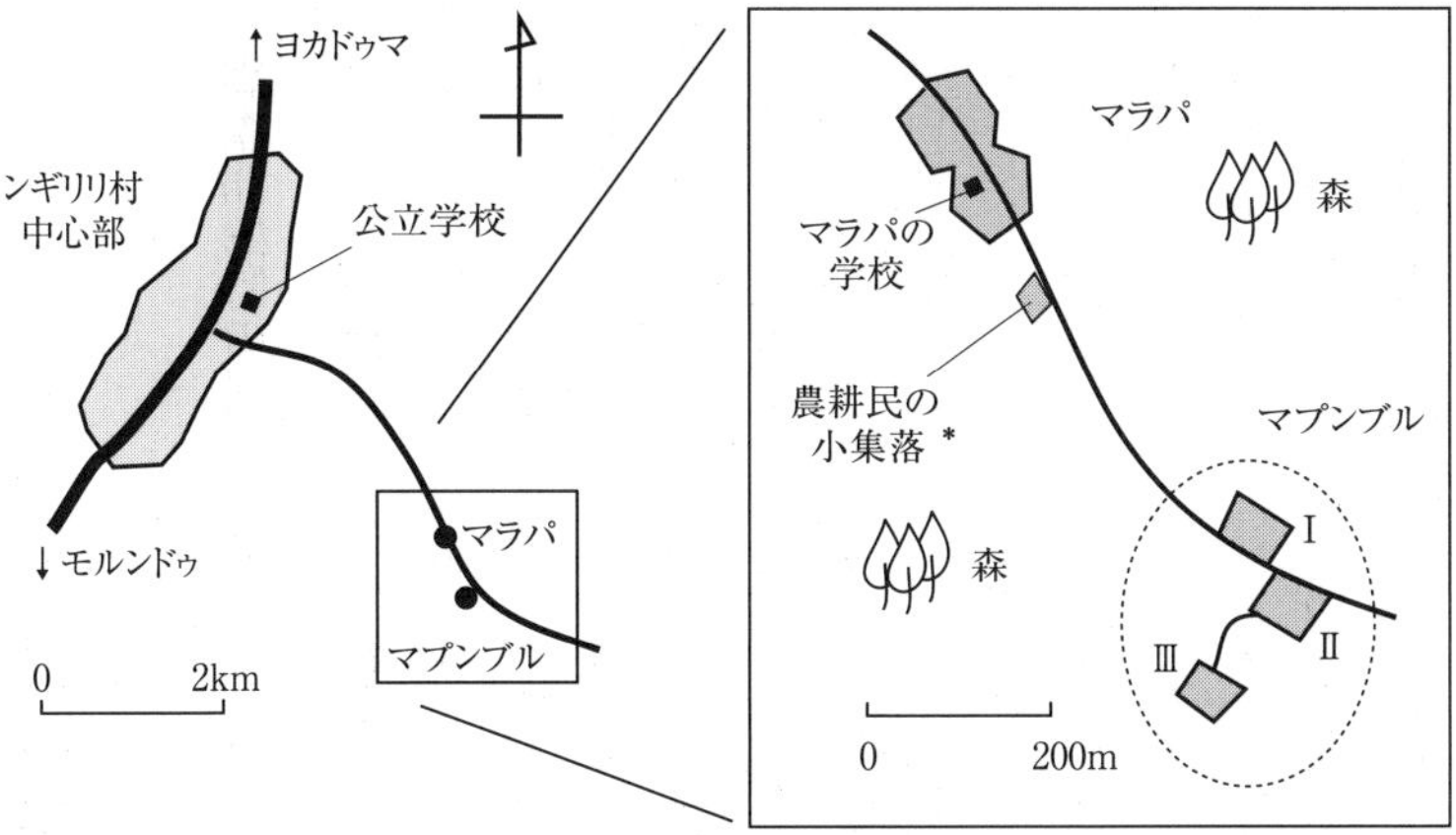

図２－２　調査対象集落の周辺図

マラパとマプンブルは、いずれもバカの定住集落。両集落の間に、農耕民（バンガンドゥおよびバクェレ）の夫婦２組が居住する小集落がある（*）。

表２－１　調査対象集落の世帯数と居住者数

	マラパ			マプンブル											
				計			(I)			(II)			(III)		
世帯数（世帯）	14			13			4			6			3		
居住者数（人）	計	男	女	計	男	女	計	男	女	計	男	女	計	男	女
計	60	32	28	47	23	24	13	7	6	22	7	15	12	9	3
おとな	28	14	14	22	10	12	6	3	3	10	4	6	6	3	3
青年	10	7	3	3	2	1	1	1	0	1	0	1	1	1	0
子ども（年長期）	8	3	5	9	4	5	2	1	1	4	0	4	3	3	0
子ども（年少期）	6	2	4	8	4	4	2	1	1	5	2	3	1	1	0
乳幼児	8	6	2	5	3	2	2	1	1	2	1	1	1	1	0

長期不在者と一時滞在者は除く。

二　子ども集団への参与観察

調査開始時の倫理的なためらい

子どもの視線で社会化の問題をとらえるために、子ども集団への参与観察を行うのがよいと先に述べた。しかし、初めからそうスムーズにいったわけでもなかった。そこには、ふたつの理由があった。ひとつは、私の調査場所や方法を選定する際の、発想の貧しさである。子どもを調査するためには、まず子どもがたくさんいる学校を訪れて現状の調査をしようと思い立ち、毎朝学校に通って授業の参観をした。また、子どもと毎日顔を会わせている教師たちに対して、インタビューなどを行った。

このやり方自体が、調査開始時点の私の発想の弱さであったであろう。当然のことながら、学校で見ることができる子どもたちの姿とは、森や集落などの多くの生活の場面をもっている子どもの日常のうちの、ごく一断面に過ぎない。しかも、それは相当大きなバイアスを含む断面である。そのことは、やがて子どもたちといっしょに森を歩く調査を進める中で、少しずつ私自身が悟っていくことになった。ただし、調査を始めた当初は、いっしょに森の中についていくきっかけを得ることがなく、また、森に入ったらどうなるのかも想像ができていなかった。学校が休暇に入って子どもたちが来なくなったらどうしようかと、それこそ、バカの子どもが森に入ってしまうことを嘆く教育者と同じような「定点の発想」にあった。やがて、次ページから紹介するような偶発的な生活の変化の中で、それなら森にいっしょに入って行けばいいではないかという発想の転換とともに、この躊躇はするりと解決した。

もうひとつは、調査倫理を念頭に置いた、私の奇妙な自己規制であった。サルの研究から人間社会の研究に転じたばかりの当時の私は、対象がサルと人間とでは、調査という行為がもつ重みが根本的に違うと感じていた。つまり、他者の生活領域にずかずかと入りこんで、調査などしてよいのかという自己規制が働いていた。調査の目的ではるばる遠いカメルーンの熱帯雨林まで来ていながら、もう一歩、相手の社会の中に踏み込めない臆病さを引きずっていた。

そのようないささか矛盾した私の中の自己規制の重しがスッと取れたきっかけは、一九九七年八月、放送大学の番組の撮影でカメルーンを訪れた伊谷純一郎教授（当時神戸学院大学、京都大学名誉教授、故人）との出会いであった。私はドライバー兼カバン持ちとして、その撮影旅行のお供をしたのだが、日本の人類学界を代表するこの大先生が、バカ語も知らないままに、ニコニコと集落をうろつき回って人びとに話しかけている姿を見た。「それ、ちょっともらってええか?」などと関西弁で話しかけて、バカの人たちの料理のおすそわけにあずかったり、子どもたちとサッカーボールを蹴り合ったり、はては少年が鍋の底をドラムに見立ててたたくリズムに合わせて、ふんふんと腰を振っていっしょに踊りまでしていたのであった。

現地の人びとの自己決定権を脅かすことがあってはならない、などと一人で考え込んで尻込みし、具体的な関係作りに踏み出せないでいた自分が、実に愚かしく思えた。「調査倫理」などと言ってみたところで、自分の存在や行為が現地の相手に迷惑かどうかは、関わってみなければ分からないではないか、やってみて迷惑であればそのときにやめればよいだろう。そのくらいに思い切って、まずは「教えてください」と低姿勢で入っていこうと踏ん切りがついた。

乾季のファースト・コンタクト

八月、学校が休暇に入り、また乾季が深まるにつれて、集落にいたバカの人たちは、一人、また一人と姿を消していった。みな森の中のキャンプに移動し、採集や漁撈など、その季節だからこそできる生業活動にいそしんでいる。

人影がめっきり見えなくなった林道沿いの定住集落で、さて、これから調査をどうしたものだろうと考えた。そもそも人気のない集落に一人残っていても、調査が進まないだけでなく、安全面でも問題がある。そう思っていた折に、マラパのカトリックミッションの学校で教鞭を執るバカの男性アンジャ・ガスパール教諭とその家族が、自分たちの小屋に来たらどうかと提案してくれた。彼らの家族は小さな焼畑を営んでおり、街道沿いの開けた集落から少し森に入った奥まった所に、焼畑作業に都合のよい小さな出作り小屋をもっていた。

ありがたくその提案を受け、テント一式と荷物をもち、てくてくと歩いて定住集落から森に入った小屋へと移動した。その引っ越しのときに、たまたま四人の少年少女たちが、私の荷物を運ぶ手伝いをしてくれた。後になって考えれば、この子どもたちこそが、私の最良の遊び仲間兼森歩きの師匠となっていくのであった。

毎朝、学校の校庭に集まって並ぶ子どもたちを見に通っていた私は、その定時の日課がなくなり、いささか手持ちぶさたな思いとともに、ガスパール一家の小屋の周辺や近くの森をうろうろと歩き回る生活へと移行した。通常であれば授業が行われている午前中、ぽっかりと空いた時間帯に、私が目にしたのが、少年たちのおもちゃ作りや狩猟チーム、そして、少女たちの小屋作り遊びやかごを抱えた採集チームであった。学校がなければ、子どもたちの暮らしはこのような姿に戻るのだ。そのように見た私は、目にした遊びやそれらさまざまな活動を、片端からノートに記録していくことにした。

そうしているうちに、遊びや狩猟採集など、子どもたちが組織する活動に私が興味をもっているということが子どもたちにも伝わったようで、どこかに遊びに出かけるときは、「ノブウ、ゴニ！」（ノブウ、行こう）と、向こうから誘ってくれる子どもたちが現れた。もちろん、私は喜んでその仲間に加えてもらい、あまり役に立たないけれども、森の中をいっしょに走り回るようになった。

やがて、九月になると雨季が訪れ、学校が再開される時期となり、バカのおとなたちも子どもたちも、ぞろぞろと定住集落に戻ってくる頃となった。私もその移動に従って、再び学校がある定住集落の方に引っ越しをした。しかし、森の中での子どもたちの活躍ぶりをすでに見ていた私は、学校はむしろ仮の姿であり、森の中の活動の様子こそが子どもたちの本来の暮らしぶりなのだと理解していた。人類学者でありながら、それまでは学校の側からしか子どもたちをとらえていなかったことを痛感させられた。

定住集落に戻ったとはいえ、子どもたちは学校が終わった後、あるいは、時には学校をすっぽかして、森の中へと頻繁に入っていった。私は定住集落に居を構えつつも、しばしば森に出かけていく子どもたちについて、いっしょに森歩きをすることが日課になった。

定住集落でのオープンな住まい

定住集落では、私はマプンブルⅡの一角を借り、自分の住まいを構えた。一人用テントを張り、その前にテーブルとベンチを作り、全体をブルーシートの屋根で覆って、くつろげる空間を作った（図2-3）。なお、この快適な空間の設計は、私の創意工夫によるのではなく、たまたま同時期に調査で同じ集落を訪れていた佐藤弘明教授（浜松医科大学、当時助教授）と川村協平教授（山梨大学）が設営したキャンプを、二人の帰国後そっくりいただいてしまったものである。

このようなオープンな空間を愛用するようになるまでには、いろいろな経緯があった。実は、調査地にやって来た直後の一定の期間、集落の空き家を一軒借り、そこで一人暮らしをしていたことがあった。しかし、これは参与観察調査を進める上で、非常に大きな支障となることが分かった。自分のプライバシーは保たれるものの、外に用事がなければついものぐさになり、家の中に座って過ごしがちとなってしまった。せっかく集落にいるのに、あまり出歩くこともなく、閉じこもりがちになる日もあった。

調査者の性格や調査目的などにもよるであろうが、私は、調査項目をきっちり用意して右から左へと順番に調べ上げるタイプの調査ではなく、対象社会の文脈にまきこまれつつその全体的状況を学ぶという、臨機応変型の調査を好む方である。そのような好みや性格からすれば、やはり一軒家に一人で住むというのは、あまり適切ではない。むしろ、常時人と接し、集落の状況に身をさらし続けるような、オープンな環境にいた方がいいと思うにいたった。

もっとも、オープンな空間に引っ越しをしたら、今度はプライバシーなどまったく存在しなくなる。ノブウがいつ寝たか、いつ起きたか、何をし、何を食べているか、ちゃんと仕事をしているか、さぼっているか、すべてが集落中に筒抜けになっているからである。

バカの人たちは、夜明け前の暗いうちから火をおこして体を温め、そして森へ畑へと出かけていく。私もなるべく早起きをするような習慣にはしてはいたものの、時には疲れてのんびり寝ていたいと思うことがある。うっかり日が高くなるまで寝坊してしまったある朝のこと、集落の女性が即興で高らかに歌っている子守唄が、テント越しに聞こえてきた。

「ノブウー、モ・ジュコ・ウォデー♪」（ノブウ、あんた起きないねー）

「ノブウー、モ・ジュコ・ウォデー・アワニェー♪」（ノブウ、あんたはどうして起きないのー）

（頼むから、ほっといてくれ……）うめくように私はひとり言をつぶやいた。このような歌が集落中に高らかに響き渡っているところへ、のこのこと寝ぼけ顔でテントを出ていくのは、あまりにもまぬけではないか。どうしようかとしばらく待ってみたが、歌声はやむ気配がない。恥を忍んで、私はテントの外へ出た。

女性たち「イヨー、ノブウ・バ・ジュコー（笑）」（うわー、ノブウが起きたよー）

私「モ・ジュコ・エー……」（おはよう、起きた？）

女性たち「イーイ（笑）」（ええ）

図2-3　調査者の家「ンダ・ナ・ノブウ」(ノブウの家)

テントの前にテーブルとベンチをしつらえ、全体をブルーシートの屋根で覆って、くつろげる空間を作る。

①　ノブウ（私）の指定席

②～④　子どもたちだけは自由に座ってよいベンチ。
毎夕のインタビューもここでする

⑤　料理も勉強も食事もお絵描きもできる、万能テーブル

⑥　テント。昼間は暑すぎて中で過ごせないので、①でくつろぐ

⑦　炊事コーナー

まさしく衆人環視。私の一挙手一投足が、すべて人びとのうわさになっているのだということを覚悟の上で、集落にオープンな形で住み込んだ。

もっとも、慣れてみればそれはそれで快適に感じられるようになった。守るべきプライバシーなど、さしてないようにも思えるようになるから不思議である。当然、金品に関わることなどの必要最低限のことは秘匿しつつも、それ以外のふだんの生活ぶりは、むしろオープンに集落の人に見て知ってもらうことで、かえってお互いの警戒心や遠慮を軽減する効果があったであろう。そして、以前のように一人家の中に座り込んでしまうような時間帯がなくなり、常時人びとと接する状況に身を置いたことが、人付き合いとコミュニケーションの幅を広げることにつながったのは言うまでもない。

「子どもたちの家」を作る

なかば開かれた、だれにでも見える住まいを、私は子どもたちとの調査のツールとして最大限に活用した。木を組み合わせてこしらえたベンチを、子どもたちに開放した。

もっとも、だれでも来てよいスペースになってしまったら、私が仕事に集中したいときの妨げになってしまうであろう。このため、おとなが来るときには「ちょっと待って」とストップをかけ、許可をしてから座ってもらうこととした。一方、子どもたちであれば、そのような許可は必要なく、出入り自由とした。「ンダ・ナ・ノブウ（ノブウの家）」と呼ばれていたこの空間を、私自身が率先して「ンダ・ナ・ヤンド（子どもたちの家）」とも呼び、子どもたちがいつ来て座っていてもよいということにした。

わりと大胆な子どもは、じきに慣れて、近寄ってきてはベンチに座り始めた。とりわけ、私が一度でも遊びについていったり、いっしょにままごとをしたりした子どもは、すぐに私の家のエリアに入り、ベンチに座るようになった。

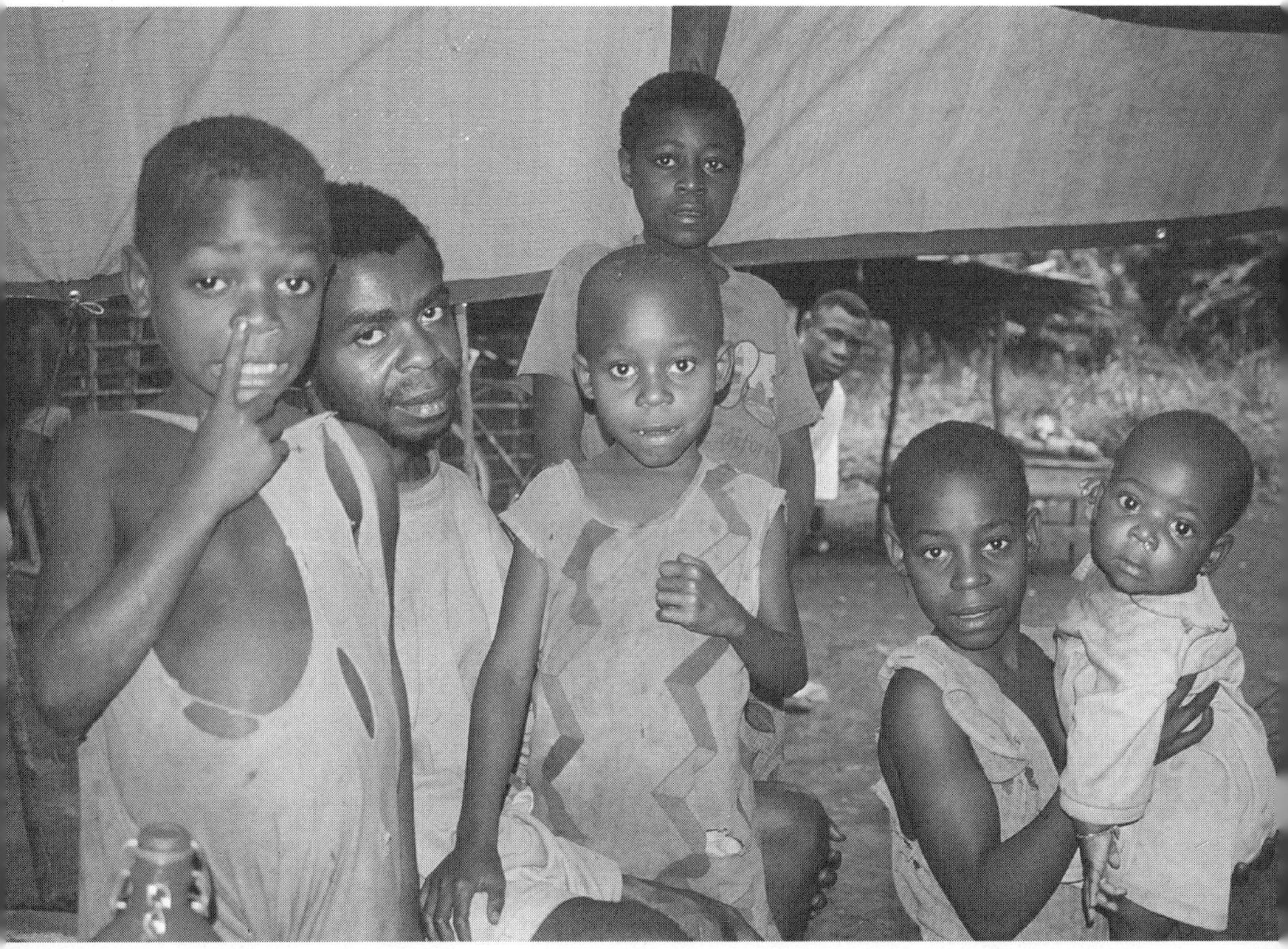

私の家のベンチに集まる子どもたち。テント前のベンチを、子どもたちの遊び場として開放した。子どもは立ち入り自由、おとなは許可制にした。

しかし、中には、人見知りの激しい子どもたちもいて、仲良くなるのにずいぶんと時間がかかった。「ノブウ」と称する、長髪で顔の色が白い見慣れない外国人が集落に住み着いたのだから、恐怖心や警戒心を抱くのは当然のことかもしれない。遠巻きにこちらを見つめ、あるいは柱の影に隠れ、私がそちらの方向に少しでも歩みを進めようものなら、泣き叫んで家の中に駆け込んでしまうような子どももいた。

一計を案じた私は、やはりここは食べ物が一番かなと、「ボンボン！」（あめ！）と叫んであめ玉をひとつ見せてみた。私に慣れている子どもは、もちろん、喜んでそれを直接受け取り、口に入れてニコニコとしている。直接取りにくる勇気がない子どもの場合は、兄弟など、すでに警戒心が解けている近くの子どもにまとめて渡し、遠くで見ている臆病な子どものところへ届けてもらった。こちらは決しておどかしたり激しく動いたりしないで、ニコニコとその子が受け取るまでを見守ることにする。

あわてずに、段階をひとつずつふんでいくことが大事である。怖がっていた子どもも、だんだんと近くに来るようになり、こちらの目をまっすぐ見るようになり、ついには自分から

「トフェ・ボンボン……」（あめ、ちょうだい）

と、か細い声で言うようになる。やれやれ、これでやっとコミュニケーションが成立した。

「ドモ・ドモ・ンネ・ビテ・ノブウ」（おいでおいで、ここ、ノブウの家に）

警戒心を解いた子どもは、もう友だちである。ちょこんとベンチに座り、じっと私のすることを見ている。たとえば、私がノートを書いたりランプを掃除したりするさまを、飽きずにいつまでもじーっと眺めている。私としても、そのような子どもとあわてて調査を始める必要もなく、まずはこちらが無害で放っておける存在、いちいち怖がる必要がない人なのだと知ってもらうことを優先した。そうすると、私としてもいっしょに遊びについていきやすくなったし、やがて、後で述べるような毎日の聞き取り調査にも楽しんで参加してくれるようになった。一度友だちになってしまえば、さほどの気遣いをする必要もなく、遠慮のない対等な

関係になることができる。子どもの調査は、最初のラポール（信頼関係）形成のために、まず「怖い人ではない」という印象をもってもらえるかどうかが、最大の関門だと知った。

かくして、私は毎日、朝起きてから晩寝るまで、右ポケットには常にあめ玉を忍ばせておくことが習慣となった。何か月かに一度、町に出るたびに雑貨屋であめ玉をまとめて仕入れ、小分けにして持ち歩き、「小さな友だち」とのコミュニケーションのツールとして愛用した。

なお、左ポケットには、おとな向けの紙巻きタバコを常備していた。バカのおとなたちは、タバコを好む人が多いため、ちょっとしたあいさつやお礼のときに、バラで一本ずつ差し上げるのに便利であったからである。それゆえ（？）、一時は私自身がかなりのスモーカーになったこともある。さすがに、子どもにはタバコは勧めなかった。

遊びとおしゃべり

私の家を開放し、あめ玉を使って仲良くなることについて述べたが、子どもたちとコミュニケーションを円滑にとるために、私はあらゆる方法をフルに活用した。そのうちのいくつかをご紹介したい。

調査の方法として私がとくに重視していたのが、「子どもたちの集団に同行して、いっしょに遊ぶ」ということであった。

子どもたちが集まって道具を持ち寄り、何やら準備を始めたら、

「モ・バ・ゴ・アカ？」（どこに行くの？）

「ナ・メ・ニェ」（何しに？）

と尋ね、よければいっしょについていく。また、しばしば「行こう！」と向こうから誘ってくれたので、そのようなときはノートとペンをもって必ずいっしょに出かける。森の中を意気揚々と練り歩くときは、こち

らもいっしょにハンターになった気持ちで森歩きをする。葉っぱや枝などを拾って、即製のおもちゃを作り始めたら、教えてもらっていっしょに作る。葉っぱを包んでぱちんと鳴らす遊びが始まったら、私もいっしょに鳴らしてみる。おままごとで、珍妙な虫の足を葉っぱに盛られて渡されたら、ニコニコと食べる（ふりをする）。ともあれ、遊びの場での子どもたちの行動と雰囲気を壊さないためには、客観的観察者になるよりも、いっしょに遊ぶことが適しているであろう。それにより警戒心が解け、いっそう自然な雰囲気での遊びを見せてくれる。

次に、ことばである。この地域は、カメルーン共和国の中でもフランス語圏に属しており、学校や役所ではフランス語が用いられている。[二]出稼ぎの経験をもつおとなの男性たちのなかには、フランス語をたくみに操る人もいる。しかし、バカの人たちにとってフランス語はやはり「よそ行きのことば」であり、ふだんの生活は自分たちの言語であるバカ語で営んでいる。また、女性や子どもたちはフランス語を話さないか、できてもほんの片言にとどまることが多い。

どうせフランス語も大して話せるわけでなかった私は、下手に通訳を介することで「言語的に遠い人だ」と見られてしまうよりも、直接バカ語で子どもたちと話そうとする方法を選んだ。もちろん、当初はバカ語の会話能力もさしてなかったが、へたくそでもとにかく単語を組み合わせ、聞いた単語はすぐに使うというコミュニケーション最優先の発想で、おしゃべりの輪の中に飛び込んだ。そして、それが子どもたちにとっての親近感にもつながったようである。[三]

ことばがへたなことは、悪いことばかりでもない。「あはは、ノブウがこんなこと言ってたんだよ」などと笑ってもらうのも、仲良くなるのにずいぶんと役立った。後に述べる毎夕の子どもたち相手の聞き取り調査も、基本的にはすべてバカ語で行い、テープに録って後で聞き直したときに、分からない語りの部分だけをおとなの男性にフランス語に訳してもらう方法をとった。逆に言えば、体当たりのおしゃべりで、研究の作業言語として用いる程度までにバカ語が上達した。もちろん、子どもたちのおかげである。

「来たときよりもおもしろく」

子どもと直接コミュニケーションをとろうとするとき、私は視覚的に分かりやすい方法を工夫していた。そのひとつがスケッチである。身近な物事の絵をこまめにノートに描いて、子どもたちに見せて回った。このスケッチの効果は、絶大であった。もともと、大学で生物学系の授業を多く取っていた私は、生物の標本を細かくスケッチする訓練を受け、その技法を身につけていた。現地で時間のあるときに、その特技を活かして絵を描いてみたところ、子どもたちがたいへん喜んで、それを見に集まってきた。そこで、手近な植物や動物、家や道具、人物や精霊など、手当たり次第に絵を描いてみた。それは、ことばを使わずに分かってもらえることにとどまらず、子どもたちが私に対して「絵を描くおもしろいノブウ」という印象をもってくれ、絵を見ながら子どもたちがバカ語のことばを教えてくれたり、「次はこれを描いて！」と魚などをもってきて見せてくれたり、何重もの意味で有意義な調査のツールであった（詳細は「補論」参照）。

そして、時にはダンスを踊ることもあった。私はもとより踊りが得意な方ではないが、いつも見かける精霊のダンスのまねをして、似たような振りをちょっとしてみたら、まず子どもたちが大喜びした。そこで、私は一計を案じた。通常、精霊の衣装はラフィアヤシの白く長い繊維を束ねて作られており（口絵1）、ダンサーはそれを頭からかぶって精霊に扮して踊る。当時、肩より下まで伸びた長髪をしていた私は、くくっていた髪をほどいてだらりと顔の前に下げ、それを振り回して「真っ黒い精霊」を演じてみせた。これには、子どもたちだけでなく、家にいたおとなたちまでもが外へ飛び出してきて、やんややんやの大合唱、大喝采になった。

この奇怪な「精霊ノブウのダンス」は、後あとまで子どもたちに「ねえ、あの精霊やってよ」とせがまれるほどの、人気の一発芸になった。私もそうそう簡単には応じてやらず、出し惜しみをして「また明日ねー」などとじらしてみたり、かと思うといきなり髪を下ろして振り回してみたりして、子どもたちに笑ってもらった。子どもたちが、いつしかノブウのダンスのための歌を作ってくれ、その合唱の中で踊る私は何とも心地よい一体感を感じていた。お世辞にも美しいダンスであるとは言えず、むしろ不気味さが際立つ代物であったであろうが、少なくとも「そういうことをする変わったノブウがいるぞ」というふうに、笑って見てもらえる効果は大きかった。

日本の公園などに、「来たときよりも美しく」という美化のスローガンが掲げられているのを見かけることがあるであろう。それをもじって言えば、私のポリシーは「来たときよりもおもしろく」。フィールドワーカーの倫理について眉をひそめて論じるのもけっこうであるが、調査者が一発芸をいくつか仕込んで、土地の人たちといっしょに笑い、あの人の滞在中にはおもしろいことがあったなと思ってもらえるような関係を作りたいと、私は常づね考えている。

ここで紹介したスケッチやダンスは、むろんさまざまな意味をもつ調査法であったが（「補論」参照）、少なくとも現地の人たち、とりわけ子どもたちに笑ってもらうためのツールとしてたいへん役立った。私がこのように思うようになった原点には、ことによると、学生時代に落語研究会のメンバーとして、「芸人」としての心がまえを叩き込まれた経験が関わっているのかもしれない。そして、直接的に私の背中をぐっと押したきっかけとしては、先に紹介した伊谷純一郎教授の体当たりのコミュニケーションの姿がある。

「小さな仕事」

遊びや狩猟採集の活動に参加するだけでは、子どもの一日の生活の全体像を知ることはできない。日常生活を広く見渡す調査が必要である。そこで、丸一日、一人の少年について歩き、日中の活動や交友関係などを調査したことがある（個人追跡）。夜明けから日暮れまで一〇時間ぶっ続けの調査は、さすがに疲れたし、何よりも、私に始終ついて回られた少年の方がくたびれていたようであった（もちろん丁重にお礼はしたけれども）。

とてもではないが、これは毎日できないし、データを多く集めることもできない。そこで、毎夕子どもたちに集まってもらい、その日一日何をしたか、活動の聞き取り調査をすることにした。直接観察の正確さをあきらめる代わりに、語りでデータの量を増やすことにしたわけである。

聞き取りでは、子どもたちに「その日一日何をしたか」を、朝、昼、夕方の三つの時間帯に分けて語ってもらった。

「ア・ンビリンビリ・モ・バ・メニェ?」（朝、何をした?）

で始まり、

「ア・ンジャンガ?」（昼は?）

「ア・ダカラ?」（夕方は?）

と順次続けていく。

「ノエリ、今日、朝は何をしたの?」

「うん、朝起きて、たき火で温まって、掃除をして、プランテンバナナをゆでて、食べて、それから、それから、んーと、着替えて学校に行った」

基本的に私は口をはさまず、子どもたちが語るにまかせておく。ただ、採集や釣り、遊びなどの活動について語り始めたら、それに参加した人と場所について、さらに生業活動の場合は、方法、対象品目（何を取りに行ったか）、成果の量について質問した。回答の食い違いも少し見られたが、同じ活動に参加していた子どもたちにその場で聞いて確認し、また、私が直接観察した記録や、同じ集落のおとなの証言を加えることで補正した。

毎夕、子どもたちが一日何をして過ごしたかを聞き取るという仕事は、いつしか「ベラ・ナ・ディ（小さな仕事）」と呼ばれる私たちの日課になった。晩ご飯が終わると、決まったように子どもたちが集まってきて、私のテントにしつらえたベンチにちょこんと座って順番を待つ。

もっとも、初めからうまくいったわけではない。

「今日は、プランテンバナナを食べた。そんで、手を洗った。おわり！」

「……プランテンバナナを食べて、それから何をしたの？」

「ノブウのとこに来た」

「……」

当初はこのような一日の報告もあって、さてどうしたものかと途方にくれた。しかし、そのあたりは飲み込みの早い子どもたち、あっという間に一日の活躍ぶりを饒舌に語るインフォーマントへと変身した。

「そこへミルマ君が現れて言ったんだ、『おい、これを見ろ！』。それを聞いて僕は聞き返した、『何があるんだ？』……」

直接話法まじりで日中のできごとを詳細に語る、講談師顔負けの子どもも現れた。「そろそろ終わりかな？」「終わりだね？」とこちらが合図を出して切り上げをお願いするようになるほどに、長大な物語を語り出す子どももいた。

「アレ、マア・コト・ンネ・ビテ・ノブウ、アンベ」（で、ノブウのとこに来た。おしまい）

一日の様子を一通りしゃべり終えたら、お礼にあめ玉をひとつ。

「メルシー」（ありがとう）

とフランス語で言って、パタパタと駆け足で去っていく。

表2-2　聞き取り調査対象の子どもと回答数

名前	回答数（日）	性	年齢階層	推定年齢	居住集落	学校	備考
ダメエ	3	少年	年少期	5～6	マプンブル	(○)	
ディマスィ	6	少年	年少期	5～6	マプンブル	×	一時滞在
ノエリ*	42	少年	年少期	6	マプンブル	○	
バーバ*	41	少年	年少期	8	マプンブル	○	
ンディバ	2	少年	年少期	8～9	マプンブル	×	
デアバ	1	少年	年少期	8～10	マラパ	(○)	一時滞在
アニア	1	少年	年長期	10～12	マプンブル	×	
ンジェラ	3	少年	年長期	12～13	マプンブル	×	
バミソ	1	少年	年長期	12～13	マプンブル	○	一時滞在
アスィア	11	少年	年長期	13～14	マラパ	○	
ディディエ*	31	少年	年長期	13～14	マプンブル	□	
フォフォ*	21	少年	年長期	15	マラパ	□	
タテ	6	少年	年長期	15	マラパ	○	一時滞在
アトゥ	2	少女	年少期	7～8	マラパ	○	
マリ	2	少女	年少期	7～9	マプンブル	○	
ンデボ*	46	少女	年少期	9	マプンブル	○	
バンバ	2	少女	年長期	11	マラパ	○	
レディ*	35	少女	年長期	12～13	マプンブル	○	
マミ*	44	少女	年長期	13	マプンブル	□	
アウェ	10	少女	年長期	13～14	マプンブル	×	
ミミ	8	少女	年長期	14	マラパ	□	
パテ	6	少女	年長期	14	マラパ	□	
ポンディ	6	少女	年長期	14	マラパ	□	
マラリ*	32	少女	年長期	14～15	マプンブル	□	
ケイェ	2	少女	年長期	15	マラパ	×	

学校の記号：　×生徒でない、○マラパの学校の生徒、□ンギリリ公立学校の生徒、
（　）は生徒として登録されているが行っていない。
学校の詳細については第6章参照。
*：主要な聞き取り対象者

時どきボーナスで、ちょっといいプレゼントを用意する。たとえばビスケットや、町のホテルで使われるような小さなせっけんである。

「せっけんとビスケット、どっちがいい？」

「うーん、んーーーーーーーーーーーーーー、せっけん」

どちらも捨てがたいとしばし悩み抜いた末に、この少年はせっけんを選ぶ。そして、翌日、小さなせっけんを頭にのせて、きゃっきゃと騒ぎながら川遊びする子どもたちの姿を見かけることになる。

マラパおよびマプンブルの子どもたちに対して、毎日このような聞き取り調査を行い、協力してくれた子どもたちは二五人に上った（表2-2）。本書では、私が直接観察して得たデータに加えて、この毎夕の連続聞き取り調査の結果も用いながら、子どもたちの生活を紹介する。（四）

三　調査地での困難と信頼関係

子どもたちに守られて森を歩く

友だちになって一か月もすれば、子どもたちとともに行動することに、次第に慣れてくる。やがて、子どもたちとは、私にとって「観察する対象」というよりも、毎日ともに過ごす友人であり、森歩きのガイドであり、しばしば私の身を守ってくれる頼もしいガードともなった。

ある日、ンジョマラフィ（「マラパの上流」の意）という遠く離れたバカの集落で、伝統的な森の精霊ジェンギの儀礼があると聞いた。晩に子どもたちがこぞって参加するというので、私は子どもたちの集団にくっついて見に行こうと思い立った。私が夜中に森を歩くことに対して、集落のおとなたちは大反対したが、子どもたちといっしょならいいでしょう、このようなチャンスは二度とないからねと、私は反対を押し切って出発してしまった。

行った先の儀礼で見ることができた夜の精霊（真っ白いラフィアヤシの衣装をまとったダンサー）は、それはみごとな神秘的な輝きを見せてくれ、そのことに悔いはなかった。しかし、想像以上の遠距離で、帰りの山道ではくたくたになり、足が棒になりつつあった。そこへ、道を覆いつくすサファリアリの大群に遭遇した。

「イヨー、ンボエー！」（きゃー、サファリアリ！）

きっちり履いているはずの靴、靴下、長ズボンのすき間にも、次つぎとアリが入り込み、強力なアゴで肌のそこかしこを噛んでくる。チクチク、キリキリとすさまじく痛い。「走れ！」という声も聞こえたが、漆黒の夜の森の道をすたすたと走れるものではない。下手に地面に転倒しようものなら、そこは真っ黒い凶暴なアリの大群に埋めつくされた地獄ではないか。

アリに噛まれた痛みに耐えつつ、ぴょんぴょんと飛び跳ねながら、ぶかっこうな形で森の道を先に進み、子どもたちに導かれて、なんとかアリの攻撃の難を逃れることができた。安全なところに避難した後、子どもたちはおのおのぞうりを脱いでひっくり返し、自分の足に食らいついたままのアリの残党をつまみ取った。私も、靴下の隙間にかぶりついている黒いアリをひとつずつつまんで捨てた。

こうして、森歩きの達人である子どもたちに、前と後をきっちりガードしてもらいながら、何とか集落へと戻ったのであった。へとへとになってテントにたどり着いたところ、いつも世話になっているンボティ夫妻が、小さなランプを灯して、私の帰りを待ってくれていた。このような細やかな気配りの数かずを、私は決して忘れることができない。

さまざまな困難と安全の確保

調査の進め方のなかで、私が苦い記憶とともに思い出すのは、現地の人たちによる過度の「パトロンあつかい」である。外国人の調査者がやって来るということは、バカの人たちにとっては雇用のチャンスでもある。とくに、かつて別の人類学者が滞在したことのある地域を訪れたときは、自分がまた雇ってもらえるだろうと思った人たちがぞろぞろと列をなしてやってきて、閉口した。また、何か仕事を依頼して謝礼を渡すたびに、

「前のパトロン（人類学者）のときは、もっと気前よく給料をはずんでくれた」

などといちいち比較され、これでは自分なりの調査ができないと考えさせられた。そこで、あまり最初から人頼みをせずに、なるべく自力で生活するように努めることにした。トイレにするための穴を自分で掘り、バケツを持って小川に水を汲みに行き、炊事も洗濯も当然自分ですべてやるという意気込みであった。

しかし、慣れない土地では、そう簡単に独力で生活できるものではない。熱帯雨林の集落での住み込み調査の中では、予想外の困難に出会うことがあるからである。

ひとつは、自然の脅威である。ある晩、キュウキュウ、キーキーという奇妙な音が聞こえ、目が覚めた。何だろうと起き出して懐中電灯で近くの地面を照らしてみたところ、そこには、サファリアリにびっしりとたかられた一匹のネズミがいた。ネズミが黒ゴマをまぶしたおはぎのような姿となり、痛みでもがき苦しみながらキュウキュウと鳴いていたのであった。まさしく、悪夢のような光景であった。これは、文字通りひとごとではない。私が同じような「黒ゴマのおはぎ」になってしまわないとも限らないからである。あわてて同じ集落のバカの人たちに救援を頼み、たき火をおこして火の粉をちらし、迫り来るサファリアリの行進の向きを変えた。また、家の周りの地面に灯油をまき、そのにおいでテントに迫り来るアリを追い払った。

ある時は、マラリアを疑う高熱を出したことがある。帰国が近づいてきて、むりに追い込みの聞き取り調査に駆け回っていた晩、ちょっとしんどいなと晩にテントの中で横たわっていたら、熱が四〇度を超えた。持参していたマラリア治療薬「ラリアム」を飲んでみたが、熱が下がらず、やれやれ、こんなところで人生を終えるのかなとも一瞬覚悟した。しかも、ラリアムはきつい副作用を伴う薬で、船酔いのような吐き気、めまい、難聴が何日間も続いた。幸い、命に別状はなく、次第に熱は下がっていった。自炊する気力の失せていた私に、ゆでたプランテンバナナをそっと差し入れてくれた集落のみなさんには、感謝の思いで今でも頭が上がらない。

現地での人間関係をめぐるトラブルに遭遇することもある。集落で、身に覚えのないねたみを受けて、いさかいにまきこまれたことがあった。ある村外の農耕民の男性が、自分が惚れている集落のあるバカの女性を、外国人（私）が横取りしに来たと思い込んだそうである。ある日、泥酔したその男が、山刀をもって私が滞在する集落にどなり込みに来た。そのことを事前に察知した同じ集落のバカの人たちが

「危ない、早く逃げろ！」

と私に勧め、よく分からないままに、とにかく近くの森の中へと駆け込んだ。もちろん、私にとってはまったく身に覚えのないことであったが、ンギリリ村の村長が関係者を集めて、仲裁の会議を開催するまでにいたった。村長に呼び出されて憂鬱な私に対し、同行したバカの人たちが

「ほら、この葉っぱに唾をはいて、あいつの名前を言ってごらん」

と、災いを避けるためのおまじないを教えてくれた。

幸い私には経験がないが、村や集落において金銭を盗まれることもある。集落の人たちと信頼関係を築いていれば、そのリスクは低まるであろうし、かえっていっしょに監視してくれる目が増えるというとらえ方もできる。

プライバシーのない集落での住み込み調査とは、一定のリスクも当然つきまとう。しかし、日頃から土地の人と顔を突き合わせて仲良くしておくことが、自分の身を守る何よりのセーフティネットであるということも、あわせて学んだ。

四　森のキャンプでの調査

深い森の中のキャンプへ同行する

「明日から、森へ行く」

バカの人たちが、突然移動を開始することがある。

農耕を営むことが浸透してきたバカの生活様式を反映して、私の調査も定住集落における観察が中心であったが、欠かすことができないバカの生活の風景として、森のキャンプへの同行調査について触れておきたい。

バカが森への移動を行うのは、おおむね、狩猟採集活動に適した乾季であることが多い。女性は大きなかごに鍋やむしろなどを詰めて背負い、男性は山刀をもち、やりをかつぎ、火種をもって、続々と森の中へ入っていく。子どもたちも、自分の小かごなどを抱えて、スタスタと駆け足で森へと向かう。そのようなときは、定住集落に人がいなくなってしまうこともあり、私も可能なかぎりテントをかついで森の中についていくようにした。

バカの人たちは、いつも自分たちが使い慣れたキャンプの場所をいくつか知っている。それらはおおむね、水を汲むことができる川の近くである。半日ほど歩いてキャンプの場所にたどり着けば、そこで荷を下ろし、手近な枝や葉を集めてきて、簡素な小屋をいくつか作る。おとなたちはさっそく狩猟や採集に出かけていき、子どもたちは小屋で遊びながら留守番をするか、ごく近場の小川で魚を捕るなどする。晩は、捕れた物をさっそく煮炊きして食べ、静かな夜更けを迎える（本書五ページ写真参照）。

車の音もまったく聞こえない深い森の中で、しんしんと夜が更けていく。周囲を覆いつくす虫の声を聞きながら、テントの中に寝そべっている。時どきバスが通る街道沿いの定住集落とも違い、ここは近代社会とは完全に遮断された空間である。これまで自分が属してきた日本のような「騒がしい社会」が非常に遠い世界に感じられ、同じ地球の上にいるとは思えないことがあった。

この隔絶された場にしばらくいると、いろいろなことが思いめぐらされる。かつてヒトは、みな狩猟採集民であった。狩猟採集をやめて農耕に転じていった人たちの子孫は、やがて富を蓄積し、都市を造り、国家を造り、自動車や飛行機や核兵器を作って、世界大戦を起こし、月に行き、地球環境の変動を恐れている。このような「同時代の人類の姿」だと思っていたもろもろのことが、森の中にいるとすべて他人事のように感じられた。このようなことは、すべて狩猟採集から農耕へと「出ていった」人たちが、どこか遠いところで勝手に行ってきたこと、この森の外側の歴史である。ここだけは、太古の昔から変わらぬペースで暮らしを営んできたのだ、と。

この想像は、考古学的に適切であるかどうかは分からない。森の狩猟採集民は太古からこの生活を維持しているのではなく、案外最近になって入ってきた人びとであるという説を唱える研究者もいる。その意味では、これは私がこの場所と人びとに投影した虚像であるかもしれない。しかし、自分たちの社会のあり方が人類に唯一の生活様式であると信じて疑わず、その中の細かい社会問題を論じることに汲々とし、そこからの落差でしか異なる他者をとらえることができない風潮が蔓延している、先進諸国の「がんじがらめの自画像」をゆさぶるには、十分な経験であった。

森を使いこなす人びと

「なあ、ノブウ。森で水銀が取れたらいいよな」

私を夢から覚ますようなことをいきなり言われることもある。バカの男性が、ある日思いつきでこのようなことを私に言った。

私「なんで?」

男「もうかるだろう。ワハハ」

このような一言は、何重もの意味で私たちの予断を裏切ってくれる。

カメルーンの中でも、熱帯雨林が広がる東部のこのあたりは、都市化が進んだ西部の沿岸地域とは異なり、開発が進められていない地域である。それゆえに、森林伐採や獣肉売買、観光、自然保護、地下資源などにまつわる、信頼に値するかどうか分からない「もうけ話」も含めた情報が行き来し、外国人も含むさまざまな人が往来する。森の中に暮らすバカの人たちも、そのような話を聞きつけ、時には森林伐採会社の労働者となったり、野生動物の狩猟を請け負って獣肉を売ったりといった仕事にたずさわる人もいる。

このような背景があった上での「水銀」発言である。水銀は環境を汚染し、人体に深刻な悪影響をおよぼす可能性があり、自然環境の保全とはまったく相容れない物質であるということを、私たちは先進国の理科教育と環境思想の中で学んできた。そのような頭でっかちな私にとって、何とも拍子抜けするような発言である。「狩猟採集民は環境にやさしい、エコな人びとだ」というようなイメージも、これまたエコロジー思想を好む先進国の都市生活者が求めている虚像なのかもしれない。むしろ、偶然得られる資源とチャンスをのがさず用い、なければないでしのいでいこうという機会主義的な生き方こそが、狩猟採集民の真の姿であると言えまいか。その意味では、森の野生動物を獲物としてしとめることも、水銀を見つけて一攫千金を狙うことも、バカのこの男性にとっては大きくかけ離れたことではないように見受けられた。

森という生活の場が近代社会と隔絶しているのは確かであり、狩猟採集生活が先進国の諸社会と異なったペースで営まれているのも事実である。しかし、やはりバカの人たちとて、まぎれもなく同時代にある人たちなのだということを、時どき思い知らされる。

森の中の情報ネットワーク

バカの人たちにとっては、地理的に隔絶された森の中にいても、情報は断絶状態とならない。常に森の中を人びとが行き来し続け、たえず口コミで情報を交換し合っているからである。

私が森の中のキャンプに滞在していたときのことである。日本人研究者たちが東部州の森林地域に来る予定であるという話をあらかじめ聞いていたが、携帯電話も普及していなかった当時、連絡手段を欠いていた私は、正確な到着日程を知るよしもなかった。ある日、キャンプ間を移動するために森の道を歩いていたところ、向こうからやってきたバカの老人が、すれちがいざまに、

「モコセ・ビデ、ウォセ・ポデ」（男性二人に、女性一人）

とつぶやいた。外国人たちが到着したという集落からの新しい情報を、深い森の中にいる私たちにもたらしてくれた。

森は隔絶された闇の中にある……そのように考えるのは、明るく開けた町や村しか知らない私たちの思い込みなのかもしれない。むしろ、森を生活の場とするバカの人たちにとって、森とは人と資源と情報の流れが明瞭に見える、開かれた交通の場であるらしい。子どもたちは、よちよち歩きのときからおとなたちや年長期の子どもたちとともにこの森歩きになじみながら、頭の中に森の地図を作っていく。

星空を見ない文化

森の中で、天を覆いつくす樹冠を見上げながら思ったことがひとつある。世界中の民族は、七夕伝説からオリオン、サソリにいたるまで、夜空の星ぼしに名前を付けて星座に見立て、ドラマを描いてきた。このような文化的多様性は、私の人類学的好奇心をかき立ててやまない。

そういえばバカの人たちはどのような星の名前をもっているのだろうか。ある日、ふとそう思い立って聞いてみたところ、全部まとめて「ンゲレム（星）」だ、としか言わなかった。なんとも力の抜ける答えで、少々がっかりした。しかし、このことは、私自身が森のキャンプに泊まり込んでみたらうなずけた。なにせ、森の中では頭上を見上げても、夜空が森の木々の樹冠に覆われており、星がほとんど見えない。そのような民族があっても、いっこうに不思議ではないであろう。

しばらく森のキャンプにいると、いろいろな生物に襲われる。とりわけ、私が防御のために注意を払っていたのは、スナノミであった。スナノミとは小さな昆虫で、気づかないうちに人の足の指先に卵を産みつける。時どき足の先を見て、その卵があることに気づいたら、えぐり出さなければならない。皮膚の表面をナイフで軽く切り、爪楊枝で卵をつついて取り出す。白く柔らかな卵がぽろりときれいに取れると、指先の皮膚にちょうど卵の大きさの穴がぽっかりとあく。慣れてくると、たこ焼きをクルリときれいに取り出したときのような、ふしぎな快感を覚えるようになる。このようなことが、森の中ではふだんの日課となる。

今振り返っても、森の中でしばし暮らした日々は、人類学者として、さらに、経済大国の一角を占める日本社会に暮らす一市民として、その後の人生観や人間観を揺るがす経験となって私の中に蓄積している。

五　子どもたちの日常生活の概要

子どもたちの一日

バカの子どもたちの一日の暮らしぶりを、駆け足で見ておこう。ここでは、一年のうちもっとも長い期間を過ごす、定住集落の風景をもとに、一日の概要を記してみる。

朝は、夜明け前のまだ暗いうちから、おとなたちとともに目を覚ます。まず、たき火をおこしてあたり、体を温める。アフリカ熱帯雨林の夜とは、日本の「熱帯夜」のごとき寝苦しい蒸し暑い夜ではなく、露の降りる驚くほど冷え込む夜である。朝は、森の木々に白いもやがかかっており、やがて日が射し始めると次第に空が晴れてくる。たき火でプランテンバナナなどの主食をゆでたり焼いたりし、火のそばで親や兄弟姉妹とともに朝食を取る。

おとなたちは、さっそく狩猟や採集の道具をたずさえて、森の中へと入っていく。農耕にたずさわるバカの人たちも増えており、家族で連れ立ってプランテンバナナやキャッサバを植えた焼畑に向かうこともある。子どもたちは、このようなおとなの生業活動についていくこともある。その場合は、おとなとともに採集をしたり、行った先の畑でおもちゃを作って遊んでいたりする。ただし、おとなに同行せず、子どもたちどうしで固まって集落に残っていることも多い。そのときは、おもに年長期の子どもたちがさまざまな活動を先導する役割をもち、年少期の子どもたちはその集まりの中で活動を共にする（第四章）。

学校の授業がある日は、学校に行く子どももいる。だいたい昼で授業が終わり、家に帰ってプランテンバナナを焼いたり、近くの木からパパイヤをもいで食べたりして、空腹を満たす。

赤道にほど近いこの地域では、昼は頭のてっぺんからまっすぐに強い太陽が照りつける。赤い地面が日光を照り返し、ぼんやりと外にいれば上から下から激しい熱射に見舞われることになる。おとなも子どもも、激しく動き回る人は少なく、むしろ家の中や集会所、木陰などで静かに休むことが多い。

日が少し傾いた午後は、子どもたちが集団をなして狩猟や採集に出かけたり、おもちゃを作ったり森を歩いたり近所の集落を訪ねたりと、活動がもっとも盛んになる時間帯である。暑い昼下がりは、そこら中の小川で、キャアキャアと水浴びで騒ぐ子どもたちの姿が見える。

夕方になると、集落のあちこちで白い煙が立ち上り、晩ご飯のしたくが始まる。炊事はおとなの女性たちがおもに担っているが、少女たちもそこに加わることが多い。あちこちで火をおこし、プランテンバナナの皮を剥き、ゆでてから臼でコンコンとつく音が聞こえてくる。おとなの男性たちだけは集会所に集まって食事を取るが、子どもたちは母親や面倒を見るおとなの女性たちとともに、各戸の火のそばで食事を取る。

日が暮れると、歌と踊りが始まることがある。おとなの伝統的な精霊儀礼が催されるときは、おとなも子どももこぞってそこへ集まり、輪をなして合唱し、夜更けまで盛り上がる。おとなが儀礼を行わない晩は、子どもたちだけで集まって、小さな規模で歌と踊りを始めることがある。この場合は、少年が即製の衣装で精霊もどきに扮して踊ることもあれば、そのようなキャラクターが登場しない遊び歌だけのこともある（第三章二節参照）。やがて、「アンベ！」（おわり！）と口ぐちに叫んだ子どもたちは、一人、また一人と自分の家へ帰っていく。子どもたちは、親または親戚のおとなとともに住むことが多いが、年長期ともなると、近い年齢層の少年たちどうし、少女たちどうしで集まって、別の家で眠ることもある（第五章四節参照）。

子どもの活動一覧

バカの子どもたちが行う活動を、分類して示した（表2-3）。それぞれの活動が少年と少女のどちらによって行われるかを頻度とともに示し、さらにおとな・青年の男性と女性がそれらを行うかどうかを示した（表2-3記号四列のうち左側二列）。また、それぞれが子どもだけの集団で行われるか、おとなや青年とともに行われるのかを、大まかな頻度によって示した（表2-3記号四列のうち右側二列）。生業活動を含め、おとなが行う多種類の活動を子どもも行っている。また、多種類の活動が、子どもだけの集団においても行われていることが分かる。

青年やおとなにあまり見られず、主として子どもだけが行う活動に注目し、別にまとめた（表2-4）。精霊の衣装作り（口絵1）などの儀礼関連の活動は、子どもに与えられる役割であり、おとなは行わない。また、髪編みは、近隣の農耕民の少女や女性のファッションを、バカの若い世代の少女たちが取り入れたものと考えられる。学校への出席は、学校教育が子どもを対象としていることに関わる。多くの種類が見られるのが生業活動と遊びであり、子どもだけに見られる主要な活動群として注目に値する。むろん、子どもの参加する生業活動はこれらだけではなく、おとなとともに行うものもあるが、ここでは子どもだけが行う活動群が存在し、その中には生業活動やそれに関連する多くの遊びが含まれているという傾向を指摘しておく。

逆に、青年やおとなにおいて頻繁に行われ、子どもに見られない活動のおもなものを表2-5に掲げた。成人識字教室は、カトリックミッションがおとなを対象に開いているものである。その他は、いずれも知識、技能、体力、生理的発達などの点で、一定以上の能力が求められる活動である。つまり、おとなの活動レパートリー全般のうち、能力的に子どもにできない活動は行っていないが、できる活動はすべて行い始めていると言える。バカの子どもたちが、おとなにひけをとらない「一人前」の風格をただよわせている印象を見る者に与えることがあるが、それはおそらくこのような行動傾向によるものであろう。

表2-3　子どもの日常活動一覧

活動項目	活動細目・備考	少年と少女が行う頻度 ▲少年 ●少女	(おとな・青年が行う頻度) (▲男性) (●女性)	子どものみで行う頻度 ▲少年 ●少女	(青年・おとなとともに行う頻度) (▲少年) (●少女)
(1)　生業活動					
狩猟	わな猟、やり猟、弓矢猟 パチンコ猟、投石	▲++ ●+	(▲++) (●−)	▲++ ●+	(▲+) (●−)
採集	植物(果実、イモ、葉、茎) キノコ類、昆虫	▲++ ●++	(▲+) (●++)	▲++ ●++	(▲−) (●++)
漁撈　(*1)	釣り	▲++ ●+	(▲+) (●−)	▲++ ●+	(▲+) (●−)
	かいだし漁	▲+ ●++	(▲+) (●++)	▲− ●++	(▲+) (●++)
	魚すくい　(*2)	▲− ●+	(▲?) (●?)	▲− ●+	(▲−) (●−)
農耕	植え付け、草刈り、収穫、運搬	▲++ ●++	(▲++) (●++)	▲++ ●++	(▲−) (●++)
(2)　家事労働					
食事準備	食材加工、火おこし、炊事 臼つき、料理分配、皿洗い	▲++ ●++	(▲++) (●++)	▲++ ●++	(▲−) (●++)
清掃	掃き掃除、ゴミ捨て、草刈り	▲− ●++	(▲++) (●++)		
水くみ		▲+ ●++	(▲++) (●++)	▲+ ●++	(▲−) (●++)
薪集め・運び		▲− ●++	(▲++) (●++)	▲− ●+	(▲−) (●+)
洗濯		▲++ ●++	(▲++) (●++)	▲++ ●++	(▲−) (●−)
子守り		▲+ ●++	(▲++) (●++)		
(3)　物質文化関連					
道具作り	ゴザ、小カゴ、弓矢 やり、釣り竿	▲++ ●++	(▲++) (●++)	▲++ ●++	(▲−) (●++)
道具手入れ	山刀研ぎ、ナイフ研ぎ	▲+ ●−	(▲++) (●−)		

++　しばしば見られる　　+　時々見ることがある　　−　見られない、ほぼ見られない
／　判断に適さない　　?　不明

(表2-3　続き1)

活動項目	活動細目・備考	少年と少女が行う頻度 ▲少年 ●少女	(おとな・青年が行う頻度) (▲男性) (●女性)	子どものみで行う頻度 ▲少年 ●少女	(青年・おとなとともに行う頻度) (▲少年) (●少女)
(4)　有償労働					
有償農作業	ミッションの焼畑 農耕民のカカオ畑	▲＋ ●＋	(▲＋＋) (●＋＋)	▲－ ●－	(▲＋　) (●＋　)
有償家事労働	酒造り、薪集め、水くみ、皿洗い	▲－ ●＋	(▲＋) (●＋＋)	▲－ ●＋	(▲－) (●＋)
物売り	獣肉、揚げパン	▲＋＋ ●－	(▲＋＋) (●－)	▲＋＋ ●－	(▲＋) (●－)
その他の有償作業	運搬	▲＋ ●－	(▲？) (●？)	▲＋ ●－	(▲－) (●－)
(5)　買い物					
買い物	タバコ、酒、サトウキビ 釣り糸、釣り針	▲＋ ●＋	(▲＋＋) (●＋)	▲＋ ●＋	(▲＋) (●＋)
(6)　飲食					
食事	集落での食事、間食	▲＋＋ ●＋＋	(▲＋＋) (●＋＋)	▲＋＋ ●＋＋	(▲＋＋) (●＋＋)
買い食い	揚げパン、サトウキビ、パン	▲＋ ●＋	(▲＋) (●＋)	▲＋ ●＋	(▲＋) (●＋)
嗜好品	飲酒、喫煙	▲＋ ●＋	(▲＋＋) (●＋＋)	▲＋ ●＋	(▲＋) (●＋)
(7)　休息・睡眠					
休息	座ってぼんやりする、火にあたる	▲＋＋ ●＋＋	(▲＋＋) (●＋＋)	▲＋＋ ●＋＋	(▲＋＋) (●＋＋)
睡眠	就寝、昼寝	▲＋＋ ●＋＋	(▲＋＋) (●＋＋)	▲＋＋ ●＋＋	(▲＋＋) (●＋＋)
(8)　衛生・治療					
水浴び		▲＋＋ ●＋＋	(▲＋＋) (●＋＋)	▲＋＋ ●＋＋	(▲－) (●－)
髪編み・髪すき		▲－ ●＋＋	(▲－) (●＋)	▲－ ●＋＋	(▲－) (●＋)
身づくろい	洗顔、手洗い、油塗り	▲＋＋ ●＋＋	(▲＋＋) (●＋＋)		
排泄		▲＋＋ ●＋＋	(▲＋＋) (●＋＋)	▲＋ ●？	(▲？) (●？)
治療(受ける)		▲＋＋ ●＋＋	(▲＋＋) (●＋＋)	▲－ ●－	(▲＋＋) (●＋＋)
虫駆除	シラミ、スナノミ	▲＋＋ ●＋＋	(▲＋＋) (●＋＋)	▲＋＋ ●＋＋	(▲＋＋) (●＋＋)

(表2-3　続き2)

活動項目	活動細目・備考	少年と少女が行う頻度 ▲少年 ●少女	(おとな・青年が行う頻度) (▲男性) (●女性)	子どものみで行う頻度 ▲少年 ●少女	(青年・おとなとともに行う頻度) (▲少年) (●少女)
(9)　儀礼関連					
「ペ」参加 (*3)		▲++ ●++	(▲++) (●++)	▲++ ●++	(▲++) (●++)
精霊見物 (*4)		▲++ ●−	(▲++) (●−)	▲++ ●−	(▲++) (●−)
精霊衣装作り		▲++ ●++	(▲+) (●+)	▲− ●−	(▲++) (●++)
割礼者への油塗り　(*5)		▲− ●++	(▲−) (●−)	▲− ●++	(▲−) (●−)
(10)　学校・教会関連					
学校への出席		▲++ ●++	(▲−) (●−)	▲++ ●++	(▲−) (●−)
学校での作業	草刈り、清掃	▲++ ●++	(▲+) (●+)	▲++ ●++	(▲−) (●−)
礼拝・説法参加	村の教会での礼拝参加 集落での説法参加	▲++ ●++	(▲++) (●++)	▲− ●−	(▲++) (●++)
(11)　社会的活動					
おしゃべり		▲++ ●++	(▲++) (●++)	▲++ ●++	(▲++) (●++)
他集落訪問 (日帰り)		▲++ ●++	(▲++) (●++)	▲++ ●++	(▲++) (●++)
散歩		▲++ ●++	(▲++) (●++)	▲++ ●++	(▲++) (●++)
ケンカ		▲++ ●+	(▲++) (●++)	▲++ ●+	(▲−) (●−)
(12)　遊び					
遊び	空気鉄砲、トカゲ狩り、小屋 果実の射的、精霊ごっこ 調理ごっこ、サッカー他(多種)	▲++ ●++	(▲−) (●−)	▲++ ●++	(▲+) (●+)
遊びのための素材採集(*6)	植物部位(果実、葉、茎、樹液) 昆虫、動物の死骸	▲++ ●++	(▲−) (●−)	▲++ ●++	(▲−) (●−)
(13)　その他					
運搬	他集落に農作物や雑貨を届ける、受け取る	▲++ ●++	(▲++) (●++)	▲++ ●++	(▲−) (●−)
雑用のおつかい	おとなに指示され雑貨等を取りに行く	▲++ ●++	(▲／) (●／)	▲++ ●++	(▲／) (●／)

（表2-3　続き3）

活動項目	活動細目・備考	少年と少女が行う頻度 ▲少年 ●少女	（おとな・青年が行う頻度） （▲男性） （●女性）	子どものみで行う頻度 ▲少年 ●少女	（青年・おとなとともに行う頻度） （▲少年） （●少女）
(14)　長期的活動（二日以上）（*7）					
狩猟採集キャンプに滞在		▲++ ●++	（▲++） （●++）	▲－ ●－	（▲++） （●++）
焼畑の出作り小屋に滞在		▲++ ●++	（▲++） （●++）	▲－ ●－	（▲++） （●++）
象肉取り（*8）		▲++ ●++	（▲++） （●++）	▲－ ●－	（▲++） （●++）
有償農作業のための畑滞在	カカオ農作業	▲++ ●++	（▲++） （●++）	▲－ ●－	（▲++） （●++）
他集落の訪問と滞在		▲++ ●++	（▲++） （●++）	▲++ ●++	（▲++） （●++）

聞き取りおよび直接観察の中で得られた子どもの活動をすべて挙げた。
++　しばしば見られる　　+　時々見ることがある　　－　見られない、ほぼ見られない
／　判断に適さない　　?　不明

（*1）漁撈は方法によって担い手が大きく異なるため、分けて示した。

（*2）ざるで小川の魚をすくう。少女が行う場面を見たが、一般的におとなが行うかどうかは定かでない。

（*3）「べ」とは、バカの伝統的な歌と踊りの集会。

（*4）少年たちが集落近くの広場にやって来たとされる森の精霊を、日中に見物に行くもの。夜開かれる歌と踊りの集会「べ」とは別の活動である。

（*5）割礼を受けた後静養する男性の体に毎日油を塗る作業で、少女にその役割が与えられる。同時に食事の世話もする。

（*6）遊びのための素材採集は遊びの一部を構成する要素であるが、同時に採集活動としての側面を持つため、記載と分析において採集活動の一種と見なすことがある（第三章三節参照）。

（*7）これらは複数の活動の集合であり、厳密に言えば「活動」の定義にあてはまらないが、子どもの関わり方を示す意味で、参考までに示しておく（巻末の注の第二章（五）参照）。

（*8）遠方でおとなの男性たちが象狩りに成功したとき、おとなも子どももこぞってその場所に向かい、分担して象肉を集落に持ち帰る。

表2-4　おもに子どもが行い、青年・おとなが行わない活動

活動	主な担い手	活動カテゴリー
弓矢猟	少年、時に少女も参加*	生業活動（狩猟）
やり猟	少年、時に少女も参加#	生業活動（狩猟）
パチンコ猟	少年#	生業活動（狩猟）
投石	少年	生業活動（狩猟）
生食用野生果実／釣り餌の採集	少年と少女	生業活動（採集）
生食用栽培果実の収穫	少年と少女	生業活動（農耕）
遊び	少年と少女*	遊び
遊びのための素材採集	少年と少女	遊び
精霊衣装作り	少年と少女*	儀礼関連
割礼者への油塗り	少女	儀礼関連
髪編み	少女#	衛生・治療
学校への出席	少年と少女	学校・教会関連

生業活動については活動細目を示した。
#は青年やおとなも行うことがあるが、少ない。
*は少年少女が組織する活動に、青年や若いおとなが参加することがある。

表2-5　青年・おとなのみが行い、子どもが行わない活動

活動	主な担い手	活動カテゴリー
銃猟	おとな男性	生業活動（狩猟）
動物の解体	おとな・青年男性	家事労働
家の建築	おとな男性、おとな女性	家事労働
治療（施す）	おとな男性、おとな女性	衛生・治療
成人識字教室出席	おとな・青年男性	学校・教会関連
性交（夜這いを含む）	おとな・青年男女	社会的活動
長期的活動（二日以上）		
長期狩猟	おとな男性	生業活動（狩猟）
出稼ぎ	おとな・青年男性	有償労働

少年と少女の違い

子どもの日常活動のうち何が主要なものであるかを見るため、約一か月間連続して行った聞き取り調査の結果を分析し、頻出する活動とその特徴を見てみたい(五)。

まず、回答全体で、活動一覧（表2-3）に掲げた活動項目がそれぞれ何回出てきたかを示した（表2-6中央欄の左側）。多い方から見ると、食事とその準備がもっともありふれた子どもたちの活動である。上位には、衛生の機能をもつ水浴び、子どもどうしで行う遊び、日課として定められた学校への出席が並び、生業活動と家事労働が続く。表2-6に記号を付したが、生業活動（◆）、集落で行う家事労働や物質文化関連の活動（◇）が主要な活動の上位に並んでいる様子が分かる。

少ない方については、買い物、物売り、有償農作業など金銭の関わる活動、精霊衣装作りや学校の大掃除などの限られた日に行われる活動、薪集めなど体力を要する活動などがある。おとなに命じられて行う雑用のおつかいや運搬は、生業活動や家事労働の一部に含まれたり、集落間の移動と同時になされたりすることがあり、それを目的とした単独活動としては行われにくい。

各活動の回答数を少年と少女に分けてそれぞれののべ回答日数で割り、一人の一週間当たりの活動頻度に換算して（ ）内に示すとともに、上位の活動について少年と少女の活動頻度を比較し不等号を付した（表2-6右側）。多くの活動で、性差が見られることが分かる。差が見られないのは、食事、水浴び、学校への出席、農耕である。初めの三つは日課として行われる活動である。また、農耕については少年と少女で表向き頻度は近いものの、活動の内実はまるで異なる（第四章）。

少年における頻度が少女より高い活動として釣りと狩猟があり、少年の方がやや高い活動として遊びがある。少女における頻度が少年より高い活動は、かいだし漁、道具作り、清掃、髪編み・髪すき、子守り、割

表2－6　子どもの主要な日常活動と頻度

順位	活動項目		回答数（回）			頻度（回／週・人）		
			全体	（少年	／　少女）	少年		少女
1	食事		735	（348	／　387）	28.3	≒	25.8
2	食事準備	◇	252	（67	／　185）	5.5	＜	12.3
3	水浴び		155	（68	／　87）	5.5	≒	5.8
4	遊び	◎	132	（93	／　39）	7.6	＞	2.6
5	学校への出席		76	（36	／　40）	2.9	≒	2.7
6	かいだし漁	◆	62	（10	／　52）	0.8	≪	3.5
7	農耕	◆	60	（24	／　36）	2.0	≒	2.4
8	採集	◆	56	（18	／　38）	1.5	＜	2.5
9	道具作り	◇	38	（5	／　33）	0.4	≪	2.2
10	水くみ	◇	31	（9	／　22）	0.7	＜	1.5
11	釣り	◆	26	（24	／　2）	2.0	≫	0.1
11	清掃	◇	26	（2	／　24）	0.2	≪	1.6
13	狩猟	◆	18	（16	／　2）	1.3	≫	0.1
14	髪編み・髪すき		16	（0	／　16）	0	≪	1.1
15	子守り	◇	12	（1	／　11）	0.1	≪	0.7
16	洗濯	◇	11	（2	／　9）	0.2	＜	0.6
16	割礼者への油塗り		11	（0	／　11）	0	≪	0.7
18	治療（受ける）		9	（6	／　3）	0.5		0.2
18	精霊見物		9	（9	／　0）	0.7		0
18	礼拝・説法参加		9	（3	／　6）	0.2		0.4
21	買い食い		7	（3	／　4）	0.2		0.3
22	薪集め・運び	◇	5	（1	／　4）	0.1		0.3
22	買い物		5	（1	／　4）	0.1		0.3
24	精霊衣装作り		4	（3	／　1）	0.2		0.1
25	有償農作業		3	（1	／　2）	0.1		0.1
25	有償家事労働		3	（0	／　3）	0		0.2
25	雑用おつかい		3	（0	／　3）	0		0.2
28	その他の有償作業		2	（1	／　1）	0.1		0.1
28	学校での作業		2	（0	／　2）	0		0.1
28	運搬		2	（0	／　2）	0		0.1
31	道具手入れ	◇	1	（1	／　0）	0.1		0
31	物売り		1	（1	／　0）	0.1		0
31	嗜好品		1	（0	／　1）	0		0.1
31	虫駆除		1	（1	／　0）	0.1		0
	計		1784	（754	／　1030）	—	—	—

◆　生業活動　　◇　家事労働、物質文化関連　　◎遊び

1998年1月25日～3月2日（30日間）の聞き取り調査より。

回答数：191人・日（少年：9人、86人・日、少女：7人、105人・日）

各活動項目の回答数を少年と少女の調査のべ日数で割り、頻度（回／週・人）に換算して右側に示した。

上位の活動項目について、少年と少女の頻度を比較した。両者の値の開きにもとづいて、以下の基準で等号、不等号を付した。

≒　1.5倍未満　　＜、＞　1.5倍以上3倍未満　　≪、≫　3倍以上

礼者への油塗りで、やや高い頻度で見られるものとして食事準備、採集、水くみ、洗濯がある。生業活動については、おとなの性別分業を反映していると考えられ、詳しくは後述する（第四章）。また、少女は少年よりも家事労働を高い頻度でこなし、少年は少女よりも遊びの頻度が高くなっている。

少年と少女を年齢別に分け、それぞれの主要活動を見てみよう。それぞれを年少期と年長期のふたつの年齢階層に分けて、四つの性年齢階層における活動を、行われる頻度（一人一週間当たりに換算）の高い方から順に並べ、上位の活動を示した（表2-7）。少年を年少期と年長期で比較すると、若干の順位変動があるが、活動のレパートリーに大きな違いが見られない。ただし、年長期の少年の主要活動に、儀礼関連のものが含まれている。少女では、年長期において主要活動の上位に生業活動（◆）が集まる様子が見られ、成長とともにこれらが生活の中の主要活動となっていくと解釈できる。

年齢間で主要な活動の頻度を比較するために、各階層に見られた日常活動をカテゴリーに分けて頻度を図示した（図2-4）。ただし、食事については表2-7で見るように、他の活動に比べひときわ高い頻度をもち、また性年齢階層によって大きな違いは見られないため、ここでは簡略化するために省いている。少年では、年少期に比べて年長期で食事準備の頻度が高い。ただし、少年の食事準備は世帯の食事のために行うものではなく、自分が間食するための調理である。それ以外の両者の違いは目立たない。一方の少女では、年少期より年長期で食事準備の頻度が高く、また他の家事労働の頻度も高い。そして遊びの値が低くなっている。なお、少女が行う食事準備は世帯の食事のための調理であり、同じ活動に分類されているが、少年のそれと活動内容が異なる。

おのおのの階層が行った活動の種類数を見ると、表2-6の三四種類の活動項目のうち各年齢階層で一度でも見られた活動の種類数は、年少期の少年で二一種類、年長期の少年で二〇種類、年少期の少女で一九種類であるのに対し、年長期の少女では三〇種類であった。

表2-7　各性年齢階層における主要活動

少年・年少期（3人、52人・日）

順位	活動		頻度
1	食事		28.4
2	遊び	◎	6.5
3	水浴び		4.3
4	食事準備	◇	3.4
5	学校への出席		2.8
6	釣り	◆	2.2
7	狩猟	◆	1.3
7	農耕	◆	1.3
7	採集	◆	1.3
10	かいだし漁	◆	1.1
11	治療（受ける）		0.8
12	道具作り	◇	0.5

少年・年長期（6人、34人・日）

順位	活動		頻度
1	食事		28.2
2	遊び	◎	9.3
3	食事準備	◇	8.6
4	水浴び		7.4
5	学校への出席		3.1
6	農耕	◆	2.9
7	精霊見物		1.9
8	釣り	◆	1.6
8	採集	◆	1.6
10	水くみ	◇	1.4
11	狩猟	◆	1.2
12	精霊衣装作り		0.6

少女・年少期（2人、26人・日）

順位	活動		頻度
1	食事		28.3
2	食事準備	◇	5.9
3	水浴び		5.4
4	遊び	◎	4.3
5	かいだし漁	◆	3.8
6	学校への出席		3.5
7	採集	◆	2.2
8	道具作り	◇	1.9
9	割礼者への油塗り		1.6
10	水くみ	◇	0.8
11	農耕	◆	0.8
12	釣り	◆	0.5
12	子守り	◇	0.5
12	髪編み・髪すき		0.5

少女・年長期（5人、79人・日）

順位	活動		頻度
1	食事		25.0
2	食事準備	◇	14.4
3	水浴び		5.9
4	かいだし漁	◆	3.4
5	農耕	◆	2.9
6	採集	◆	2.7
7	学校への出席		2.4
8	道具作り	◇	2.3
9	清掃	◇	2.1
10	遊び	◎	2.0
11	水くみ	◇	1.7
12	髪編み・髪すき		1.2

1998年1月25日～3月2日（30日間）の聞き取り調査より。頻度の単位は、回／週・人。

◆　生業活動

◇　家事労働、物質文化関連

◎　遊び

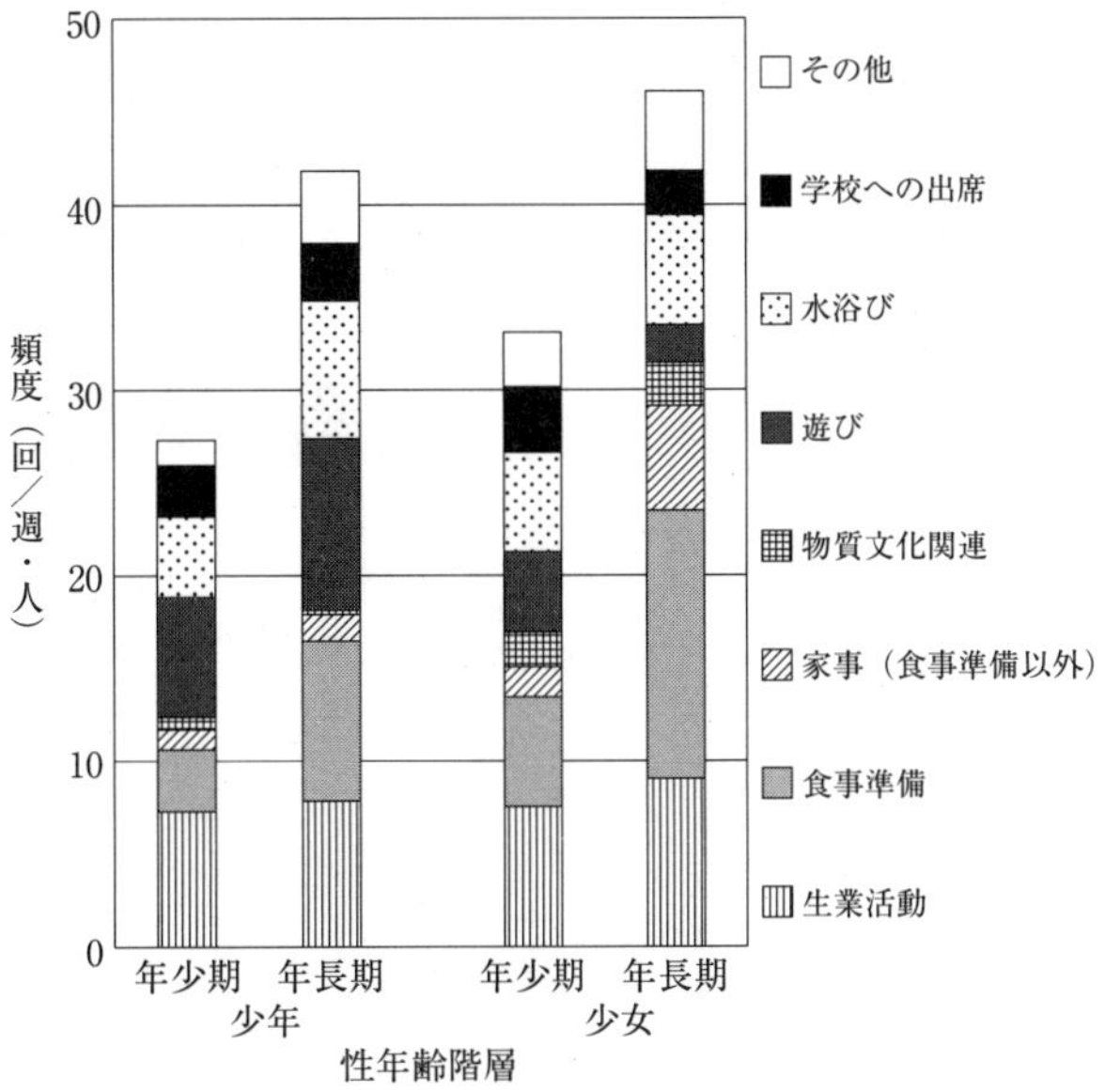

図2－4　日常活動の年齢比較（カテゴリー別）

「食事」を除く活動の回答数を、１人１週間当たりの頻度に換算して示した。

頻度の高い主要活動および活動カテゴリーを選び、それ以外を「その他」にまとめた。

「その他」に含まれるのは、衛生・治療、儀礼関連、有償労働、学校での作業・教会関連など。

1998年１月25日～３月２日（30日間）の聞き取り調査より。各階層の聞き取り対象者数と回答数は以下の通り。

少年年少期：３人、52人・日　　少女年少期：２人、26人・日
少年年長期：６人、34人・日　　少女年長期：５人、79人・日

ここから、少年少女の成長に伴う変化を読み取ろうとすれば、次のような傾向が分かる。少年は、成長に伴う活動レパートリーの変化が少なく、遊びが多く、生業活動や家事労働が日常活動の中で主要な位置を占めるようにならない。一方、少女は、年長期になると生業活動と家事労働が主要な位置を占めるようになり、とくに家事労働の頻度が高まり、多種類の活動をこなすようになる。少年たちは日中何となくぷらぷらとしていることが多く、少女たちは、とくに年長期ともなるとしっかりと世帯の切り盛りを担っているという違いが見られるが、このデータはこれらの印象を裏付けている。この少年たちの日中の何とも暇そうな時間帯こそが、次章で紹介する森の遊びとおもちゃの文化を生み出す素地となっているのである。

第三章

森の遊びと おもちゃの文化

バカの子どもたちの日中の活動の中でもっとも目を引いたものとは、豊かな遊びの数かずであった。

　子どもたちと日中いっしょに過ごす中で、**私は毎日のように新しい遊びを次つぎと目にした。その数は、八五種類、二六九事例におよんだ。**

　狩猟や採集、伝統的な歌と踊りなど、バカの社会の伝統的な文化に彩られた遊びも多かったが、自動車や飛行機など、近代的な事物に題材を借りた遊びや、おとなの文化の中にとくにモデルとなる活動が見当たらない、独自に創作された遊びも含まれていた。

　また、子どもたちは**おもちゃの素材となる植物などを自ら森や畑で手に入れ、それらを刃物などで加工して遊んでいた。**そのほとんどは、おとなたちによる素材の利用法とは異なる、子どもたち独自の利用法であった。さらに、遊び場や遊びのルールにも子どもたちならではの特徴が見られ、おとなの文化要素を部分的に利用しつつ、**自分たちの遊びを自由に構成するという文化創造の様子を見ることができる。**

　この章では、バカの子どもたちの遊びとおもちゃ作りの魅力を紹介し、子どもたちが森の中で生み出している文化の一端をかいま見ることとしたい。

小屋を作って遊ぶ少女たち

一　遊びながら調査する

幸せな調査

「コンバー・エー・シュ・アエー・コンバー・ニュアラワー・ボーボ♪」（神様は天にまします、私たちの父）
「オー・コンバー・エー・トフェー・ジョコ・ブマレー♪」（神様、私によい心を授けてください）

キリスト教の神（コンバ）を讃えるバカ語の賛美歌である。キリスト教の布教活動の中で、このような歌が創作され、子どもたちの間でもよく歌われている。教会が作ったのか、あるいはキリスト教ミッションとの関わりをもつバカの人たちが作ったのか、その由来は分からない。子どもたちの中では、「ベ・ナ・コンバ（神様の歌）」として愛唱されていた。

すべてを同じ音程でそろえる学校の唱歌とは違い、子どもたちがおのおの自発的にいくつかのパートに分かれ、全体として自然にポリフォニーを構成している。だれも指揮者になるわけではないのに、この役割の分かれ方はみごとなものである。歌詞の内容は西欧から伝播したキリスト教そのものであり、バカの精霊信仰などとはまったく関わりがないものの、歌としてはバカの音楽の伝統の上に位置付けられるものと思われる。

子どもたちにひとしきり歌ってもらったら、その場でテープを巻き戻して、録音した歌をいっしょに聞く。自分たちの歌が聞こえてくると、「イヨー！」と歓声が上がる。そして「もう一回やろう」とまた歌う。それをまた録って、またいっしょに聞く。それを繰り返す。

子どもたちに「ラディオー」と呼ばれていた歌の録音の作業は、このように進められた。データ収集でありながら、子どもたちとひとつになってできる調査。このような幸せな調査をずっと続けていたいと思うひと時であった。

子どもの調査をするということは、いっしょに遊び、いっしょに歌いながら仕事をすることである。この章では、そのような中で見えてきた子どもたちの森の遊びの文化を紹介していこう。

遊びの収集

ここでは、遊びを、子どもたち自身によって自由に行われる、一定の持続性をもった、実益性を主目的としない活動としている。

バカ語には *solo* という活動のカテゴリーがある。これはおおむね「遊び」と訳すことができることばであり、フランス語では *jeu*（遊び）の訳語があてられている［Brisson & Boursier 1979］。*solo* には、小屋作り、調理ごっこ、集団的な遊戯、追いかけっこなどが含まれ、やり猟や釣りなどの狩猟採集活動は含まれない。ただし、ここではバカの社会における *solo* の範囲に限らず、生業に重なる活動群も、内容によっては広い意味での「遊び」の一種と見なして含めることとした。なぜなら、これらの多くが、実際は食物の獲得という実益を伴っておらず、事実上本人たちが楽しむために行われている活動と見なしうるからである。生業活動としての実益性の面については、あらためて第四章で検討する。

約七か月の間に、二六九事例の子どもの遊びを観察した(一)。その多くは、第二章で紹介したように、私自身が子どもたちの集まりに加わって、ともに遊びながら観察したものである。二六九事例を内容によって八五種類の遊びに分類し、さらにそのモチーフに注目して大きく七つのカテゴリーに分類した（表3-1）。以下ではこの分類に従って、遊びの実際の様子をひとつずつ見ていこう。

表3－1　観察された遊び（85種269事例）

生業活動に関わる遊び (15種64事例)	歌・踊り・音に関わる遊び (13種65事例)	身体とその動きを楽しむ遊び (13種23事例)
【狩猟】 わな 空気鉄砲 投石 トカゲ狩り ネズミ狩り 果実の射的 弓矢 やり猟 やり投げ パチンコ 【採集】 シロアリ取り 虫取り 【漁撈】 釣り かいだし漁 魚すくい	【歌と踊り】 べ（伝統的な歌と踊り） 遊び歌 歌 踊り 精霊ごっこ 歌のかけあい 【楽器】 アイタ（弦楽器） 草笛 たいこ 葉っぱ鳴らし パパイヤの笛 たいこのばち 二弦ギター	【身体を使った遊び】 とっくみあい まぶためくり おいかけっこ チャンバラ おにごっこ じゃれあい 尻たたき合い 鼻穴に豆つめ 指数え 川遊び 【身近な小物をもてあそぶもの】 キャッチボール パンツ投げ 土いじり遊び
衣食住・家事・道具に関わる遊び (20種36事例)	近代的事物に関わる遊び (9種29事例)	その他 (12種26事例)
【住居】 小屋 【食生活・嗜好品】 調理ごっこ 空き缶のなべ ミニチュアのバナナ 食物の早取り 投げ食い 箸 紙たばこ 【衣服・装飾】 メガネ 女装 たすき 帽子 髪飾り 胸飾り 目かくし 【家事・道具】 人形 火遊び 子どもあやし ろうと 傘	【自動車】 モトゥカ（板に乗って坂をすべり下りる） 運転ごっこ 手押し車 バナナのミニカー ラフィアヤシの車 いすの車 【自動車以外】 オートバイごっこ 飛行機のおもちゃ ラジオのおもちゃ **ルールの確立したゲーム** **(3種26事例)** マセエ（地面に描いたマス目を進んでいくゲーム） ソンゴ（木の実を用いたすごろくに似たゲーム） サッカー	【動物に関わるもの】 サルのまね ヘビいじり 犬追い 鳥のなきまね 【玩具】 ブランコ ふりこ 風船 ほうき立て 手品 【仕事のまね】 菓子売りごっこ 学校ごっこ 【造形】 お絵描き

・それぞれの遊びの中心的なモチーフをもとに分類した。
・各項目の中では、多く見られたものから順に並べてある。

二　遊びの数かず

生業活動に関わる遊び

生業活動に関わる遊びは多くの種類のものがあり、頻繁に見られた。なお、そのうちの一部は、生業活動としての側面をもつため、生業活動の記載と分析の章でも再度取り上げる（第四章）。

狩猟に関わる遊び

・わな

少年たちは、集落の近くの茂みの中などにわなを作って遊ぶ。おとながわな猟のときに使用するワイヤーをもらって作ることもあれば、手近にある植物のつるを使うこともある。わなとしての機能をなさないこともしばしばある。また、作った後すぐに足で踏んづけてしまうなど、破壊的な行為におよぶことがしばしばであり、獲物を捕ることを目指していないと見なせる例も多い。実際、子どものわなに野生動物がかかったという話を聞いたことがない。一度だけ、ある少年のわなに、集落で飼われているニワトリがかかったことがあった。私の調査期間中の唯一の獲物であり、集落中の話題になった。

・やり猟

少年たちが狩猟チームを組んで、やりをもち、犬を連れて、森林のなかを探索する。その冒険に同行したときの様子を紹介する。このとき狩猟チームに参加していたのは、六歳から一三歳の少年四人および犬一頭であった（口絵2）。

事例「やり猟」

「狩りに行こう！」と少年三人（アスィア、バーバ、ノエリ）がやりをもって出発。バーバとノエリがやぶにやりを突っ込む。「えものだ！」「いない！」「鳥だ！」などと叫ぶ。次に、プランテンバナナの幹（仮茎）にやりを刺し「ヤマアラシを捕りに行くぞ！」

ここで、アスィアがパパイヤを採ってくる。ここでンディバが犬を連れて合流し、四人と一匹の狩猟チームができた。さっそくみんなでパパイヤを食べる。犬もいっしょにパパイヤを食べる。出発しようとするが、犬が行方不明になり、探す。犬が戻ってきたので出発。直後、犬が再び行方不明になり、みんなで探す。しばらくして犬と合流。

やぶの中へ進んでいく。じきにやぶを抜け、畑に出た。ここで犬がまたも行方不明になる。四人は散り散りになって、犬を探す。

一〇分後に集合、結局犬は見つからなかった。帰ることにした。やりが一本足りないので、もっていないアスィアがアフリカショウガの茎を採り、やりのかわりに構える。

出発してから五七分後、四人は初めの集落に戻ってきた。チームは解散。

約三〇分後、犬がひとりで戻ってきた。

結局、このやり猟で採れた物は、パパイヤ一個、アフリカショウガの茎一本である。やりで射た物は、プランテンバナナの幹と茂みであり、なくした物は犬一頭であった。

隊列の組み方に注目をして観察してみた。四人と一匹は細い道を一列に進んでいく。家の近くの分かりやすい道は、もっとも年齢の低い年少期のノエリが先頭を切って歩いていた。しかし、あまりふだん歩かない奥まった所ややぶの中は、年上の少年二人が交代して先頭を進んだ。年少期のノエリが分かれ道で行き先に困ると、年上のンディバが即座に後ろから指示を出した。相対的な長幼関係によって役割を自覚し、自然と

わなをしかける少年。もっとも、獲物が捕れることはほとんどない。一度ニワトリがかかって話題になった。

それを引き受ける。

まとめれば、集落の周囲のやぶの中で、総行程せいぜい一キロメートルあまりの道のりを、犬に振り回されながらうろうろとさまよったという活動であった。ただし、重要なのは、チームを組んで集落から森へ出発するというシチュエーションであり、魅力と危険に満ちた森での探索は、パパイヤ一個の収穫でも十分満ち足りることのできる活動なのである。

・果実の射的

やりに関わる遊びをもうひとつ紹介しておく。ボーリングのように転がしたパパイヤの実をやりで射る遊びである。ここで使うやりは、ラフィアヤシの中肋の固い皮を削って作る。幼い子どもが作れないときは、年上の少年が削って作ってやる。ふたつのチームに分かれて、果実を転がす役と射る役を交代して進めていく。みごと射抜いたときには、「ポデ、ポデ！」（一、二）と叫ぶなど、点数を入れることがある。

・投石

木の上に鳥を見つけたり、やぶの中に小動物の気配を感じたりしたとき、少年たちはすぐさま手近にある石や土くれを拾い、その動物がいるらしい方向をめがけて投げる。条件反射的と言ってもよいほどである。石を投げても当たらないし、実際にしとめることはないが、とりあえず攻撃をしかける。そして「ア・ゴエ！」（逃げちゃった！）と捨てぜりふのように言うのが常である。少年たちが頻繁に見せる行動であり、動物に対する衝動的な反応が顕著に現れる。

レカ（果実の射的）は未熟のパパイヤの実を転がしてやりで射る遊び。二つのチームに分かれて行うが、競争的なゲームにはならない。

パパイヤの葉柄で作った鉄砲。中空の筒に、キャッサバのずいで作った柔らかい弾を込めて撃つ。当たっても痛くない。

・その他の狩猟に関わる遊び

空気鉄砲は、ピストン状のおもちゃである。中空のパパイヤの葉柄を切り取って筒とする。弾は柔らかなキャッサバのずいを使う。ニワトリや昆虫などを狙い撃つ。子どもどうしで撃ち合いをすることもあるが、もちろん弾はスポンジのように柔らかいため、当たってもけがをすることはない。

少年たちは狩猟チームを作って、弓矢でトカゲ狩りをする。射止めたトカゲを食べることはない。

ネズミ狩りは、少年と少女が作業を分担して行う集団猟である。少年が狩人となって弓矢ややりをかまえ、少女がやぶを踏んだり山刀で草を刈ったりして、ネズミを追い立てる勢子《せこ》の役割を引き受ける。なお、ネズミが捕れたら焼いて食べることがある（第四章三節参照）。

採集に関わる遊び

採集に関わる遊びとしては、シロアリ取りなどがあった。シロアリ取りは、少年と少女が協力し合って山刀と火を使い、塚からシロアリをいぶし出そうとするものである。これは生業活動にも分類できるが、集落のすぐ裏手で、幼い子どもたちが中心となってシロアリ塚をいじっている様子は、遊びの要素が強いと見ることができる。結果として成果はなく、それでも満足げな子どもたちであった。

なお、少女たちはよくイモ掘りなどをしている。これらは、実際に成果が上がることがあるという意味では生業活動としての性格をもつため、第四章で詳しく紹介する。

漁撈に関わる遊び

・釣り

少年たちの釣りをよく見かけた。釣りざおは、果実の射的のやりと同様、ラフィアヤシの中肋の皮を使って作る。釣りは食物獲得のための活動そのものとも言えるが、実益性を度外視した遊びの側面が大きいと考えられる。

次に挙げるのは二人の少年の釣りに同行したときの事例である。参加したのは、ンディバ（推定七〜九歳）とノエリ（六歳）である。

事例「釣り」

二人で集落を出た。釣りざおはンディバが一本もっていて、ノエリはもっていない。バッタの類とみえる昆虫を八つ、えさとしてノエリが持参している。

すぐ川に着き、釣り始めるが、四分後に移動。せわしなく釣り場所をかえる。次の場所で「魚が逃げた！」「カニだ！いや、木だ」と叫ぶ。

そこでノエリが泥を掘って、ミミズ探しを始める。ミミズを一匹発見した。ンディバはさっそくそれを受け取り、えさをミミズに替える。ンディバもミミズ掘りをするが、なかなかみつからず。

また移動、糸を垂らす。糸を水面につけ、数秒流れにまかせて流した後ひきあげ、上流に戻してまた流し、というのを繰り返す。

ンディバが釣っている間のノエリの行動は、次のようなものである。木の枝を引っ張る。「かいだし漁!」と叫んで川の水をかいて遊ぶ。「ボール!」と叫んで水を蹴る。「トカゲ!」といきりたち、草むらに棒を放り込む。泥を掘って遊ぶ。泥で足を埋める。泥山に棒を投げて刺す。こうして一三分経過するが、魚は釣れない。

「帰るよ!」とンディバが叫び、釣りざおを川に投げ込んだ。流れていくさおを二人でばしゃばしゃと追いかけていく。「鳥だ!」とンディバが叫び、川からやぶに石を投げる。ここで、釣り糸が倒木にからまった。ノエリがほどく。

ノエリが「水を浴びるよ」と水浴びを始めた。ンディバも釣りざおを岸において水に潜る。ンディバが「パンツ洗う」と、二人でパンツを洗い始める。洗いながら、パンツを五メートルほど上流に投げて、流れてきたのを受け止めるという「パンツ投げ」をして遊んだ。

ノエリが「ノブウ、帰るよ!」。そのときンディバが「あ……パンツ」と、左手にまとめてもった服の中をあわてて探す。ぬれたパンツは、釣りざおとともに右手にもっていた。五分かけて服を着る。ノエリのお姉さんがたまたま来て、キャッサバを分けてくれる。川を出て、集落に帰った。

所要時間は一時間二〇分。収穫はミミズ一匹であった。


別の日にも、同じコンビでの釣りに同行したが、このときの収穫は、ミミズ一匹の他に、水棲昆虫一匹、ヤウティア(アメリカサトイモ)の花ひとつであった。

私は二人の釣りに同行し、食物獲得の活動とは言いがたいものを感じていた。しかし、二人のやる気と格好は十分であった。実際、本当にいたかどうかは定かではないものの、水の中に獲物を見つけようとする視線を投げかけ、それらを狙い撃とうとする行動と発言の数かずが見られた。それらは、やぶの中の鳥やトカゲにも常に向けられていた。魚が釣れなくても、畑で魚のように細長い形状のヤウティアの花を摘み取って釣り針に引っかけ、獲物の形を作って、大はりきりであった。

興味深いのは、この二人の行動の中にもはっきりと役割があることである。少し年上のンディバが、移動や次の目的など指示を出し、年下のノエリにえさをもたせる。すっかり先輩気取りである。もっとも、この二人について回っていた私は、その若輩ノエリから「行くよ！」「ゆっくり歩いて！」などの指示を受けていた。私は、ノエリよりもさらに未熟者ということになるのであろう。なお、このンディバも、さらに年上の少年たちに同行するときは、ノエリ同様、ミミズ掘りと獲物運びという年下の役割を自然と引き受けていた。

実はこの事例の舞台となった小川は、いつも住んでいる集落から歩いてほんの一分の所にある。すぐ脇には生活のための水くみ場があるような所であるが、気分の上ではすでに深い森の中であり、二人は森の中を闊歩する狩猟採集者なのである。

もっとも、年長期の少年たちが釣りに行くときは、獲物が捕れる。魚が釣れたら、塩を塗って葉っぱで包み焼きし、その場に居合わせた子どもたちで平等に分配して食べる。

・その他の漁撈に関わる遊び

少女たちは小川で、かいだし漁や、ざるを使った魚すくいをする。これも食物の獲得活動という側面をもつが、おとなの女性の漁獲量に比べると、けた違いの少なさである。みんなで集まって道具をもち、森の中の小川に出かけていくこと、みんなで作業し、得られたものをいっしょに食べること。そのような一連の活動を楽しむことがおもな目的であると見ることができる（第四章）。

衣食住・家事・道具に関わる遊び

住居に関わる遊び

子どもたちは、小さな小屋を作る。作るのは少女たちである。作る手順は、おとなの女性が森のキャンプで作る小屋の作り方とほぼ同じである。細い木を集めてきて縦横に組み、バナナやクズウコン科の植物の葉を刈り集めて、ドーム型に屋根をふいていく。その作業は迅速かつ正確で、少女たちの植物利用に関する知識と技術を見て取ることができる。

おとなの作る小屋に比べると、葉っぱのふき方などはうすく、長もちはしない。もっとも、だいたいの場合、そこで遊ぶのは小屋を作った日かせいぜい次の日くらいまでで、あとは放棄される。

小屋の中では、昼寝をしたりおしゃべりをしたりする。小屋の脇で火をおこしてプランテンバナナをゆで、中で食べたりもする。そこは、少女たちのたまり場である。時おり少年たちがそこへ入り込んで寝そべり、少女たちのゆでたプランテンバナナを食べるというシーンを見かけることもある。

ある少女（推定九～一〇歳）が小屋を作る様子を、始めから終わりまで見ていたことがある。慣れていると見えて、アフリカショウガの長い茎をたばね、バナナの大きな葉で屋根をふき、一人で立派な小屋を作り上げた。山刀で材料を刈り始めてから完成して中で寝そべるまで、時間にしてほんの一〇分程度であった。ただし、もったいないことに、せっかくできたこの小屋はわずか三〇分後、姉弟げんかのため、怒った弟（八歳）の手でめりめりと壊されてしまった。

このような子どもたちの小屋は、集落の隅の方か、少し離れたやぶの中を切りはらって作られていた。おとなが近寄ることのない空間である。

子どもたちは、幼いときから刃物を使い慣れている。刀一本でやぶを切って場所を開き、材料となる植物を集めて、たちまち自分たちの居場所を作り上げる。その姿からは、植物利用に関する知識や、素材を調達する技術を見るとともに、集落の外部としての森という場を自分たちの居場所として使いこなしてしまう、子どもたちの空間利用と認知のしかたをもうかがうことができる。

食生活・嗜好品に関わる遊び

・調理ごっこ

バカのおとなが手に入れてきた動物は、集落で解体され、分配、調理される。山刀を使った獲物の解体や分配は、男性の作業である。ここで紹介するのは、少年たちがクモを解体し調理するという事例である。参加したのは三人の少年。八歳のバーバが主役である。

事例「クモの解体・分配・調理」

バーバが弓矢でクモを射止め、集落に持ち帰ってきた。さっそくノエリがサツマイモの葉っぱを数枚地面に敷き、解体の用意をする。ノエリがクモの脚を押さえ、バーバが木の皮で切り、クモを解体していく。ただし、実際はほとんどの脚を手で引っこ抜いている。体液が出るので「うわー、あぶらだ!」と騒ぐ。腹は「食べられないから」と捨てられた。

ンディバが、皿がわりにサツマイモの葉っぱを三枚並べ、分配が始まった。クモの脚八本と頭が、[脚三本][脚二本半と頭の半分][脚二本半と頭の半分]と分配された(図3-1)。

ノエリは自分の分をすぐにがつがつと食べてしまった(もちろんまね)。バーバは葉っぱを鍋に、クモをカモシカの仲間であるピーターースダイカーに見立て「調理」を始めた。この「肉」を煮込むとともに、手近な場所から花を摘んできてプランテンバナナと見立て、これも「調理」する。

「調理」中にノエリとンディバが去ってしまったため、バーバは私(観察者)に「料理」を分配。バーバと私の二人で食事した。

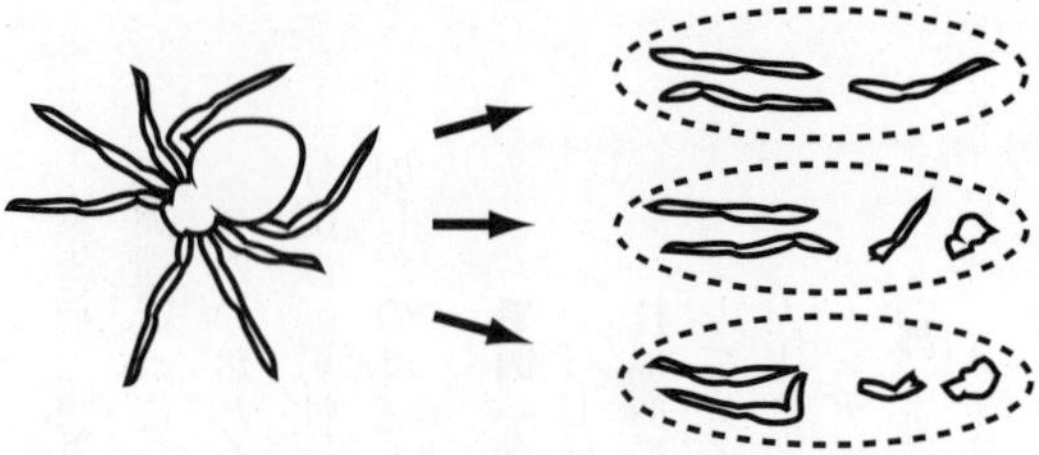

図３-１　クモの解体と平等分配

バーバ（８歳）が弓矢でクモを射止め、集落に持ち帰ってきた。
クモの脚８本と頭が、［脚３本］［脚２本半と頭の半分］［脚２本半と頭の半分］と、
３人の参加者に平等分配された。
腹は「食べられないから」と捨てられた。

少年たちの調理ごっこをよく観察した。その「食材」はいろいろである。プランテンバナナの皮や草の葉っぱを「米」「プランテンバナナ」などと言いくるめて、空き缶などの容器で煮て食べるふりをする。一度、細長い葉っぱばかりを集め、棒二本ですするという調理ごっこを見たことがある。明らかに、私の昼ごはんの代用うどん（醤油風味のだしでスパゲティを食べるというもの）がネタにされたものである。食物と見なした草などを、実際に口に入れることもあった。意図的に鍋をひっくりかえしたり、足で踏みにじったりという破壊的な行為におよぶことで、この種の遊びが終了することがよくある。

仮想の食材調達と調理の世界でも、正確に分配を行っている。その遊びに参加している子どもには必ず行き届くように配慮がなされている。そのようなときはたいてい、観察者である私も遊びに含められ、分配にあずかっていた。もちろん、私は喜んで受け取った。

・ミニチュアのバナナ

畑や集落のごみ捨て場に、長さ五センチメートルほどの未熟なプランテンバナナが落ちている。食用に適さない部位として、おとなが捨てたものである。これを少女たちが拾い、束ねて、ミニチュアのプランテンバナナの束を作る。畑からプランテンバナナを運んでくるおとなの女性のように、それを肩にかけて運んでみせる。遊ぶだけで、食べることはない。

人形遊びは少女が集落で好む遊び。布を丸めて作る。

・その他の食生活・嗜好品に関わる遊び

空き缶を拾うと、刃物で細工して小さな鍋を作る。実際に火にかけて、プランテンバナナやキノコ類のかけらを刻んで入れ、煮えたら食べる。

衣服・装飾に関わる遊び

植物のつるなどで編んだアクセサリーを作っては身に着けて遊ぶ。

女装とは、少年や幼い少女が、トウモロコシの芯をふたつ胸に入れ、おとなの女性のふりをしてみるという遊びである。

家事・道具に関わる遊び

少女が、布を丸めて使って作った人形を抱き、歌を歌ってあやす。おとなはそれをほほえましい様子と見て笑う。

ほかには、アフリカショウガの葉でろうとを作って水を通して飲んだり、バナナの葉を加工していろいろな形の傘を作り、さしてみたりする。

歌・踊り・音に関わる遊び

歌と踊り

・「べ」

私の調査した集落における「べ」(伝統的な歌と踊りの集い)には、おもにユワという精霊が現れる。若い男性がラフィアヤシの若葉を束ねて作った衣装を身に着け、精霊に扮して踊る。踊り手がだれなのかは明かされない。この「べ」の形を借り、子どもなりに改良、創作した遊びをしばしば目にした。

次の事例で、主役の「精霊」は三歳の幼児二人であるが、仕掛け人は一〇~一四歳の少年少女五人である。

事例「精霊のダンス」

少女たちがバナナの葉っぱを細くちぎり、のれんのような形状にして、精霊ユワの衣装を作る。幼児二人を立たせ、頭と腰まわりに衣装を着け、踊り手にしたてる。

少年二人は鍋の底をたたき、少女三人は手をたたいて精霊ユワの歌を歌う。精霊となった幼児二人は腰を振って踊る。おとなも周りで見て笑う。

精霊は時おり踊りをやめ、家の裏に駆け込んでは再び出てくる。

二人で踊っていたが、一方が踊りをやめる。もう一人もしばらく踊り続けたが、最後は泣いてしまった。これで「べ」は終わり。

本物のユワの歌を歌い、幼児たちもちゃんと腰を振って、ユワにそっくりの踊りを再現してみせた。いちおう顔に葉っぱをかぶせ、踊り手の匿名の原則もふまえている。時おり駆け込む家の裏とは、精霊の住む森を意味している。この設定もおとなの「べ」と共通している。

バナナの葉っぱは、どこでも手に入るありふれた素材である。子どもはこれをちぎってユワの衣装と見立てた。昼間の明るい時間に、幼い子どもを精霊の踊り手にしたてるというところも、子どもたちの創作である。

少年たちが自らユワに扮することがあるが、このユワの衣装であるバナナの葉っぱを使って、いきなりチャンバラを始めたことがあった。おとなの世界では宗教的な意味合いをもつとされる精霊の踊りであるが、子どもの手にかかると、一気にその意味が脱色され、新たなおもちゃへと転化してしまう。

そのほか、かごやむしろ、サツマイモのつる、枯れ草など、身の回りの道具や植物を臨機応変に用い、子どもたちは新しい精霊の踊りを作る。名前もなく、一回限りで消えてしまう精霊の数かずである。

歌に関しては、たとえばこの章の冒頭に挙げた「べ・ナ・コンバ（神様の歌）」のように、バカの伝統的な歌唱法をふまえた歌の数かずを好んで歌う。それ以外に、即興で踊りや歌が発生することがある。

事例「ダンスになった踏み台昇降」

私の調査集落を同じ時期に訪れていた川村協平教授（山梨大学）が、バカの人たちの健康状態を測定するために「踏み台昇降」を導入した。手頃な踏み台を置き、被験者が一定時間リズミカルに乗ったり降りたりを繰り返す軽い運動をした後、脈拍数などを測るというものである。

この調査のために、川村教授は「アエ・アエ・ギメ・ギメ」（上る、上る、下りる、下りる）という、バカ語のリズミカルなフレーズを考えた。そのかけ声に合わせておとなや子どもたちに踏み台昇降運動をしてもらい、データを収集した。

すると、翌日から、これが子どもたちのお気に入りの歌とダンスになってしまった。

「アエ・アエ・ギメ・ギメ、アエ・アエ・ギメ・ギメ……♪」

と少年少女たちが合唱しながら、集落やその近くを集団で意気揚々と練り歩き、イスや地面の盛り上がりなど、上れそうなあらゆる場所に上ったり下りたりし、そして合唱しながらそのままどこかへと去って行った。

・その他の歌と踊りに関わる遊び

日本で遊ばれる「かごめかごめ」のように、歌いながら体を動かして楽しむ集団的遊戯。学校の唱歌や教会の賛美歌を歌う歌唱。歌や集いを伴わない、精霊に扮して踊るだけの精霊ごっこ。また、道を歩きながら、突然興に乗って踊り出すということも珍しくない。

楽器

アイタは、おとなが作る弦楽器である。子どもが借りて奏でることがある。

パパイヤの笛は、パパイヤの葉柄の中空構造を生かして作るおもちゃである。筒の一方をビニール袋の切れはしでふさぐ。口にくわえて歌うと筒が共鳴し、独特の変声を楽しむことができる。

近代的事物に関わる遊び

子どもは、旺盛な好奇心をもって近代的な事物を取り入れ、遊びにしていく。

自動車に関わる遊び

・モトゥカ

どこで発祥し伝播してきた遊びか不明であるが、ある日出現して一気に大はやりした遊びである。下り坂に棒を数本ならべてその上に板を置く。子どもが二～五人ほどで板の上に乗り込み、板ごとすべり降りる。棒がコロとして働くので、板は子どもを乗せて勢いよくすべっていく。少年も少女もいっしょになってこの新しい遊びに熱中した。年長期の少年は、バスの車掌のように、乗る人に指示を与えたり出発を命じたりする。

モトゥカ。板をコロの上に置いてみんなで乗り込み、坂道を滑り降りる。乗り物にモチーフを得た遊び。

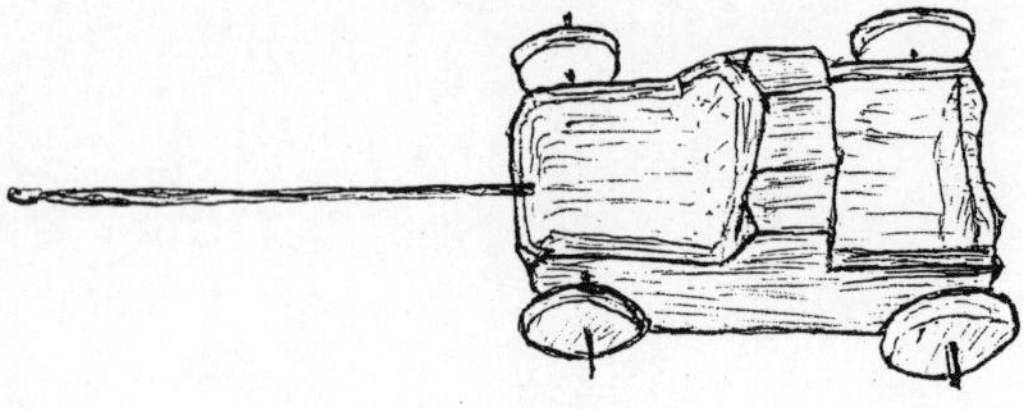

図3-2　バナナのミニカー（フィールドノートより）

・バナナのミニカー

少年たちが硬いプランテンバナナの果指（果実）を削ってミニカーを作り、地面の上を手で走らせる（図3-2）。必ずミニカーどうしの衝突事故が多発する。「ンーーー」、「オー、モン・フレール！」（おい兄弟）、「セ・クワ！」（何なんだ）、「アタンスィオン！」（気をつけろ）などとフランス語で叫ぶ。街道を行き来するトラックやバスの運転手の口調を借りたものであろう。年長期の少年が遊び終わってミニカーを捨てると、自分で作れない年少期の子どもがもらって遊ぶ。

・その他の自動車に関わる遊び

運転ごっこは、ハンドルを握る格好をして走り回るもの。また、ラフィアヤシの柔らかい素材を使って作った車のおもちゃも見かけた。いすを並べて車と称して乗り込む遊びは、女の子がよく参加した。

自動車以外のもの

パパイヤの茎で作った飛行機、サトイモの茎を切って作ったラジオ、いすを並べて乗り込むオートバイなどがある。

ルールの確立したゲーム

・マセエ

少女たちの遊びである。地面に大きなマス目をたくさん描く。ふたつのチームが「じゃんけん」を繰り返し、勝った方のチームが一マスずつ歩を進めて、先に一六勝したチームがあがり、つまり一点をとるというゲームである。人間がコマのひとつとなった、等身大のすごろくのようなものである。なお、ここで言う「じゃんけん」とは、「パパパ、パパパ、パ、パン」という早いテンポの拍手とかけ声に合わせて、二人が同時に片足を上げるというものである。勝敗やスピード感もあいまって、緊張感の漂うゲームである。

・サッカー

少年たちの遊びである。サッカーボールがないときは、バナナの葉っぱを植物のつるでぐるぐる巻きにして、ボール状のものを作る。蹴っているとほどけてくるので、時どき中断しては、新しいつるを探してきて巻き直しをする。ゴールは、ラフィアヤシの中肋の皮をけずった長いヒゴを二本立てる。

このマセエとサッカーは、いずれもチーム間で点数を競い合うルールの確立したゲームであり、どちらもマラパの学校の校庭でよく観察された。マラパやマプンブル以外の遠方のバカの集落の子どもたちや、生徒集団の中にわずかながら含まれている農耕民の子どもたちもまざって、ゲームを楽しむ姿が見られた。

・ソンゴ

すごろくに似た遊びで、たくさんの小皿の中の木の実を一定のルールに基づいて移していくゲームである。おとなが楽しむ遊びで、おとなの集まる集会所に置いてあるものを、子どももいじることがある。

身体とその動きを楽しむ遊び

身体を使った遊び

身体やその動きを楽しむ遊び。とっくみあいには、少年と少女の集団に分かれてもみ合うもの、性別とは関係なく一対一で相撲のように押し合うものなどがある。まぶためくりとは、まぶたをめくって人に迫り、気持ち悪がらせて喜ぶ遊びである。

身近な小物をもてあそぶもの

みかんでキャッチボールをする、パンツを川の流れに投げて遊ぶなど。

その他

動物に関わるもの

サルの行動や鳥の声をまねて遊ぶ「動物のまね」のタイプと、犬をつつく、ヘビの死骸をぶら下げてねり歩くなど「実際の動物を使う遊び」のタイプとがある。

玩具

遊び以外の事物と関連付けにくい玩具。ブランコは、垂れたアブラヤシの葉に横棒をくくりつけ、座ってゆれることのできるようにしたもの。ふりこは、虫や箱などにつるをゆわき、回して遊ぶもの。

仕事のまね

ンギリリ村の中心部からやってくる菓子売りや、学校の教師のまねをして遊ぶ。

造形

紙に絵を描いて遊ぶ事例を、一度だけ見かけた。

三　遊びの諸相

おもちゃ作りのための素材

子どもたちの遊びを、「物質文化」の側面から検討してみよう。すなわち、遊びの中で用いられるおもちゃの素材と加工方法に関する分析を行ってみる。

基本的に、おもちゃを作るときには、素材集めから加工、遊びでの使用まで、すべて子どもたち自身の手によって行われている。また、飛行機や鉄砲、小屋など、目的となるおもちゃを作るときに、どの素材がもっとも適しているかを、子どもたちはよく知っている。

年長期の少女や少年が、山刀やナイフを手に、近くのやぶや畑に連れ立って出かけていく。しばらくごそごそと茂みの中で何かをしていたかと思うと、やがて手に手に枝や葉、果実などをもって、少し開けた集落の角の空き地などに出てくる。そこで、細ごまと素材を削ったり、割ったり、組み合わせたりしながら、おもちゃを念入りに作っていく。

子どもたちが遊びのための素材として採集した品目の一覧を、それらの使用法とともに表に示した（表3

表3-2　遊びのための素材として採集される品目一覧

（1）　森林の野生植物

品目　（バカ語名）	部位	利用法（遊び／おもちゃ）	素材の特性
ラフィアヤシ　(*peke*)	若葉	髪飾り	白く柔らかい繊維
ンデンボ　(*ndembo*)	樹液	風船、ボール	ゴム状に凝固
ンゴンゴ　(*ngongo*)	葉	**小屋**	広く丈夫
アフリカショウガ　(*njii*)	茎	やり	細く丈夫
	茎と葉	**精霊の衣装**、小屋	細く丈夫
木本植物	幹(直径＜1cm)	**小屋、わなの跳ね棒**、弓の弧	
	幹(直径＞5cm)	手押し車、乗り合い自動車など	
草本植物	葉	調理ごっこの皿や食材など	
つる性植物	つる	**小屋、精霊の衣装**、わなのつる、弓の弦、サッカーボール、人形など	ひも状

（2）　栽培植物

パパイヤ　(*papai*)	葉柄	空気鉄砲の筒、笛、ミニチュア飛行機	中空構造
	未熟果実	射的の的	球形で刺しやすい
キャッサバ　(*boma*)	ずい	空気鉄砲の弾	弾力性
サツマイモ　(*petete*)	つる	精霊の衣装	
ヤウティア　(*langa*)	葉	小屋	広い
	茎	ラジオ　(*1)	太く柔らかい
バナナ　(*ndo*)	葉	小屋、傘	広い
		精霊の衣装	細く割きやすい

（3）　動物

ヘビ　(*kpolo*)	死骸	もてあそび　(*2)	
クモ　(*kpakpapu*)	死骸	動物の解体・調理ごっこ	
ムカデ　(*ngongolo*)	生体	振り子の重り	

（4）　工業製品

空き缶　(*ngongo*)(*3)		鍋	
紙　(*mbopi*)		お絵かき	
ビニール袋　(*sase*)		小カゴの装飾、笛	

太字：おとなの物質文化に共通する素材の利用法
ンデンボ（*ndembo*）＝ *Landolphia spp.*
ンゴンゴ（*ngongo*）＝ *Megaphrynium spp.*
(*1)　ラジオの形を模して作ったおもちゃ。
(*2)　死骸を人に差し向けたり振り回したりして遊ぶ。
(*3)　植物の *ngongo* とは同音異義語である。

-2）。遊びにおける動植物の利用はさらに幅広いが、ここでは子どもたちが自分で採ってきて使うものの範囲にとどめている[二]。これらの大部分が、おとなの物質文化には見られない、子ども独自の資源利用であることを指摘しておきたい。

このように、手間と時間をかけて作られたおもちゃの数かずであるが、多くの場合、大切に保管されることはない。作った子ども（しばしば年長期の少年）は、自分が遊んだ後は、年少期の少年少女たちに譲り与えて遊ばせる。みんなで遊んだ後は、ポイッとやぶの中に捨てられて終わることが多い。もともとが植物素材であり、このようなおもちゃは自然とやぶのなかで朽ちていく。欲しくなれば、またナイフなどを持ち出して新しい素材を切り出し、作ればよいといった姿勢である。おもちゃをたくさん集めて自宅に保管したり、人に見せて自慢したりといったことは、バカの子どもたちの間で見ることができない。

遊動生活を営んできた狩猟採集民たちの間では、一般に家財道具などを多く所有することをよしとせず、必要に応じて手近な素材を用いて道具を作り、使用が終われば捨てるという「即製かつ使い捨て」［丹野 1984］の文化がある。子どもたちのおもちゃの加工と使用の様子も、その姿勢と類似している。

遊び場の使い分け

子どもたちの遊び場の使い方に注目すると、そこには「森」「集落」「校庭」の少なくとも三つの異なる場があり、使い分けられていることが分かる（図3-3）。

まず、子どもたちは「森」という遊び場が好きである。「*bala*（集落）」と「*bele*（森）」とをはっきり区別し、使い分けている。森へ出発するときは、チームを組み、声をかけ合いながら、「ゴイ・ア・ベレ！」（森に行くぞ！）と叫び、役割を分担しながら出かけていく。「森へ出かける」というシチュエーション自体が、多くの遊びの重要な構成要素となっている。

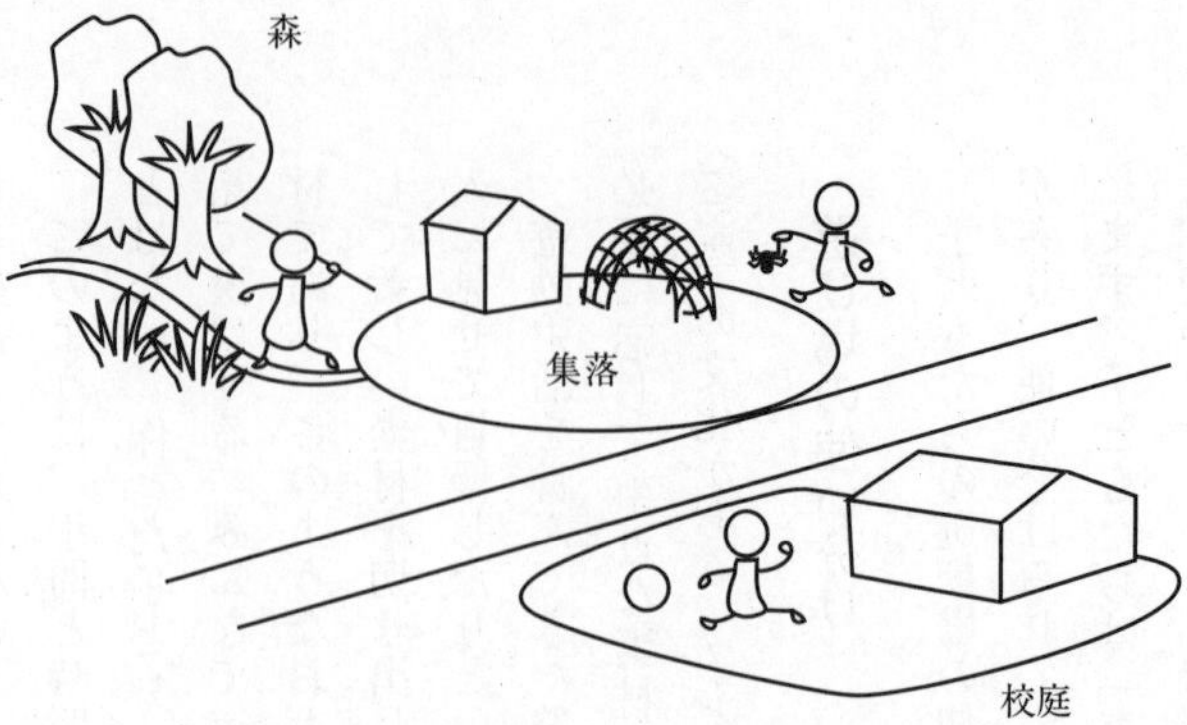

図3-3　バカの子どもたちの遊び場
遊びによって、適切な遊び場を使い分けている。

より正確にいうならば、子どもは遊びのために「森」という場を求めている。集落の近所のやぶでも、小川でも、家の裏手でも、「そこは森だ」と言いなすことによって遊びの舞台ができる。少女は草を刈って小屋を建て、少年はやりをもって歩き、またわなを作る。時どき、自分たちで演じる精霊が登場する場所ともなる。

一方、校庭という場が、「森」とは異なる特徴的な使われ方をしていた。サッカーやマセエなど、ルールの確立した競争的なゲームが、おもに学校の校庭で見られた。集落や森で見られる遊びの中に、このような競争性の高いゲームを見いだすことはまれである。同じ集落の中にありながら、校庭は他とは別の意味をもつ場、しいて言うならば、それは「森」とは対極にある「学校」や「村」を象徴する場と見なされているのかもしれない。

なお、「集落」では、その他の多種類の遊びが行われる。とくに、動物の解体やままごと、人形などの家事に関わる遊び、自動車やラジオのおもちゃ作りなどの近代的事物に関わる遊びなどが見られた。

遊びのルール

バカの子どもたちの遊びのルールに見られる特徴として、「競争性」が乏しいことが挙げられる。サッカーなどの外部からもたらされたスポーツ類を除けば、競争的なルールに従って行われるゲームを見ることはない。

たとえば果実の射的など、ふたつのチームに分かれて遊ぶものについては、競争のルールを導入して対戦型のゲームにすることは容易であろうが、そのような様子が見られない。コロコローンとパパイヤの実を転がし、みごとやりで射抜いたら、みんなでワアッーと騒いで飛び跳ねて喜んで、交代するという、のどかなものである。あたかも、一方がハンター役、一方が獲物である小動物役となって、いっしょに役割演技を楽しんでいるようにも見える。

競争は人類の遊びに広く見られる要素であり、文化を問わずあらゆる人間がこれを楽しむ素地をもっていると考えてさしつかえないであろうが［カイヨワ 1958(1990)］、バカの子どもたちは対人的な競争関係を設定せずに遊ぶことが多い。

では、バカの子どもたちが遊びの中でまったく競争的、攻撃的な場面を見せないかと言えば、そうではない。「攻撃性」は、むしろ自然物を対象としたときに顕著に現れる。「投石」遊びとして紹介したように、やぶのなかにひそむ小動物の気配に気づいたとき、瞬時に石を拾って投げつける少年たちの行動はきわめて敏捷であり、その目つきはハンターのそれにほかならない。限られた時間の中で、人が射止めるのと獲物が逃げるのとどちらが勝つかを、真剣に競い合っているかのような姿である。つまり、バカの子どもたちは、小動物を相手に一種の競争を楽しみ、人と人との間にそれを設定しないという遊び方をしている。

さらに、遊びに見られる「平等性」について触れておきたい。「クモの分配」に見たように、食物分配に材をとった遊びの場合、それと同様の平等分配が行われている。また、年長期の少年が「バナナのミニカー」などのおもちゃを器用に作り上げたとき、それを少女や年少期の少年たちに譲って遊ばせることが多い。「果実の射的」など、技量の差が顕著に現れる遊びの場合、遊び方に長けた年長期の少年たちは、未熟練の相手をやり込めるのではなく、相手のレベルに合わせて遊んでいる。

対人的に競争性が乏しく、自然物への攻撃性を伴い、参加者の間に平等性を設定するこれら遊びのルールの傾向について、当該社会におけるパーソナリティ（ここでは第一章で述べたような狩猟採集社会の一般的特性）が発現したものと解釈する立場もありうるであろう［青柳 1977］。ここでは、子どもたちが遊びを構成する上で、おとな社会の文化要素をこのような形で借用している可能性があることを指摘するにとどめる。

性別・年齢と役割

性別に関わるいくつかの特徴が見られた。少年は狩猟やままごとに関わる遊びを、少女はかいだし漁、小屋作り、人形、ミニチュアのバナナなどの遊びをする。これらは、おとなの男女が行う活動と類似している。少年がままごとを、少女が小屋作りを行うというのは、一見逆ではないかと思われる読者がいるかもしれないが、バカの社会において、動物を解体し、たき火で焼くのは男性であり、小屋を作るのは女性であるという役割を念頭に置けば、この対比は理解しやすいものである。

なお、バカの少女はおもちゃに興味を示さないという指摘もある［山本 1997］。私の観察においては、少女たちも空気鉄砲やいすの車などの玩具で遊んでいた。ただし、観察された種類や回数は少年たちに比べて少なく、少年が作った玩具をもらうというケースが多かった。少女は家事労働や採集など、生計に実際に寄与する活動に時間をとられがちであるため、少年ほど遊びの行動が目立って観察されないのであろう（第二章）。

少年と少女の両方ともが参加する遊びでは、しばしば役割が分かれていた。ネズミ狩りでは、少年が弓矢をもち、少女が追い立てる勢子をする。「べ」の遊びでは、少年は太鼓をたたき、少女が歌う。小屋では、少女がゆでたプランテンバナナを、少年が寝転がってかじる。

一方、車の運転に題材をとった遊びは、少年も少女もどちらもまざって熱中した。車のような、バカの社会に浸透していない近代的事物をモチーフとした遊びの場合は、身近なおとなの男性や女性のロールモデルが存在しないがゆえに、かえって性別の役割の意識が希薄であるのかもしれない。

これらを概観すると、少年が好む遊び、少女が好む遊びの間には確かに違いがあり、バカのおとなの男性と女性の活動の違いを反映している傾向があると指摘できるであろう。

ただし、ごくまれに、遊びの性別が逆転した事例があった。かいだし漁はもっぱら少女だけ、または少女主導で行われるが、一度だけ、少年たちだけの集団がそれを行ったことがあり、おとなたちは「女の子みたいだ」と笑った。逆に、もっぱら少年が行う果実の射的であるが、あるとき、少女たちだけでそれを行っている光景を見た。

これらの事例から、ふたつのことが示唆される。一点目に、少年も少女も同じ遊びを楽しむ能力をもっており、遊びに見られる性差は生物学的に決定されたものとは言いがたいということである。二点目に、生物学的に決定されていないにもかかわらず「逆転」がめったに見られないことから、それぞれの性別に適した遊びがあることを子どもたちは認識し、ある種の遊びについてはふだんは行わないようにしていることである。遊びは性別により決定されないが、遊びをしようと思うときに、子どもたちは自発的に性別を参照して行動を選んでいるということになる。この能力が子どもたちにそなわっているということは、やがておとなの性別分業の役割に自ら進んで入っていくプロセスに深く関わってくるものと思われる（第七章）。

さらに、年齢の違いに関わる役割についてまとめておく。子どもたちは、通常二人以上の集団を作って遊ぶ。その中で、長幼の関係を自覚し、役割を自発的に引き受ける。これは実年齢の成長過程に基づく能力や行動傾向の違いによるものではなく、その場の顔ぶれによって決まる相対的なものである。

長幼関係によって決まるふるまい方の違いは、支配や競争といった関係ではなく、むしろ関係は協働的である。また、得られたもの（おもちゃなど）は、その場にいる子どもたちに平等に行き渡るよう分配される。

道具づくりなどの作業で、年上の技術をもった者は年下の子どもの補助をする。

四　子どもたちの遊び創造能力

遊びに見られる特徴

この章で紹介した遊びに見られる特徴を、とくにおとなの文化との比較の視点を中心にしながらまとめておこう。

カテゴリーに見られる特徴として、生業活動に関わる遊びが多かった。観察事例数の二四％を狩猟・採集・漁撈に関わる遊びが占めていた。ただし、その多くは目的を逸脱しており、実際の成果につながらないものである。また、狩猟採集を行うおとなの模倣を楽しむだけとも言えず、動物を探したり、狙い撃ったり、森の中を移動したりすることを楽しむというふうに、模倣の域を超えた子どもならではの楽しみ方を見ることができる。なお、「ミニチュアのバナナ」を除けば、農耕に題材をとった遊びは見られなかった。

歌・踊り・音に関わる遊び、衣食住・家事・道具に関わる遊びも多く見られた。たとえば伝統的な歌と踊りの集いである「ベ」や森の精霊、小屋作りや人形など、おとなの文化の要素を借用して構成されるものがあったが、いずれにも子どもなりの改良や創作、逸脱が見られた。

また、自動車などの近代的事物から題材をとった遊びが人気を博しており、必ずしも伝統的な文化の継承とは関わりのない遊びにしばしば熱中していた。おとなの文化との関わりをうかがえない玩具なども頻繁に作られ、遊びに用いられていた。

素材の面では、植物のつる、葉など、森林や畑の素材を自ら集めて使うことが多いが、空き缶や紙などの工業製品も遊びの素材となっていた。「即製かつ使い捨て」という物質文化に対する姿勢は、おとなのそれとよく似通っていたが、具体的な資源利用の方法については、ほとんどがおとなのそれらとは異なる子ども独自の利用法であった。

そのほか、遊び場、ルール、役割などの諸側面において、おとなの文化との類似性を指摘できる面と、必ずしも類似しているとは言えない子どもたち独自の営みの両面が見られた。そして、特定の所作や素材、ルールが、おとなの活動に類似しているかどうかは子どもたちの間において大きな意味をもっていなかった。おとなの活動から借用した諸要素は、数ある利用可能な素材のひとつとして、子どもたちが創った遊びという活動の中に、渾然一体となって存在していた。

遊びは教育なのか？

この章では、生計にとっての実益性にまるで貢献しない、子どもたちの遊びの数かずを見てきた。中には、バカの伝統的な文化、たとえば狩猟採集活動に関わりの深い遊びも見られたが、一方でそれらとは関わりのない遊びもたいへん多く、それらはおとなからの文化の伝承とは無関係のものであった。

ここで結論を急ぐことは控えるものの、本書の以下の方向性を示唆しておきたい。本書の冒頭で示した「遊びが狩猟採集の教育・訓練になっている」という解釈は、子どもたちの遊び全体の中から、おとなの活動によく似た遊びの、さらに一部の要素を取り上げて、子どもたちの遊びを代表させている見方であったと言えるのではないか。

そのような要素は確かに見受けられるものの、それが子どもたちの活動のリアリティの全体像を示しているとは言えないこともまた明らかであった。このことは、子ども集団への参与観察調査、つまり調査者である私がいっしょになって遊ぶことを通して、ようやく見えてきたことである。

私たちが注目すべき点とは、おとなの文化要素との類似点もさることながら、むしろ子ども集団の自律的な遊び創造能力ではあるまいか。子どもたちが遊びの創造能力を発揮する過程で用いられるものとして、オリジナルな即興の発明の要素もあり、子ども集団内で伝承される要素もあり、さらに、おとなの文化から借用した要素もある。子どもたちにとっては、どれもひとしく重要な遊びの構成要素にほかならず、おとなの活動がことさらに優位で有用な要素であるとは言えない。

遊びには、子どもがおとなの文化を受容し、社会に統合されていく過程で一定の機能をもつという受動的な側面だけでなく、新たな文化変化を導いたり、新しい社会変化に対処する再調整機能をもったりすることが論じられてきた［プラトン 前360～350頃（1976）: Sutton-Smith 1979 : Anderson 1973］。私たちが子ども中心の遊び観に転じるならば、これらのことは容易にうなずけるであろう。おとなの文化要素は子どもの遊びを全面的に規定する卓越した要因ではなく、子どもが活用しうる資源のひとつに過ぎないという理解に立てば、「変化」がもたらされることはごく当たり前のことだからである。

「子どもが主役の民族誌」を目指す本書では、おとなの文化から借用した要素だけを強調して、子どもを従属的な「教え導かれる者」の位置におとしめてしまうことは避けたいと考えている。むしろ、子ども集団の文化創造過程をバランスよく、できれば調査者が子どもたちに共感しながら、理解を深めることが重要である。そのことによって初めて、子ども目線での文化伝承の仕組みを理解する視点を得ることができるであろう。

以上のような理解のしかたを念頭におきながら、次章では、子どもたちが営む狩猟採集活動に同行していくこととしよう。「おとなの模倣」と一言で片付けられることが多い、しかし、実際にはその一言で片付けることができない、子どもたちの遊び創造能力が深く関わっている姿に私たちは出会うことができるであろう。

少年たちがしとめたネズミ
（フィールドノートより）

第四章

小さな狩猟採集民

子どもたちは、毎日のように狩猟採集活動へと出かけていく。

多くの場合、それは子どもたちだけの集団で行われている。日中、おとなたちが本格的な狩猟採集活動に出かけている間、年長期の少年少女たちが自ら道具を取り出し、年少期の子どもたちを引き連れて、さっそうと森の中へ入っていく。

もっとも、そこで見られる「狩猟」「採集」と言いなす諸活動は、必ずしも成果を伴うものとは言えず、むしろ、手ぶらか、ごくわずかな収穫物とともに帰ってくることが多い活動群である。しかし、それは目的を逸脱した遊びとも言えず、有用な動植物を探し出して得ようとする目的がはっきりしている。これら、**狩猟採集の目的をはっきりとそなえた、しかし、実益性が限りなく低く、遊戯性がきわめて高い、遊びと生業活動の中間に位置する活動群に、子どもたちが多くの時間を費やしていることが分かった。**

この章では、バカの子どもたちによる生業活動について紹介する。狩猟、採集、漁撈、農耕のそれぞれについて詳述し、子どもたちの集団が森の中で営む活動の実態を、その遊戯的動機とともに明らかにする。

釣りの成果を見せる少年たち

一　生業活動への「遊戯性アプローチ」

遊びと生業活動を架橋する

「あの子たち、今日は川に行ったけど、エビひとつも捕れなかったってさ」

エッヘッヘと笑いながら、日暮れ時の集落で、おとなたちが子どもたちのかいだし漁の成果を笑い話にする。子どもたちの方も、とくに気落ちしたでもなく、また恥じ入るわけでもなく、次の成功に向けた作戦を練るでもない。鍋やかごをぶらさげて、ニコニコと帰ってくる。

何も捕れなくても、楽しかった。そう言いたげな子どもたちの満足した表情を見つめ、また、おとなたちのなんら期待していない寛容な姿勢を眺め、私はバカの社会の放任的な子育てのスタイルを象徴するような風景であると感じていた。

この章では、子どもたちが狩猟採集などの生業活動に参加している状況を描き、子どもたちが、いかに、なぜそれへと参加しようとするのかを分析する。その際に、私たちが手がかりとしたいのが、生業活動それ自体にそなわった遊戯的性格（遊戯性）、平たく言えば「おもしろさ」の側面である。

「何も得られないのに楽しげに森へと入って行く子どもたち」にとって、何が報酬となっているのであろうか。「空腹を満たす」「おいしいものを手に入れる」「収穫物をもって家族を養う」といった成果や役割が伴わなくても、喜々として仲間と連れ立って出かけていく子どもたちにとっての動機を考えた場合、やはりそこには、その活動自体が魅力的であるという心理的なごほうびが伴っているにちがいない。

前章で、子どもたちの遊び創造能力の豊かさを具体的に見てきたが、このような能力が、特定の形式や道具、目的、場所を伴って発揮された場合、それは遊びのひとつでありながら、別の機能をも持ち合わせた活動を生むことであろう。その先に、おとなたちが行う狩猟採集活動があるものと思われる。そのプロセスを具体的に見届けることが、本章の狙いである。

なお、以下では「活動にそなわり、利益の有無にかかわらず参加者に心理的報酬をもたらす特徴」を「遊戯的性格」または「遊戯性」と呼ぶことにする。

狩猟採集民の子どもの生業活動

狩猟採集民の子どもたちの生業活動に関する先行研究を概観しておこう。かつては、クン・ブッシュマン(ボツワナ)の子どもに関する調査に基づき、「狩猟採集民の子どもは生業活動を行わない」との見方があった[Draper 1976 ; Lee 1979]。一方、ハザ(タンザニア)においては子どもたちが頻繁に狩猟採集活動を行う様子が見られたため、最適採食戦略モデルを用いた行動生態学的な研究が試みられ[Blurton Jones, Hawkes & O'Connell 1997]、子どもはおとなと異なる採集戦略をもつという観点に立った研究もなされた[Bird & Bird 2000]。このように、狩猟採集民の子どもは、「原初の豊かな社会」[サーリンズ 1972 (1984)]において生業活動をする必要性をもたないとされた存在から、与えられた制約要因と選択肢の中で生業活動を行う存在へとイメージを転換した[Blurton Jones, Hawkes & Draper 1994]。

これらは、狩猟採集民の子どもが生業活動を通じて、カロリーの上でどれほどの貢献をしているかという、定量的な方法により行われた諸研究である。これら、いかにも味気ない徹底した計量的分析の報告においても、論文の導入部では子どもたちが実に楽しげに狩猟採集に出かけていく様子を描いた一節が含まれている[Blurton Jones, Hawkes & O'Connell 1997 ; Bird & Bird 2000]。子どもたちの生業活動が遊戯的性格をもち、多くの研究者がそれに強く印象付けられていることを示しているであろう。

「子どもの生業活動によってなにがしかのカロリーが集団にもたらされた」という事実があったとしても、それが鎖に縛られた強制労働によるものなのか、あるいはハイキングがてら鼻歌まじりに行われた果実採集なのかでは、まるで状況が異なっているのは明らかである。そして、子どもたちが生業活動に参加していくプロセスを解明する上で、この「カロリー数では測れない活動の実態」がきわめて重要である。この部分を理解するためには、子どもがどのような動機とともに諸活動に参加しているのかを、参与観察を通して明らかにすることが欠かせない。

狩猟採集活動の遊戯性

そもそも、狩猟や採集それ自体が遊戯的性格をもつことについては、多くの論者が言及してきた。遊び論の名著『ホモ・ルーデンス』は、人間社会の遊びと文化の歴史を原始社会の狩猟から書き起こしており［ホイジンガ 1938（1973）］、狩猟の楽しみを独占する貴族に対する民衆の不満がフランス革命を引き起こす原動力となったと考える論者もいるほどである［オルテガ・イ・ガセー 1960（2001）］。アフリカにおける人類学的研究においては、ほぼあらゆる狩猟採集社会で、生業活動の遊戯的性格が見いだされている［田中 1987；今村 1991；1996；Blurton Jones, Hawkes & Draper 1994；Blurton Jones, Hawkes & O'Connell 1997；竹内 1995；寺嶋 1997］。一部の採集を、明確に「遊び」の範疇に含めている社会もある［原 1973］。

一方、狩猟や採集のどの部分に、いかなるおもしろさがそなわっているのかという分析については、それぞれの論者によって着眼点が異なっており、見通しのよい枠組みが用意されてはいない。たとえば、弓矢で動物を射る楽しさ［寺嶋 1997］のように、狩猟採集活動そのものと密接に結びついた遊戯性を指摘する立場がある。一方、歌いながら根茎を掘ったり［今村 1996］、網猟の合間におしゃべりやキャンプ訪問をして楽しんだりするなど［竹内 1995］、狩猟採集の一部の行為を遊戯化したり、余暇的行為を差し挟んだりする楽しみに注目する立場もある。また、生業活動には「没入（immersion）」という、自分の技能に見合った課題を遂行する中で感じる内的報酬［チクセントミハイ 1975（1979）］が見られるとの指摘もある［今村 1996；菅 1998］。

このような指摘は、いずれも観察された事例に対する説明としては適切であるものの、子どもたちを生業活動へと惹き付ける要因を抽出し、子どもの社会化の仕組みを分析するための枠組みとしては十分でない。子どもたちが活動を遂行する上で感じている遊戯性を、いくつかの体系的な要因で説明すること、しかも、なるべくならばあらゆる人に普遍的にそなわっていると考えられる要因で説明することができれば望ましいであろう。そこで本書が援用するのが、カイヨワが提唱した遊びの四つの類型である。

カイヨワの「普遍文法」

カイヨワ［1958（1990）］は、人類の遊びに共通する特性を次の四つに分類して論じた、典型的な「遊びの普遍論者」（一）である。

・〈競争〉（*agôn*）「ただひとつの特性に関わり、一定の限界の中で、外部の助けを一切借りずに行なわれる競争」、たとえば何かを競うスポーツの類は、基本的にこれに属する。

・〈運〉（または〈偶然〉とも訳される）（*alea*）「遊戯者の力の及ばぬ独立の決定の上に成りたつすべての遊び」、たとえばさいころやじゃんけん、賭け事など。

・〈模擬〉（*mimicry*）「人が自分を自分以外の何かであると信じたり、自分に信じさせたり、あるいは他人に信じさせたりして遊ぶこと」、たとえば物まねや仮装など。

・〈めまい〉（*ilinx*）「一時的に知覚の安定を破壊し、明晰であるはずの意識をいわば官能的なパニック状態におとしいれようとするもの」、たとえばブランコや登山など。

カイヨワの枠組みが優れていると考えられる理由は、ふたつに集約される。第一に、事例に依存した機会主義的な説明ではなく、多くの遊びに共通した特徴を有限個の要素で提示していることである。第二に、これらが文化によるのではなく、おそらくは人類に普遍的に見られる遊びの要素であると想定していることである。彼は、その議論の目的を「遊びの普遍的な文法」を示すことにあると述べている。

カイヨワの仮説の妥当性を検証することも重要であるが、少なくとも、人類のあらゆる遊び（遊戯的活動を含む）を対象とし、有限個の要素により具体的に分析するツールとして、カイヨワの仮説を上回る便利な枠組みは、他に見当たらない[二]。本書はまさしく彼が望んだように、この四つの要素を「文法」として援用し、その組み合わせで諸活動のおもしろさを記述しようとする。

なお、本書ではカイヨワの用語に基づきつつ、概念の若干の拡大適用を行い、次の定義による四つの遊戯性を用いることにする。

・〈競争〉とは、限られた時間内に、特定の課題や他者の技量と自分の技量の競合を楽しむもの。
・〈運〉とは、予測不可能なことに対する期待とともに、行為の遂行を楽しむもの。
・〈模擬〉とは、既存の事物を借用し、再現することを楽しむもの。
・〈めまい〉とは、身体感覚を楽しむもの[三]。

二　子どもたちの生業活動

バカの生業活動

バカにおける生業活動は、狩猟、採集、漁撈、農耕に大別できる。そして、子どもたちはそのいずれにも参加している。

狩猟と採集は、森林の動植物を取る伝統的な生業活動で、狩猟は男性が、採集はおもに女性が行う。漁撈は、川や池で淡水魚やエビ、カニなどの水棲動物を捕る活動である。漁撈には釣りとかいだし漁の二種類の主要な漁法があり、前者は男性が、後者は女性が行う。釣りとかいだし漁は、活動参加者や漁法の面で性格が大きく異なるため、以下では別種の生業活動と見なして分析する。農耕はバカの社会では比較的新しい生業活動で、男女とも関わっている。この四つのカテゴリーに属する五種類の生業活動を、目的と性別分業を念頭に分類すると、図4-1のようになる。

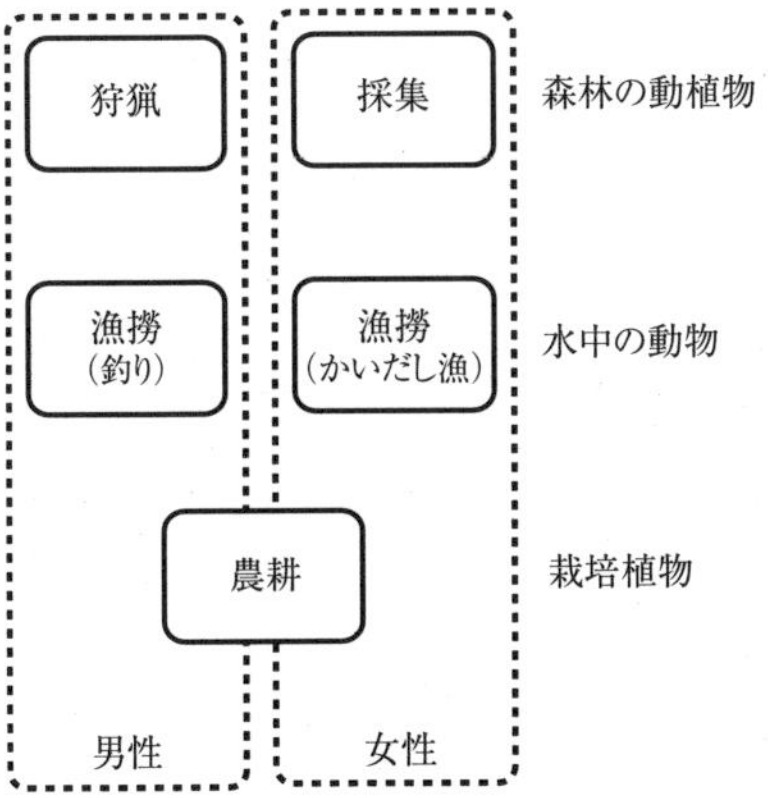

図4-1　5種類の生業活動とおもに担う性別

バカ語における生業活動の位置付けを見ておこう。バカ語の語彙には、*bela* および *solo* という活動のカテゴリーがある。*bela* には、おもに農耕民の畑や家での有償労働、出稼ぎによる賃金労働、学校での奉仕作業などが含まれ、日本語の「仕事」または「作業」に当たる。*solo* には前述の通り、子どもの調理ごっこ、追いかけっこなどが含まれ、「遊び」と訳すことができる[四]。

しかし、バカが行っている生業活動の多くは、*bela* にも *solo* にも含まれていない。狩猟、採集、漁撈は「かいだし漁に行く（*go a nguma*）」などのように個別の活動名で呼ばれ、上位のカテゴリーをもっていない。農耕は通常「畑に行く（*go a gbie*）」という表現がされるが、農耕の中の草刈りなど一部の作業が *bela*（仕事）と呼ばれることがある。まとめれば、伝統的な生業活動である狩猟、採集、漁撈は、*bela*（仕事）でも *solo*（遊び）でもない領域であり、農耕のうちの一部の作業が *bela*（仕事）の領域に重なる。

本書では、子どもたちの諸活動を分析するにあたり、生業活動を「食用または素材用の動植物を得ることを目的とした活動」と定義しておく。生業活動をさらに分類する際は、次の基準を用いることとする。

・狩猟＝「動きの速い食用の陸上動物を捕ることを目的とした活動」。
・採集＝「食用または素材用の、畑以外の場所に生える植物や、動きの遅い陸上動物を採ることを目的とした活動」。ここで含まれる陸上動物とは、昆虫や軟体動物を指す。
・漁撈＝「水中の動物を捕ることを目的とした活動」。
・農耕＝「畑に生える栽培植物の食用部位を採り、または栽培することを目的とした活動」。

栽培植物の目的外利用、たとえば遊びのための素材として植物の部位を利用するケースなどは採集に含めた。また、生業活動と遊びの区分を確認しておく。遊戯性をもち成果のない活動が見られた場合、定義次第ではこれを遊びと見なすこともできるが（第三章）、本章では上記の定義どおり、食用または素材用の動植物を得る目的をもつ活動については生業活動に含めている。

活動参加頻度と集団の年齢構成

少年や少女は、どの生業活動にどのくらいの頻度で参加しているかを、おもな聞き取り対象となった子ども八人の例から見てみよう（図4-2）。明らかに、狩猟は少女より少年に多く、採集は逆に少女の方が多い。

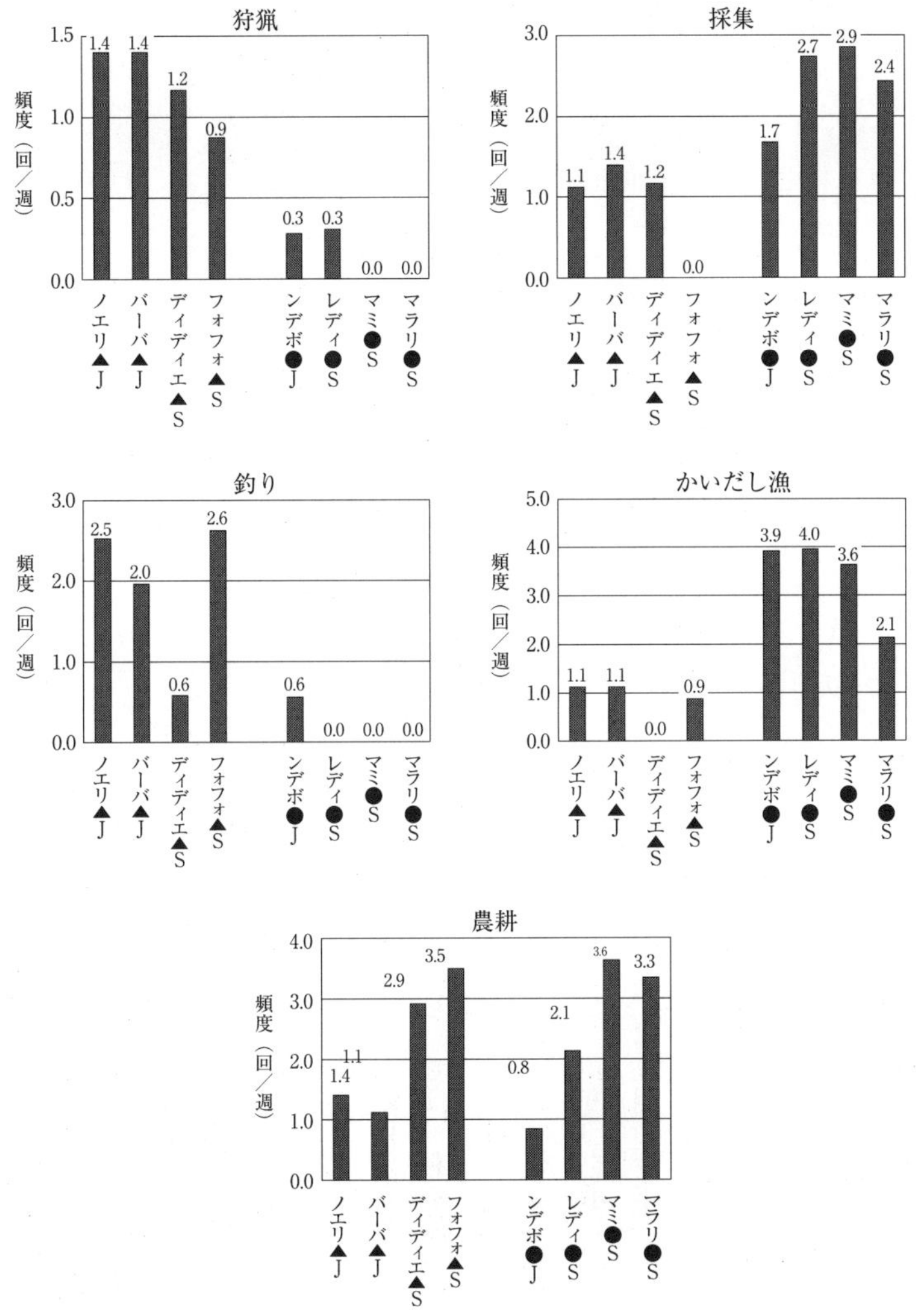

図4-2　子ども1人当たりの生業活動への参加頻度

▲：男　　　　　　●：女

J：子ども年少期　S：子ども年長期

1998年1月25日～3月2日（30日間）の聞き取り調査における8人の主要な対象者について分析。各人の回答日数は以下の通り。

少年：ノエリ（25日）、バーバ（25日）、ディディエ（12日）、フォフォ（8日）

少女：ンデボ（25日）、レディ（23日）、マミ（27日）、マラリ（23日）

同じ性の中では、左から右へ行くにつれて推定年齢が高くなるよう配列した。

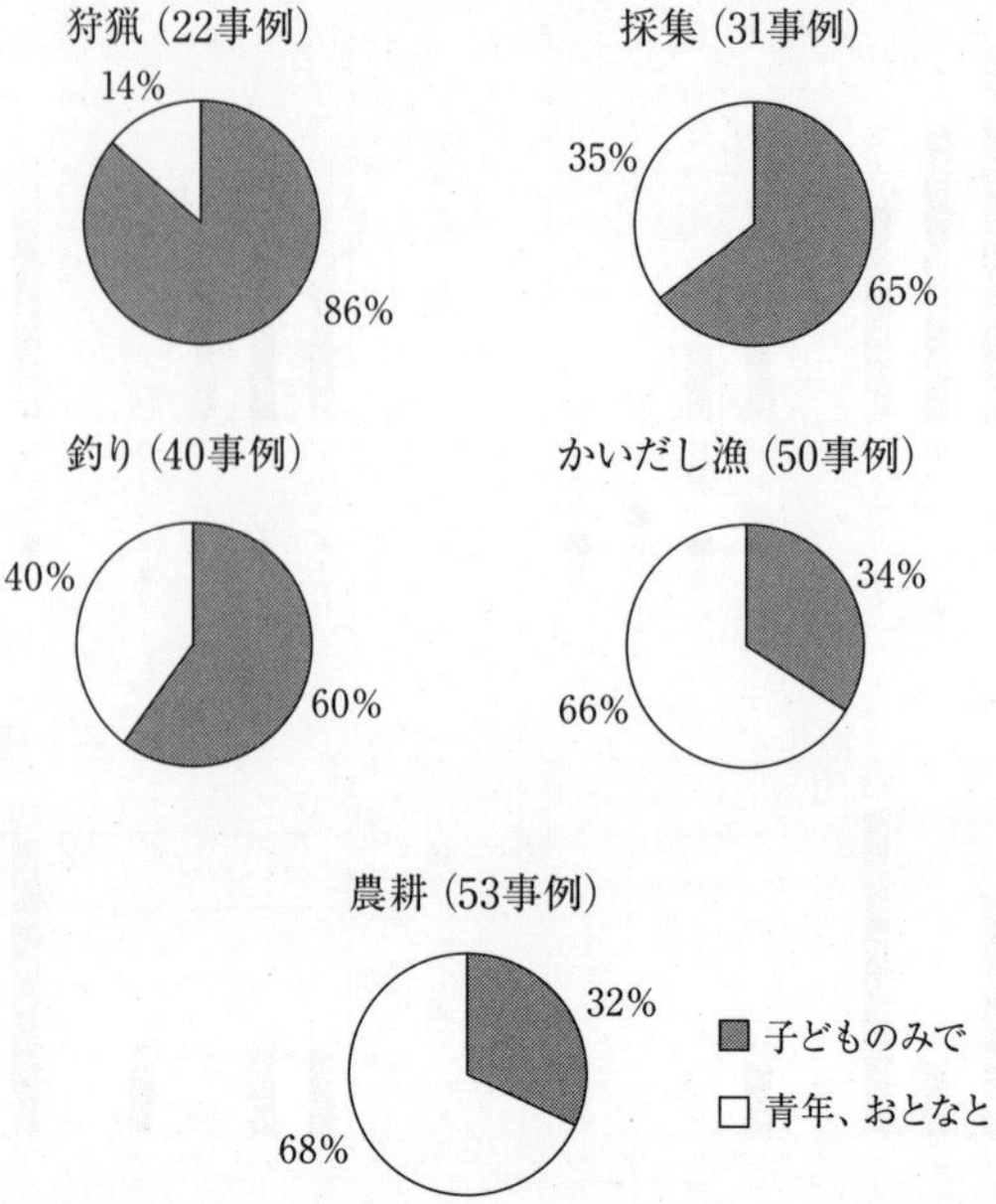

図4-3　子どもの参加した生業活動のうち、子どものみで行われた事例の割合
巻末付表1から付表5までの全事例のうち、参加者と年齢階層の明らかな事例を用いた。

釣りとかいだし漁は対照的なパターンを示し、釣りは少年に多く、逆にかいだし漁は少女に多く見られる。農耕はどちらも行っており、差があるとは言えない。この結果は、図4-1で示したバカのおとなにおける性別分業のパターンと酷似している。

しかも、成長するにつれて、次第におとなのパターンに近づいていくさまを見ることができるであろう。年齢に着目して見ると、年長期の少年少女においては、ある種の活動をまったく行わないことが目立つようになる。狩猟においては、年長期の少女三人のうち二人が、釣りにおいては三人ともが、頻度○を示している。一方、採集においては、年長期の少年二人のうち一人が、かいだし漁においてはやはり一人が、頻度○を示している。年少期ではそのようなことが見られないため、成長とともに特定の活動への参加が制約されていく様子を示している。

次に、子どもがそれぞれの活動を行うとき、子どもだけの集団で行く事例がどのくらいの割合を占めているかを見てみる。巻末付表1~5の活動事例一覧のうち、参加者全員の性年齢階層が明らかになっている事例を母数とし、子どもだけで行われた事例の割合を活動ごとに示した（図4-3）。活動によってはそのほとんどを子どもだけで行うものもある（狩猟で八六%）。五つの生業活動を合わせると、一九六事例のうちほぼ半数の九七事例（四九・五%）が子どもだけでなされており、それが子どもにとってごくありふれた活動形態である様子を示している。以下では、それぞれの活動を見ていくにあたり、子どもだけの集団によって行われるケースと、おとなや青年に同行するケースとに分けて記載し、その共通点や相違点などを見ていく。

三 狩猟

バカにおける狩猟

初めに、バカのおとなたちが行う狩猟について述べる[五]。定住集落の周辺でダイカー類やオナガザル科のサルなどを狩る短期的狩猟と、象狩りなどの外泊を伴う長期の狩猟がある。道具としては、わな、銃、やりが用いられるが、現在は定住集落の周辺でのわな猟、農耕民から銃を借りて行う銃猟が主流である。やりは多くのおとなの男性が所有しており、森林を歩くときに携行している。かつてバカはやりを用いた集団猟を行っていたとされるが、今日では組織的集団猟としては行われていない。弓矢（クロスボウ）はかつて用いられていたものの、現在では見られない。また、ムブティなど他の集団が行う網猟は、バカにおいては行われていない。

なお、バカ語において、動物を意味する語は「ソ」（*so*）であるが、これは同時に「肉」を意味する語でもある。「動物とは、すなわち肉である」という認識の一部を示したものであろうか。即断はできないものののも、バカの人たちの自然観がかいま見えるようである。

子どもが行う狩猟

子どもが参加した狩猟事例を、巻末付表1にまとめた。これらはいずれも子どもが集落周辺で自ら組織した狩猟である。表の中には、おとなや青年の参加があった狩猟の例が少数見られるが、これらは集落で行われている子どもの狩猟に、青年やおとな男性が一時的に参加した事例であり、おとなの男性たちが行う本格的な狩猟ではなかった。

これ以外に、少年や青年男性がパチンコを使って鳥を射ることがある。パチンコ猟は、散歩や移動時にパチンコを持ち歩きながらついでのように行われており、他の活動と区別しやすい独立した狩猟活動として分析しづらいため、表に含めていない。

子どもの狩猟方法

狩猟方法で見ると、動物に対して直接攻撃を加えるもの（弓矢猟、やり猟、投石、パチンコ猟）と、装置を作って動物のかかるのを待つもの（わな猟）とに大別できる。

弓矢猟とやり猟は狩猟具が異なるが、どちらも同様の組織的集団猟として行われる。ひとつの狩猟チームの人数は平均四・〇人（一二事例）で、射手と勢子に分かれて共同でネズミを狩る。年長期の少年を中心とした異年齢集団を構成し、集落内か街道沿いの草むらで行う。所要時間は、いずれも二〇分程度である。

投石は鳥やネズミなどの小動物を見つけたときに行う。少年たちは、年少期、年長期ともに単独でもする。動物に遭遇するのは他の活動の最中であることが多いので、それを中断して動物を攻撃する。動物の気配あるやぶを囲み、あるいは樹上を見上げ、連続的に攻撃するが、短時間で終わり成功しない。

パチンコ猟では、パチンコをもって集落の周辺の森を散歩したり集落内を徘徊したりし、折に触れて鳥をめがけて撃ったりする。始まりと終わりが明瞭でなく、そのための狩猟チームが組織される様子は見られない。

わな猟は年少期の少年でも行う。二～三人集まって集落から五～八分ほど歩いた距離のやぶの中や小道沿いにしかける。少年たちは、おとなからもらった針金をアブラヤシの木の根元などの「秘密の隠し場所」に保管している。ダイカー類などの草食獣を捕るのだと言う。一時間弱をかけて、念入りにしかける。

狩猟具は、パチンコ以外はいずれも簡素な構造で、素材となる植物を自分で調達して自作する。弓は枝につるを張り、矢とやりはラフィアヤシの中肋の堅い皮を削って作る。年長期の少年が慣れた手つきで作る。年少期の少年は、五～六歳の頃は年長者に作ってもらうが、八歳までには刃物を用いて自分で作ろうとするようになる。パチンコはゴムを手に入れた青年が作り、少年が借り受けて使う。わなの跳ね棒は自前でやぶから調達し、針金はおとなからもらう。針金がなければつるで代用する。これらの素材となる枝やラフィアヤシの切れ端などは、近くのやぶや集落に落ちている物を調達してくる。山刀やナイフなどの刃物は手近にあり、子どもがおとなから借りたり持ち出したりして、自由に使う。

狩猟集団の特徴

参加者の性年齢に関する分析から、各年齢階層の狩猟集団への関わり方、狩猟集団の編成のしかたの特徴を述べる。投石とパチンコ猟については、集団において行う狩猟ではないためここでは省き、また部分参加者である青年以上については分析対象外とする。

狩猟は少年の異年齢階層を含む集団においてなされる傾向がある。参加者が明らかになっている狩猟集団一五事例（弓矢猟、やり猟、わな猟）のうち、六事例は、年少期、年長期の両方の少年たちが参加する集団であった。年少期だけは四事例、年長期だけは三事例、その他が二事例である。

冒頭で述べたように、少年は幼い年少期の頃から狩猟に参加する。巻末付表1の事例の参加者の中でもっとも幼かったのは、推定五〜六歳の少年であった。少年はこの頃から狩猟集団に参加し始めるものと見られる。さらに、狩猟集団の中の最年長者を、狩猟集団を組織した人と見なせば、推定八歳の少年がすでに組織者となっている。

少年はやがて青年になると、この種の狩猟を組織しなくなる。青年男性が少年の弓を受け取り、一部参加することがあるが、限定的である。青年以上の女性はまったく参加しない。

狩猟の中の役割

集団弓矢猟で行われたネズミ狩りの事例を見てみよう。始めたのは少年四人（年長一人、年少三人）と少女（年少）一人の計五人。これに、青年男性一人が途中から参加した。場所は定住集落の隅のやぶである。年長期の少年と青年男性が弓矢を構え、「チュウチュウ」と唇の先を尖らせてネズミの鳴き声をまねておびきよせる。年少期の少年たちと少女が勢子となって、反対側から追い立てる役を務める。山刀をもつ少女はバサ、バサと草を切りながら進み、もっていない少年は草を踏み分けていく。射手はこの間、反対側でじっと待つ。草の中で獲物が動く気配が感じられると、大きな声が上がって一斉に矢が放たれ、緊迫感が走る。

この事例では、初めは年長期の少年が狩猟を先導していたが、途中から参加した青年に弓を取られ、さっさと抜けてしまった。集団猟におけるハンター役を取られたことは、彼にとっては興ざめなことであったようである。勢子の少女たちも途中でチームを抜け、ソンゴ（すごろくに似た遊び）をしに行ってしまった。

このような散漫な出入りを含みながら狩猟は続く。六人がかりで二三分間かけて少しずつ移動し、五か所のポイントでネズミを狙って、成果はなかった。このような組織的集団猟は、バカのおとなは行わず、少年の間だけで行われている。

年長期の少年は集団猟を組織し、参加者に役割を与えて指示をする。年少期の少年と少女は勢子となる。わな猟では年長期の少年がわなを作り、年少期の少年は同行して一部始終を見ている。なお、年少期の少年が自ら組織するときは、年上の少年たちの指示する姿をそのまま模倣して演じる。

狩猟の成果

少年たちの狩猟の成果については、記録した二三事例の狩猟のうち、捕れたのは小さなネズミ一匹とンベンガ(*mbenga* = 仏 *pigeon sauvage*、鳥の一種)一羽、そして、野生動物ではないがニワトリ一羽の三事例であった(いずれも聞き取り回答)。草むらにキャッサバのかけらをまき、ネズミをおびき寄せようと工夫もしていたが、気を逸らしたすきにえさだけ食べられ、逃げられてしまった。結局、私は直接捕獲の場面を観察する機会に恵まれなかった。ただし、推定一五歳の年長期の少年が、ネズミの血の付いた矢を下げて帰ってきた場面を見たことがあり、少年の腕はそこまで上達していることをうかがわせる。このときは同伴する年少期の少年とともに、次の標的であるトカゲを求めて再び猟に出ていった。

ネズミが捕れたら皮をはぎ、包み焼きして子どもたちで食べるという。バカのおとな男性にとって「ネズミを捕って食べた」ことは、自身の少年時代を象徴するものであるという[分藤 2001]。

狩猟に関連する遊び

子どもたちの狩猟を、関連する遊びと対照させてみたい。遊びは本来の狩猟との関連の深さでふたつに分けることができる。
(1)狩猟の目的を逸脱した遊び。たとえば集団弓矢猟によるトカゲ狩り、[六]パパイヤの果実をやりの標的とした射的、しかけを作ってすぐに破壊するわな作りなどがある。これらは本来の狩猟の形式をそのまま転用することが特徴である。
(2)狩猟から着想を得た遊び。パパイヤの葉柄で作る空気鉄砲などがある。これは狩猟具を模して作ったおもちゃである。

本来の狩猟と比較すると、この種の遊びがきわめて多いことが分かる（表4-1a、表4-1b）。聞き取りと直接観察を合わせ、狩猟に関連する子どもの活動を六二件記録した。このうち食用の動物を捕ることを目的とした活動は二三件（三七％）にすぎず、残りは狩猟の目的を逸脱した遊びや、狩猟から着想を得た遊びが占めていた。つまり目的をもった狩猟より、むしろそれに関連した遊びの方が頻繁に行われる。方法の類似だけではなく、実際の狩猟とこれらの遊びは、実施の上でも相互に密接に関連する。少年集団が弓矢でネズミ狩りに取りかかり、捕り逃がしが明らかになった時点で、クモ狩りやトカゲ狩りの集団に移行することがある。また、ネズミ狩りの最中、勢子としてやぶの中のネズミの気配をうかがっていた少年が、とつぜん「やりをよこせ！　カエルだ！」と叫んで一撃を投じ、一気に狩猟チームが緊迫感に包まれたこともある。このように、対象動物が食用かどうかは、それらに狙いを定めている少年たちの直接的動機としては、ほとんど違いをもたらしていない。ただし、食べられる物を狙うという明確な目的は、活動を準備、組織する契機をもたらし、また熟練の末に実益性につなげることができるため、長期的に見れば少年たちを動機付ける要因のひとつとなることであろう。

子どもの狩猟関連活動において用いられる方法をまとめた（表4-2）。銃だけは少年の狩猟で用いられない。銃はバカの集落にはなく、子どもが手近な植物素材で作れる簡素な構造ではない。おとなが用いる銃以

表4－1a　子どもが組織する狩猟

方法	対象
弓矢	ネズミ
やり	ネズミ
投石	鳥、ネズミ、リス
パチンコ	鳥
わな	ネズミ、全般

表4－1b　狩猟に関連する遊び

(1) 狩猟の目的を逸脱した遊び

方法	対象・遊び方
弓矢	トカゲ狩り、クモ狩り、バナナ幹（仮茎）の射的 ヤウティア茎の射的、標的なく矢を放つ
やり	パパイヤ果実の射的、犬を連れたやり猟ごっこ
投石	トカゲ狩り
パチンコ	標的なく小石を飛ばす
わな	作ってすぐ壊す
棒	トカゲ狩り
素手	トカゲ狩り

(2) 狩猟から着想を得た遊び

方法	対象・遊び方
銃	パパイヤの葉柄で作る空気鉄砲
やり	*ngongo* の茎を用いたやり投げ

ngongo = *Megaphrynium spp.*

表4-2　子どもの狩猟と遊びの方法

方法	おとなの狩猟	子どもの活動（狩猟と遊び）		
		子どもの狩猟	遊び（1）目的逸脱遊び	遊び（2）着想を得た遊び
わな	＋＋	＋＋	＋＋	－
銃	＋＋	－	－	＋＋
やり	＋	＋＋	＋＋	＋
パチンコ	＋	＋＋	＋＋	－
投石	－	＋＋	＋＋	－
弓矢	－	＋＋	＋＋	－

＋＋：しばしば見られる
＋　：時々見ることがある
－　：見られない、ほとんど見られない

外の方法は、すべて少年たちが用いている。また、おとなの間では行われなくなっているやり猟や弓矢猟を、少年たちが集団猟として頻繁に行う。さらに、少年の狩猟の方法は、すべて目的を逸脱した遊びに転じている。また、少年が本物を手にすることがない銃も、着想を借りたおもちゃになっている。なお、網猟を行うムブティに関する民族誌においては、少年少女の網猟ごっこの様子が生き生きと記される［ターンブル 1962（1976）；原子 1980；市川 1985］。網猟を行わないバカにおいては、遊びも含めて、子どもの網猟は見られない。

狩猟の遊戯性

狩猟を遊びと比較すると、多くの共通性を見ることができ、子どもがどのような遊戯性を狩猟の中に見いだしているかを知ることができる。ここで注意したいのは、類似性はすなわち模倣の遊びであると即断すべきでないことである。なぜなら、子どもが狩猟に見いだしているおもしろさは、「おとなのそれに似通った行動を演じる楽しさ」ばかりとは限らないからである。

動物に対して直接攻撃を加える種類の狩猟（弓矢猟、やり猟、投石、パチンコ猟）では、動物を発見することそれ自体がひとつのおもしろさを含んでいる。カイヨワの用語における〈運〉

の要素を含んでいる。さらに、見つけだした瞬間の攻撃の場面では、ハンターの技能と動物の逃げ足の競い合いが少年たちを興奮のるつぼに引き込む。これは一種の〈競争〉のおもしろさである。ただし、ここでの〈競争〉とは、ハンターと動物の間に存在する関係であって、少年どうしの間で技能や成果を競う〈競争〉が起こるわけではない。これらふたつは、いずれも「動物を探して追うこと」そのものの中に含まれた遊戯性である。

一方、わな猟は、装置を作って動物のかかるのを待つ消極的狩猟方法であり、他の狩猟とは性質を異にする[田中 1994]。子どもがわな作りに取り組む際の興趣は、目前にある動物を捕ることに伴う瞬発的な〈競争〉と〈運〉をかけた興奮の中にではなく、時間をかけておとなのわなに類似した作品を作る過程にあり、〈模擬〉の遊戯性に基づく。他の狩猟方法と対比させれば、弓を張ったり、やりを削ったりする道具の準備段階に相当する。実際、子どものわなは、捕獲を目的として長期間待つことよりも、しかけができあがった直後に自分の手で跳ね上げ、すぐに破壊する遊びに移行することの方が多い（観察事例一〇件中七件）。これは、狩猟の目的を放棄した逸脱的な遊びである。つまり獲物のかかるのを期待して待つこと（すなわち〈運〉）の代わりに、スピードを伴った変化を起こさせて楽しむ〈めまい〉の要素を加える。この逸脱わな遊びは、獲物を得ること自体にはまったく貢献しないが、しかけ作りは繰り返し行われるため、わな作りの上達には多少寄与するであろう。推定六歳の少年のわなは機能しないことが明白であったが、推定八歳の少年のわなには集落で飼っているニワトリがかかったことがあり、一応の捕獲機能をもつことが証明された。〈模擬〉によって、子どもの活動におとなの狩猟の方法が取り入れられている。

また、狩猟に関連する行動の模倣が随所に見受けられる。動物の気配に気づいたときの子どもの行動はほぼ一定している。初めに「ビリ！」（ネズミだ！）などと対象動物の名を叫び、周辺の子どもの注意を引いて、集団猟を形成するきっかけを作る。そして手近な石を拾ったり狩猟具を急いで作ったりし、気配をうかがいつつ断続的に攻撃をする。捕り逃がしたときは必ず「ア・ゴエ！」（逃げちゃった！）と叫び、狩猟の終わりを告げる。年下の子どもは、年上が何かを叫ぶといちいち、

A（年長期）「ネズミだ！」

B（年少期）「ネズミだ！」

A（年長期）「逃げちゃった！」

B（年少期）「逃げちゃった！」

などと反復して叫び、同じ方向を凝視し、ともに急いで石を拾ってぎこちなく投げている。このように、少年どうしの間で、細かな一連の動作や発話が盛んに模倣されている。また、年少期の少年たちがやりをかついで集団を作って練り歩き、そのこと自体を楽しんでいる。これらからは、動物を狙って捕る行動そのものではなく、狩猟集団の一員であることを演じつつ楽しむ様子がうかがえる。動機としては〈模擬〉に基づくものである。年下の子どもにとって観察学習をする機会となり、他人の行動パターンの一部を学習する模倣が行われている。[七]

バカ語では、動物全般を「肉」を意味する語 *so* で表現すると先に述べたが、もちろんすべての動物を食べるわけではない。食用にならない動物もある。しかし、それらもまた少年たちの攻撃の対象となる。あるとき少年たちが、カメレオンを生け捕りにして集落に持ち帰った。食用にならないこの小動物を子どもたちは囲み、石をぶつけ、土塊を投げつけて死にいたらしめ、最後は死骸を棒で引っ掛けてやぶの中にポイと捨てた。浦島太郎ならずとも、この無益な殺生は観察者に何かを感じさせずにはおれなかったが、これも子どもがすでにおとなと共有しているバカの動物観の現れであると言えよう。少なくとも、野生動物に対する「愛護」といった感情や慣習は、ほぼ見られない。

おとなの関与

おとなたちは、少年たちが狩猟をすることを知っているが、奨励も指導も、また禁止もしない。基本的には、不干渉の態度である。間接的な関与として、狩猟具や素材を与えることがある。たとえば、父親が息子にやりを貸したり、わなを作る針金を与えたりするなどである。

おとなの狩猟への同行

少年がおとなの狩猟に同行する事例は、聞き取りの中で記録されなかった。おとなの本格的な狩猟に関与するようになるのは、年長期の少年のさらに年長者に限られる。場所は集落近くではなく深い森の中となり、携行するやりは木を削った自作のやりでなく、鉄の穂先を付けたやりとなる。また、おとなの狩猟では銃が用いられる。対象動物もダイカーのように大型のものとなり、捕れれば自分たちで食べてしまうのではなく、集落に持ち帰って分配する。おとなの狩猟は、参加者も内容も子どもたちの行う狩猟とは異なったものである。

ただし、森の中で動物の徴候を発見したり、やりなどを投擲したりする技能は共通し、本格的な狩猟における技術として用いることができる。遊戯的要素のうち〈競争〉と〈運〉は、銃猟などの狩猟においてもそのまま引き継がれている。わな猟の〈模擬〉は、本物のわな猟になれば遊戯性はなくなり、現実に肉を得ることの実益性に取って代わられる。

まとめ――子どもたちの狩猟

おもに少年たちによって狩猟が行われる。狩猟の対象はネズミや鳥などの小動物であり、中型の草食獣などをおもに捕るおとなの狩猟とは異なっている。方法は、銃以外のおとなの狩猟方法をすべて踏襲している。子どもの発明によるものはないが、おとなではすでにすたれた弓矢猟、やり猟が少年においては盛んである。これらはかつてのおとなの生業活動の形式が残存したものである可能性がある。また、おとなの狩猟に同行しないにもかかわらず、年少期の少年たちが狩猟の方法を獲得している。つまり、狩猟方法は子ども間で伝承されていると考えられる。

狩猟には、遊戯性が強く見られる。動物を狙って捕る行動には〈運〉と〈競争〉の遊戯性が見られ、また道具作りの段階と狩猟チーム作りにおいて〈模擬〉の遊戯性がある。〈模擬〉の回路を通して、少年たちはおとなの狩猟の道具や方法などを取り入れるが、彼らを狩猟へと没頭させるのは〈模擬〉ではなく、野生動物と対峙するときの直接的な遊戯性である〈運〉と〈競争〉である。

しかし、これらの狩猟における実益性は、ほとんどないと言ってよい。カロリー計算によって子どもたちの生計への寄与を評価しようとする人類学者が分析するならば、これらハンターたちの寄与は、限りなくゼロに近いという結果となるであろう。実際、敏捷な動物を捕らえることは、後で見るような植物の採集などに比べて、格段に難しい。それにもかかわらず少年たちがこの活動にのめり込んでいくのは、実益性とは関わりのないところで、遊戯性という大きな心理的報酬を得ているからである。

狩猟における成長段階について概観すると、五～六歳で少年は狩猟に参加し始め、八歳ですでにわな猟、弓矢ややりを用いた集団猟を組織している。しかし、集団猟は年長期の少年が中心となることが多く、頻繁に組織するのは一三～一五歳の少年たちであった。本格的な狩猟への同行はほぼないため、本格的な狩猟への移行は青年期以降になる。性別については、基本的に少年が組織して参加する。少女が勢子以外の形で参加することはない。

四　採集

バカにおける採集

バカにおける採集は、日々の食事の副食の材料を手に入れるための重要な活動である。採集される食物は、植物性のものと動物性のものに大別できる。植物性食物には、果実、アブラヤシの実、葉、ヤムイモ類、キノコ類などがあり、動物性食物には、昆虫の幼虫、シロアリ、アフリカマイマイ、ハチミツなどが含まれる。男性が採集するものもあるが、集落周辺での日常的な植物の採集は、青年期からおとなの女性たちがおもに行う。食材となる動植物は、集落に持ち帰られた後、女性たちによって調理される。

食物以外に、物質文化のための素材の採集も重要である。家や小屋を建てるためにラフィアヤシの中肋や葉、ンゴンゴ（*ngongo* = *Megaphrynium spp.*）の葉などを採り、ござやかごを編むためにンゴンゴの葉柄を、精霊の衣装を作るためにラフィアヤシの若葉を採る。また、人や犬のための薬として利用される植物の採集も行う。

狩猟と比較した場合の採集活動の一般的な特徴は、安定した成果が上がること、一度の採集活動で複数の品目を採ることである。また、採集をとくに目的としていないときにもついでのように行われ、たとえば漁撈や農耕の行き帰りの道みちでも行われる。

子どもの採集品目と方法

子どもも採集を行うが、子どもに特徴的な品目としては、生食用果実と釣り餌用のミミズや昆虫がある。

観察結果に基づき、子どもの採集品目を概観してみよう。

生食用果実を採る植物には、天然の樹木であるンベ（*ngbe* = *Anonidium mannii*）やバンブー（*bambu* = *Gambeya lacourtiana*）、集落周辺に生えている果樹（パパイヤ、アボカド、マンゴーなど）、畑に生えている樹木（カカオ）がある。カカオは農耕民が種子を出荷するために畑で作る換金作物であるが、バカの子どもはその果実を失敬し、種子の外側の甘い果肉をしゃぶる。

釣り餌採集は、少年たちが釣りのため川に出かける前に、まず、カカオの畑や近くの水くみ場に行き、えさとなるミミズや昆虫を探すというものである。これは釣りの最中に並行して行われることもある。

サツマイモは栽培植物であるが、人によって手入れがなされないまま、畑以外の道端などにつるをはわせている。甘味があり、子どもが好んで掘る。生のままかじり、または子どもたちで焼いて間食にする。ほかに、間食のための食材として、トコンボリ（*tokomboli* = *Chrytranthus atroviolaceus*）がある。これは、ゆでた後に果実の中の種子をひとつずつ割って食べるもので、若干手の込んだ間食である。昆虫ではシロアリ取りを試みる。

物質文化の素材採集としては、青年女性らとともにござや小かごを編むためにンゴンゴの葉柄を採る。他の素材としてラフィアヤシの葉柄（釣りざお）、その若葉（精霊の衣装）、木本の幹（弓作り）、つる（弓の弦）がある。また、遊びのための素材採集がきわめて頻繁に、かつ多種におよぶ。

採集に用いる道具は山刀とかごである。少女たちは自分たちで編んだ小さなかごを携行する。少年たちはこのような道具をもたず、素手で生食用の果実や釣り餌を採る。釣り餌用のミミズや昆虫、キノコ類は葉にくるんで持ち歩く。子どもたちは、包装に適したクズウコン科の植物の葉をよく知っており、これらは採集に行った先で現地調達する。

採集品目の傾向と成果

子どもの参加した採集活動を一覧表にした（巻末付表2）。なお、遊びのための素材採集は遊びの活動の一部と見なされ、聞き取りでは採集として回答されないため、ここには含まれていない。

子どもたちが何を採りに行くかを一覧表から見てみる。調理用食材が多く、ついで、物質文化素材、生食用食物、釣り餌と続く。特色としては、イモ類の採集が少なく、果実や葉が多くを占めることが挙げられる。採集の成果については、三五事例中採れなかったのが二事例のみである。これは、狩猟において二三事例中三事例しか成功していなかったのと比べれば、圧倒的に実入りのある活動であると言えよう。ただし、シロアリ取りやイモ掘りのように、対象が直接目に触れない品目の場合は、採れないこともある。

少年の採集と少女の採集

少年と少女では、採集品目に違いが見られる。参加者の性年齢階層が明らかになっている三一事例のうち、子どもだけの集団が二〇事例（六五％）ある。これを少年中心の集団（少年の人数≧少女の人数、九事例）、少女中心の集団（少年の人数＜少女の人数、一一事例）に分け、それぞれにおける採集品目をカテゴリーに分けて示した（図4-4）。生食用食物と釣り餌の採集は、ほとんど少年中心の集団でなされている。青年やおとなと同行する集団（一一事例）における品目を並べて示すと、少女中心の集団はその傾向と似ている。

これをまとめると、子どもの採集活動には、二種類の異なった性格のものがあることが分かる。すなわち、おとな女性の採集と同じく集落に持ち帰って消費する目的で行われる少女中心の採集と、自分たちでその場で消費する目的で行われる少年中心の採集である。なお、年齢構成を見ると、子どもだけの採集集団（二〇事例）のうち、年少期と年長期の両方の年齢階層の子どもを含むものが多い（一二事例＝六〇％）。

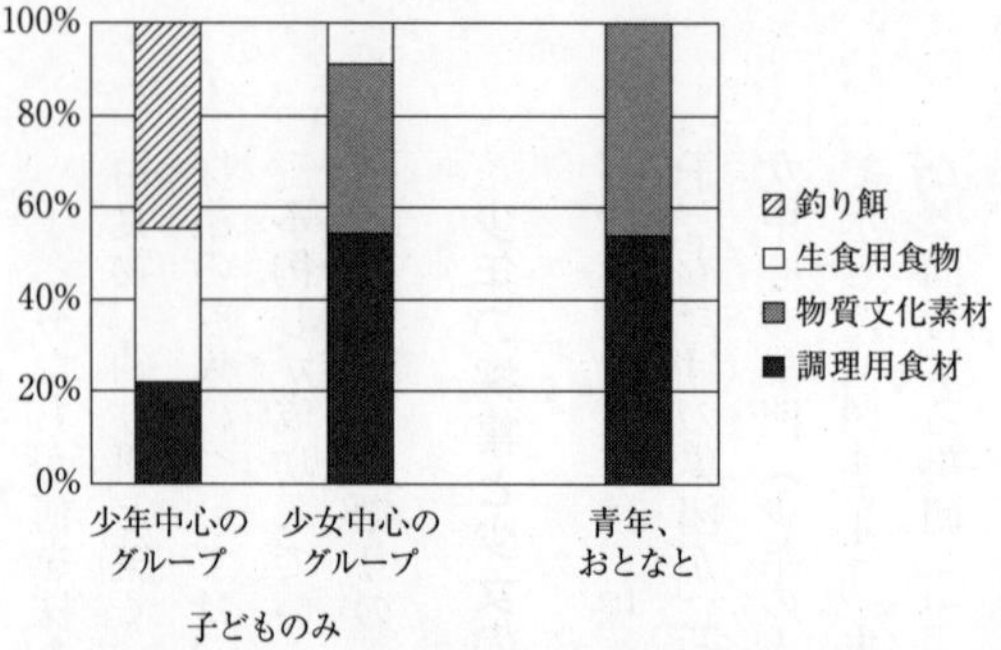

図4－4　子どもが参加した採集における品目

巻末付表2のうち参加者の性年齢階層が明らかになっている事例を用いた。
同一グループで複数品目を採った場合は別に数えた。

少年中心のグループ	合計9品目
少女中心のグループ	合計11品目
青年、おとなと	合計13品目

採集における役割

採集は少年・少女混成の集団で行われることがあるが、性による役割の違いは明瞭に現れる。その様子をふたつの事例から見てみたい。年長期の少女が中心となって行われた野生のヤムイモの一種サファ（*sapa* ＝ *Dioscorea praehensilis*）を掘りに行く事例と、年少期の少女二人によるサツマイモ掘りの事例である。

ヤムイモ掘りに参加したのは四人（年長期の少女一人、年少期の少女一人、年少期の少年二人）である。少女二人が集落を出ていった直後、少年二人が後をついていく。場所は集落の近くの畑ややぶが入り組んで存在している区域で、栽培植物、果樹、ヤムイモなどが混在している。穴を掘る作業は年長期の少女がほぼ一人で行い、約二時間かけて深さ一二〇センチメートルの大きな穴を掘った。年少期の少女は初めの下草刈りを手伝った後、二時間ずっと近くで見ていた。年少期の少年たちは、一部の時間帯だけ掘るのを手伝ったが、あとの時間は近くで踊るなどし、やがて遊びに行くと言って姿を消してしまった。掘り出したヤムイモは、少女たちが集落に持ち帰り、おとな女性たちとともに昼食として食べた。

一方、年少期の少女たちがサツマイモを掘りに行くところを

イモ掘り。少女たちが連れ立って、道端に自生しているサツマイモを掘り出しにいく。見つからないこともしばしば。

見かけた。推定年齢七〜九歳くらいの少女二人が「サツマイモ掘るの」と言って山刀を下げ、ニコニコしながら集落を出ていった。歩いて一分もかからない距離にある道端で地面をつつき、わずか五分程度でやめて帰ってきた。

両事例とも、少女が集団を作り、山刀をもって採集目的で出かけていくという形式は共通している。前者は成果を上げ、集落の成員に分配し、すでに本格的な生業活動の様相を示している。後者は時間的な短さ、距離的な近さ、そして投入する労力の少なさの各面から見て、イモを獲得するという目的のために組織された活動というよりは、むしろ、年上の少女の採集の形式を模倣した遊戯性の高い活動である。つまり女性の採集集団を模した〈模擬〉の楽しみ方によるものと考えられる。前者の事例で見られたように、年少期の少年たちはしばしば少女たちの採集集団の出発を見かけて好奇心で同行するが、彼らは採集の主体とはならない。同じ年頃の年少期の少女が、自ら採集集団を作るのとは対照的である。

採集と遊び

採集と遊びとの関連について見てみよう。関連する活動群は、二種類に大別できる。すなわち、採集の目的を逸脱した遊びと、遊びのための素材採集である。

前者は、食用でも素材用でもなく、対象を採ろうとすること自体を楽しむ活動である。例として、虫取りがある。定住集落の隅の方で、少しだけ盛り上がった地面を少年少女四人が取り囲み、火のついた薪を穴に差し込んで昆虫をいぶし出そうとしている様子を見た。体長二センチメートルほどの昆虫がひとつ取れ、一〇分ほどで終わった。シロアリ取りの方法を踏襲しているため、これは採集の目的を逸脱した遊びであると言えるであろう。地中の見えない昆虫を穴からいぶし出せるかどうかを見守る〈運〉の興趣をもつと同時に、火を使う手の込んだ採集方法を逐一たどる作業の過程は、〈模擬〉の楽しみ方を含んでいる。わな猟にも共通することであるが、〈模擬〉の特徴とは、このように、機能するかどうか分からない手の込んだ作業をあえてやりたがる点にある。

一方、遊びと関わる採集活動として、遊びのための素材採集が多種類見られる。少年少女が、昼間集落で何かして遊ぼうと思い立つと、やおら山刀をもってやぶの中へ消えて行き、さまざまな素材を両手にいっぱい抱えて戻ってくる。特定の遊びに使う目的で、動植物を自分で採集してくるものを第三章で挙げた（表3-2）。おもちゃの素材の多くは植物から得ており、子どもの遊びの世界においても「植物性の物質文化」[丹野 1986] の傾向が見て取れる。ンゴンゴの葉、ラフィアヤシの若葉、ンデンボ（*ndembo* = *Landolphia spp.*）の樹液などは、森林の素材の特徴を生かしたものである。また、栽培植物も遊びの素材に用いられる。この中には、パパイヤの葉柄の中空構造を生かした空気鉄砲や笛作り、バナナの葉の割きやすさを利用した精霊の衣装作りなど、素材の特徴を生かした使い方が見られる。なお、小屋の素材など、これらのうちの一部はおとなの物質文化における利用法と共通するが、全体的に見ればその割合は少ない（第三章）。

採集の遊戯性

遊びを参考に、採集活動がそなえた遊戯性について検討する。採集には、対象となる物を探す過程を楽しむ様子が見られる。少女たちはかわるがわるアブラヤシの木によじ登り、のぞき込んで実を探す。また、シロアリが出てくるかどうか、目を凝らして穴の中をのぞき込む。目的とするものに出会えるかどうか、ワクワクしながら楽しむという〈運〉の遊戯性が見られる。その楽しみ方は、そのまま目的がずらされることで、たとえば虫取りのような遊びになる。ただ、主として植物を対象とする採集活動においては、狩猟における動物のように対象が逃げることはないため、瞬発的な技量が試される〈競争〉の楽しみ方は含まれないようである。

採集に関連する行動における遊戯性を見てみる。年少期の少女たちが集まって、小さなかごを下げ、山刀をもってニコニコと出かけるさまは、採集に出かけるおとなを模倣した〈模擬〉を楽しむ姿と言えるであろう。シロアリ取りでは、集団で火を用いるおとなの方法をなぞっている。これも一種の〈模擬〉である。採る場所によっては、身体感覚を楽しむことがあり、たとえばアブラヤシの実採りや果実採りでは、木に登って〈めまい〉を楽しんでいる。また、採集の行き帰りに、少女たちは障害物の多い森の細道を小走りで駆け抜け、キャッキャッと楽しんでいる。ふつうに歩けばいいものを、と、後をついて回る私はいつもつまずいて困惑したものである。これは採集のための移動に、あえて身体的な激しい運動を加味し、遊戯化して楽しんでいるものと言える（〈めまい〉）。

葉や茎などの植物素材を近くのやぶに採りに行くことには、遊戯性が少ない。というのも、これらはあまりにありふれたものであって、採ること自体はさして楽しいものではない。この場合、子どもの関心の中心は採りに行くことではなく、むしろ、採った後にそれらをおもちゃなどにして使うことにある。植物素材は豊富であり、予測不能のおもしろさ=〈運〉の遊戯性が減るものの、子どもにおもちゃの素材という実益をもたらしている。

おとなの関与

子どもだけで行われる採集に対し、おとなは、とくに指示や指導などの直接的関与をしない。まったく行くにまかせているという態度である。少年たちの果実採集や釣り餌採集は、自分たちだけで食べたり使ったりするためのものであり、集落に持ち帰ることがない。サツマイモは自分たちで焼いて間食にしており、おとなはこれも放任している。

一方、年長期の少女の採ってきた食材は、集落に持ち帰られた後調理され、おとな女性たちに分配されたり、世帯での食事に供されたりする。このことは、少女たちの採集活動が、おとなを含む居住集団に貢献する生業活動としての位置付けを受け始めていることの現れであろう。

なお、バカの社会では、子どもが山刀などの刃物を用いることに寛容である。このことが、子どもに採集の機会を与えることに間接的に寄与しているであろう。

おとな・青年の採集への同行

少女においては、おとな・青年女性に同行する採集が目立つ。おとなたちに同行する採集はすべて少女だけで、少年が同行することはなく、さらに少女の中でも年長期の年齢階層に限られていた。しかも、その採集品目は、集落に持ち帰って使う調理用食材や物質文化の素材である。年長期の少女が本格的な採集の担い手として、集落の構成員に対し経済的に貢献するようになっていると考えることができる。

まとめ――子どもたちの採集

子どもたちが行う採集は、その性格から大きくふたつに分けられる。ひとつは、子どもが自分たちで組織し、世帯に経済的貢献をしない採集である。生食用果実や釣り餌など、自分たちの欲求を直接満たせるものの採集や、遊びのための素材採集が含まれる。少年たちが中心の採集は、大方がこのタイプである。もうひとつは、世帯の食事や物質文化のために行う本格的な採集活動である。これは、とくに年長期の少女たちが行う採集に見られる傾向で、おとなの女性たちとともに行うこともしばしばである。

採集の対象は多く、とくに遊びのための素材の品目が多岐に渡る。ただし、この時期に使われるあらかたの素材は子ども期だけの利用で終わる。このような採集においては、基本的には具体的な知識よりも「即製かつ使い捨て」[丹野 1984] の物質文化の態度を培う意味の方が大きいであろう。必要なものはそのつど森から採るということを知っていく。

採集をするために果実などの目的物を探すときには、しばしば〈運〉の遊戯性が見られるが、ありふれた手近の葉っぱなどを取ってきて使うときなど、とりたてて活動が遊戯的でもないことがある。採集活動には、このように「おもしろくてなかなか採れないもの」から「おもしろくないけれどもたやすく採れるもの」まで、幅広いヴァリエーションが見られる。狩猟では前者のタイプ（おもしろくて捕れない）ばかりが目立ったが、採集では、むしろたやすく手に入れた上でそれをおもちゃなどに楽しく使うという「実益性」の方に、子どもたちが動機付けられている様子が目立つ。概して、動物よりも植物の方が採るのが容易であるということが、このような活動の性格の違いを生んでいるのであろう。シロアリ取りやイモ掘りの方法を、〈模擬〉の楽しみを通しておとなの文化から借用している点は、狩猟と似通っている。

成長段階を概観すると、少年は五～六歳の頃から少年中心の採集に同行し、釣り餌や生食用果実を採る。

少女は年少期から子どもを主体とする本格的な採集に参加し、年長期の少女たちは自らそのような採集を組織するようになっている。おとなの採集への同行は年長期以降に始まり、実際に推定一二歳以降の少女で観察された。性別に関しては、少年が自分で消費するための採集を組織し、少女は集落に持ち帰るための採集を行う。後者の採集に少年が同行しても中心的な役割を負わない。なお、少年も少女も遊びのための素材採集を盛んに行っている。

五　漁撈（一）釣り

バカにおける釣り

バカが行う漁撈には、おもに釣りとかいだし漁があり、以下では漁法別に見ていくことにする。この節では釣りについて述べる。

私の観察では、釣りは男性が行うが、ほとんどはおとなではなく少年や青年が行っている。後に述べるかいだし漁に比べれば、釣りは行われる頻度も成果も低く、居住集団の食事の材料を提供する中心的な生業活動とは言えない。釣り針と糸は本村の商店で売られている工業製品を使い、釣りざおと浮きは、自分たちでラフィアヤシの中肋を加工して作る。

子どもの釣り

少年たちは頻繁に釣りに出かけていく。年長期の少年が「ゴニ！」（行こう）と釣りざおを肩にかけて集落を出ていくと、年少期の少年も急いで家の中から自分のさおを引っ張り出してきて同行する。さおをもたない少年少女も、パタパタと駆け出してきていっしょについていく。

子どもの参加した釣りを一覧表にした（巻末付表3）。異年齢の少年集団が多く、子どもだけの集団二五事例のうち二〇事例（八〇％）を占める。なお、年長期の少年においては、青年男性と同行する例が増えるが、このことは後述する。

年長期の少年が行き先を指示し、同じ川の上へ下へと、次つぎに釣り場所を変えていく。一方、釣りざおをもたない少年や少女は、この後をついて回り、えさや魚を運んだり、ミミズを探したりする。途中で手ぶらの年長期の少年が合流すると、年下の釣りざおを取って自分が使う。通常、年下の少年は逆らわずに釣りざおを渡す。ネズミ狩りにおける弓矢の譲り渡しの事例で見たように、このように年上の者に道具を譲り渡すことは、ひとつの規範として少年たちの間で共有されている。ただし、釣りざおを長く独占された年少期の少年が、機嫌を悪くしてぐずっていたという観察もあり、やはり本心としては自分自身で釣りたいもののようである。

釣りの成果

釣りで成果が上がったとしても、必ずしも聞き取りに応じてくれた子ども本人が釣り上げたものであるかどうかは定かでない。というのも、参加した集団の少年たちの間で、釣りざおを貸し借りすることが多く、釣りざおをもって参加したとしても、自分が釣り糸を垂らすことになるとは限らないからである。

成果の一例を挙げると、年少期の少年ノエリ（推定六歳）は、一月二五日〜二月一三日の間の九回の釣りで、いずれも自分の釣りざおをもって参加し、本人による捕獲量は合わせて一七尾（平均一・九尾／回、聞き取りによる回答）であった。参加した時間帯の一部、他の参加者に釣りざおを取られていた可能性もあるため、本人の実力をそのまま反映していない可能性もあるが、そのような社会的制約も合わせ考えた上での現実の期待値としては、このレベルである。

小川で釣れるのは、体長にしてせいぜい数センチメートルの小魚である。釣れた場合は、丁寧に葉でくるんで持ち帰る。集落に戻って包み焼きにし、その場にいる子どもたちで平等に分配すると、小指の先程度のわずかな分け前となってしまう。なお、年長期の少年になると、一人で一度に一六尾の成果を上げて戻ってきた例もあり、明らかな技能の上達が見られる。

釣りの遊戯性

釣りの様子については、遊びの一種として記載することもできる（第三章）。少年たちがはしゃぎながら小川をさかのぼり、また下り、水をはねながら次つぎと釣り場所を変えていくさまは、成果を求めることよりも、それ自体が行為を楽しむ遊びであると見なすこともできる。

魚を捕らえることそれ自体には、獲物がかかるかどうかを期待して待つおもしろさ、つまり〈運〉が見られる。釣りの場合、弓矢猟のようなスピード感を伴った〈競争〉的要素はなく、わな猟に似た「待ち」の性格をもった活動であると言える。ただし、子どもは頻繁に釣り場所を変え、「待ち」に変化を付けている。

釣りに付随することとして、カニを捕ったりえさにするミミズを泥の中で探ったりする。これも楽しみ方のひとつで、探すことに伴うおもしろさである〈運〉の要素を含む。年少期の少年はしばしば釣りざおを年上の子どもに取られてしまうが、その間は熱心に泥をかき分け、自らの全精力をミミズ探しへと振り向ける。

一方、釣りの合間に差し挟まれる遊戯的行為は豊富である。釣りをする小川は、そのまま遊びの空間になる。泥をこね、水をはね、水浴びをし、パンツを投げ、釣りざおを流れに投げこんではばしゃばしゃと追いかける。そのようなことをすれば魚が逃げてしまうであろうし、いったい君たちはここに何をしに来たの？と観察者が思うような、釣り場での派手なはしゃぎぶりである。このような傾向は、年少期の少年に多い。

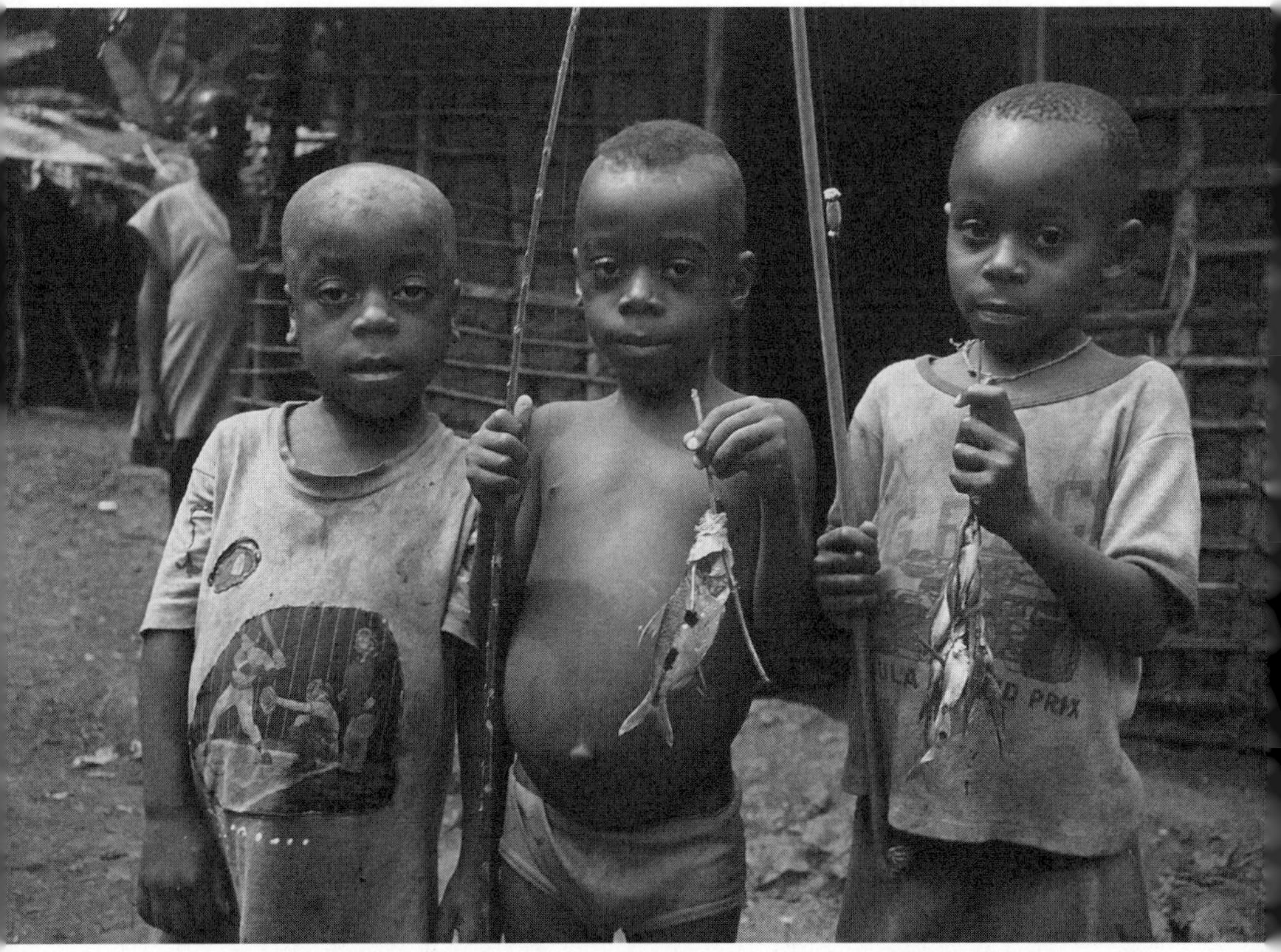

釣りの成果。釣れた魚は蒸し焼きにして、子どもたちで平等に分けて食べる。

ともあれ、このような行為をふんだんに取り入れ、体で感じる〈めまい〉を楽しむ。また、小川近辺の茂みには小動物や鳥が潜んでいる。何かの気配を感じれば、即座に石を拾ってその場所を取り囲み、「集団投石猟」のチームが形成される。ふだん生活する集落や道と比べ、川には水が流れ、水棲の生物がおり、倒木などの障害物があり、岸は茂みで視界も利きにくい。複雑な環境要因に基づく刺激が多く、釣り以外の遊びや狩猟が含まれやすい。

集団を組織するのは、多く年長期の少年である。しかし、年少期の少年も時どき釣り集団を組織し、自分よりさらに年下の子らに指示を出し、移動先を決定しながら川を進んで行く。もっとも年下の少年はそれと同じことを、もっとも初心者であるノブウ（私）に対して行う。これらは年上の役割をそのまま引き継ぎ、〈模擬〉を楽しむ姿である。

釣りに関わる、目的を逸脱した遊びを見ておこう。畑でヤウティアの花を採って魚に見立て、釣り針に刺して振り回す遊びが見られたことがある（第三章）。これは釣りを模したものである。ほかには、釣りざおをやりの代わりに構えて投げ、また小動物を狙ってやぶに刺し、はては振り回して踊ることもある。これらは、もはや釣りとは何の関係もない、棒としての使用に過ぎない。総じて、釣りにはその形式を保ったまま行われる目的逸脱遊びが少ないと言えよう。

おとな・青年との同行

参加者の顔ぶれの分かっている少年たちの釣り三九事例のうち、一四事例は男性の青年やおとなとの同行であった。これらは、ふたつの性質の異なったタイプに分かれる。年長期の少年たちが、近い年齢である青年男性と同行するタイプ（九事例）と、少年たちがおとな男性に同行するタイプ（五事例）である。前者は少年と青年における異年齢集団である。この集団になると、自分の住んでいる集落のごく近所の小川でなく、

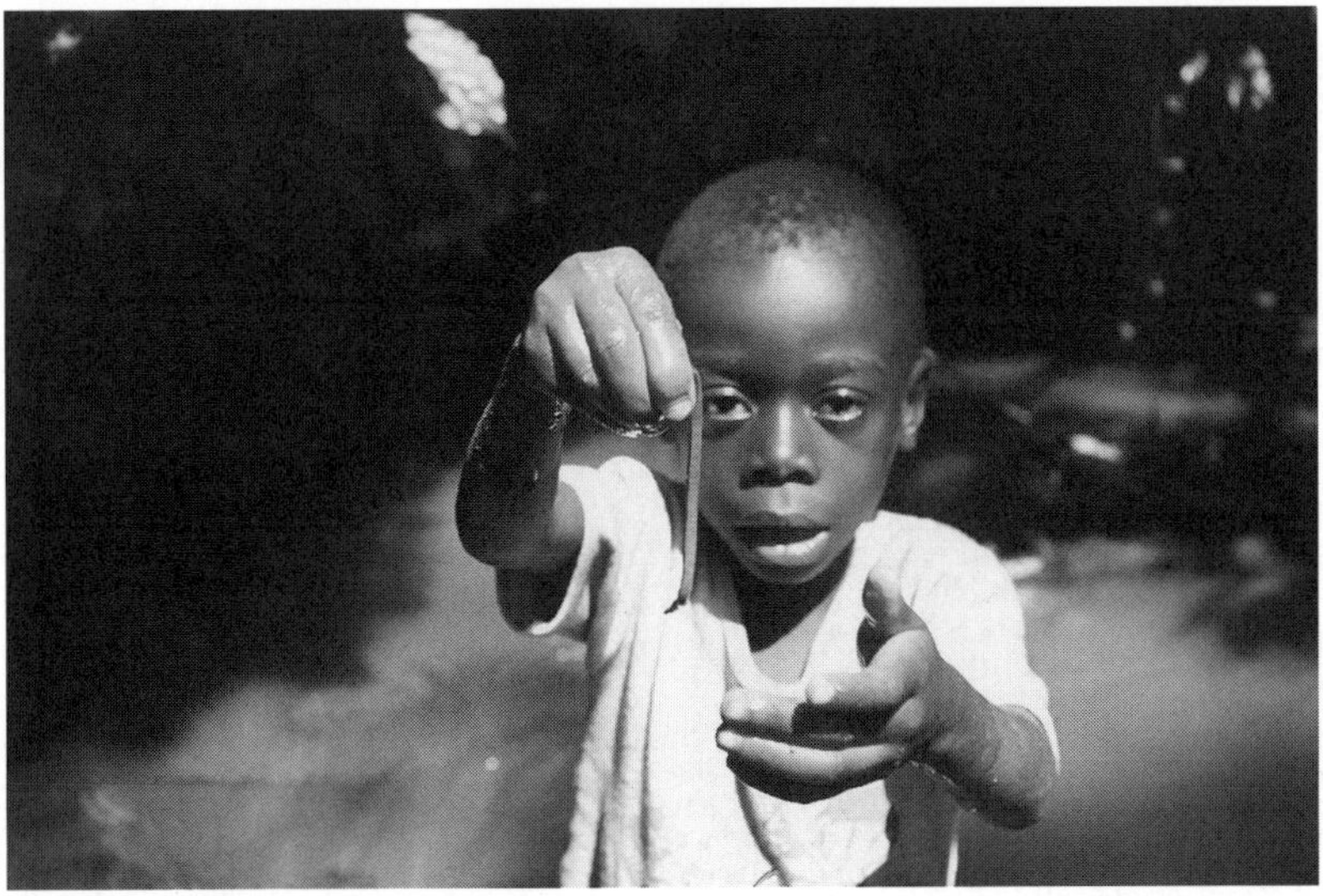

釣り餌探しも重要な活動。釣りざおを持っていないか、他のメンバーに取られてしまった少年たちがミミズを探す。

歩いて一キロメートルほどの距離にある川や、他の集落の近くの川まで出かけていくケースが含まれるようになる。

後者のおとな男性との同行は、すべて父親と息子の組み合わせを含んでいた。父親と同行する釣りは、半日がかり、また泊まりがけで出かけるケースも含まれる。

まとめ――子どもたちの釣り

釣りは、川という環境を利用したさまざまな遊びを含み込む活動である。魚を捕らえること自体には、かかることを待つ楽しみである〈運〉の遊戯性がある。また、実益性が少し伴う。付随する釣り餌採集にも、類似の〈運〉の遊戯性が見られる。また、川を利用して、釣りとは本来関係のない遊戯的行為を差し挟むことが盛んである。少年たちの釣りが集落の生計を支えるほどの成果を上げることはない。もっとも、おとなになっても、釣り自体は集落の生計を支える大規模な漁撈として営まれることは少ない。

成長段階と性差をまとめておけば、六歳の少年は、異年齢集団に同行して頻繁に釣りに行くようになっていた。八歳の少年が釣り集団を組織した例が少しあるが、ほとんどはおよそ一二歳以降の少年たちに同行するものであった。一四～一五歳くらいになると、青年と同行するようになる。少女も参加することがあるが、釣り餌となるミミズを掘り、釣れた魚を包んで運ぶ役割に徹している。

六　漁撈（二）かいだし漁

バカにおけるかいだし漁

バカのもうひとつの代表的な漁撈である、かいだし漁（図4-5）について見てみよう。かいだし漁は、乾季に水位の下がった小川の水流をせき止め、川床の魚やカニ、エビなどを手づかみで捕るバカの伝統的な漁法である。女性と少女が行い、食材を居住集団にもたらす重要な生業活動である。

携行する道具は、山刀と容器である。山刀は堰を築き、魚の息の根を止めるときに用いる。容器は自分で編んだ小かごや鍋をもっていく。おとなのかいだし漁の場合は、休憩時に火をたくための火種をもっていく。

かいだし漁は（一）堰の構築、（二）区画作りと捕獲、（三）下流への移動という手順で行われる。

かいだし漁を行うのに適した場所は、川幅二～四メートルほどの水量の少ないなだらかな小川である。川についてまず取りかかる作業は、捕獲をする区域のもっとも上流部に、水流をせき止める大きな堰（*nyen-guma*「堰の親」）を築くことである。川の周辺から枝を拾い集めて川床に積み、その上流側に土を盛る。三〇分ほどかけて念入りに行う。

水がせき止められると、下流方面は水流が止まり、川床はあたかも巨大な水たまりが連綿と連なった様相

図4-5　かいだし漁

を呈する。参加者は二〜三人ずつの小集団に分かれ、川幅×三〜五メートルほどの区画を決めて、上流端と下流端に小さな堰を構築する。魚はその中に閉じ込められる。そしてこの水たまりの中の水を下流方面にかい出す。クズウコン科の葉を採って、水をかい出す盆とし、股を広げて前屈みになり、股ごしに後方に水を一定リズムでパシャ、パシャとかい出していく。二人で一緒にかい出すときは、ちょうど等間隔に交互に水がかい出され、あたかも餅つきにおける「つき手と合いの手」のようなリズミカルな共同作業となる。水量が減り川床が見えてくるようになると、くぼみや倒木の下などを探り、区画に閉じこめられた小魚やカニ、エビなどを手づかみにする。魚を捕らえたら、獲物が逃げないように山刀でたたき、カニであれば脚をもぎ、用意した鍋やかごに放り込む。

一〇〜一五分ほどかけてひとつの区画で捕獲が終われば、下流に移動して区画を決め、同じことをする。小集団の顔ぶれは区画ごとに入れかわる。複数の小集団が同じ川の各所で並行して捕り、全体としては徐々に下流方向へ移動する。最後に下流で全員が落ち合って、捕獲した魚の内臓を取り出して洗う。成果と道具をまとめ、帰り道につく。途中で火をたき、捕れた物をさっそく焼いて食べることがある。また、帰りの道みちで採集をすることがある。

子どものかいだし漁とおとな・青年とのかいだし漁

乾季になると、少女たちはあたかも日課であるかのようにかいだし漁に行く。少女どうし誘い合わせて山刀とかごをもち、集団になって出かけていく。また、おとな女性たちが集まってかいだし漁に出かけるときには、集団の一員に加わって同行する。

子どもの参加したかいだし漁を一覧表にした(巻末付表4)。五〇事例のうち子どもだけで行われたのは一七事例(三四%)に過ぎず、四〇事例中二四事例(六〇%)を子どもだけで行っていた少年の釣りに比べると、青年やおとなへの同行の率が高い。子どもの集団一七事例中一〇事例(五九%)が異年齢階層の集団であった。年少期の子どもだけで行くケースはまれで(一事例)、通常は年長期の少女が組織し、年少期が同行する形を取る。

釣りと同様、かいだし漁も、子どもとおとなは対象、方法が共通している。ただし、その性格に違いが見られるため、以下では、子どもだけの活動と、おとな・青年に同行するタイプとに分けて比較する。

性年齢と役割

子どもだけでかいだし漁へ行く場合と、おとなとともに行く場合を、役割に注目して比較する。前者では少女が主導して堰を作り、区画を決めて行くのに対し、後者では、堰の構築をおとなが行い、さらに水をかい出す各区画に必ずおとなが一人ずつ入る。おとなが区画を選んで進み、少女がそれに同行する形で水をかい出し、魚を拾う。つまり、おとなと同行するときは、少女たちは手伝いに徹している。なお、かいだし漁に少年が同行することがあるが、少年だけで固まって付かず離れずの範囲で行動し、少し魚を拾うか、あるいはほとんど別行動で釣りをしている。

かいだし漁における成果

かいだし漁における成果の例を挙げれば、ある日の少女だけの集団（四人＝年長期の少女一人＋年少期の少女三人）は一九尾を捕ってきた。その翌日のおとなを交えた集団（七人＝おとな三人＋年長期の少女三人＋年少期の少女一人）では四八七尾であった（直接観察に基づく）。一人当たりの捕獲量に換算して比較すれば、前者では四・八尾／人、後者では六九・六尾／人である。文字通り、桁違いの成果の差が見られる。

また、子どもだけのときに比べ、おとなや青年と同行するときは、子どもが自分で捕らえる魚の量が増える。一例として、ある年少期の少女が一九九八年一月二五日〜三月二日の期間に出かけたかいだし漁一四回で、本人が捕らえてきた魚の数を見てみる（聞き取り回答。なお、これは魚のほかにエビ、カニを含み、すべて単位「尾」で数えている）。子どもだけの集団でかいだし漁に行ったときは平均五・四尾／回（七事例）、おとなや青年に同行したときは平均一一・七尾／回（七事例）で、後者の方が多かった。つまり、少女の捕獲量は、同行者の年齢層によって左右される。

実際に子どもだけのかいだし漁を観察していると、漁撈の途中に川の流れがちょろちょろと復活することがある。最初の堰作りにかける時間が短く、堰の規模が小さいか強度が足りないかのどちらかが原因となり、長時間水流を止めきれなかったものと見える。下りかけた川の途中で、急遽もうひとつ別の堰を作って水を止めるため、二度手間となる。おとなや青年と同行するときは、初めにおとなたちが丈夫な堰を作るため、このような時間や労力のロスがなく、長時間の広い範囲に渡る漁撈が可能となる。また、魚が見つかりそうな区画を適切に選ぶという漁撈の進め方も、成果の量に影響をもたらしていると考えられる。このように、子どもだけのかいだし漁とおとなや青年に同行するそれは、全体的な成果としても子どもの捕獲効率としても、差が見られる活動である。

それ以外の違いとして、漁撈場所がある。子どもだけのかいだし漁はすべて集落から歩いて一〇分以内にある近所の小川で行う。おとなとのかいだし漁では、歩いて一時間以上離れた場所で行うこともあり、時には泊まりがけで出かけることもある。

子どもの役割の違いも合わせて考慮すると、両者は方法が共通しているものの、活動の性格が大きく異なっている。少女たちの動機のレベルで考えれば、子どもによって行われるものは、成果をあまり期待できなくても参加するに値する、遊戯的な動機によって行われる活動であると言えるであろう。

かいだし漁の遊戯性

かいだし漁における遊戯性を見てみよう。水をかい出し、川の水位が下がって底が見えてくると、少女たちはいつくばって泥をかき分け、倒木の下をうかがい、獲物を探す。見つけると川床ではねる魚を手でつかもうとし、逃げないうちに急いで山刀で息の根をとめる。この一連の作業は、発見のおもしろさ〈運〉と、逃げる前に獲物を急いで捕らえる〈競争〉の遊戯性が強く見られる。ただし、ここでの〈競争〉とは、狩猟と同様、逃げる魚と捕り手の技能の間の関係であり、捕る人どうしで成果を競い合うことはない。実際、捕れた魚はみな同じひとつの共用の鍋に入れてしまう。

水のかい出し作業はリズミカルな所作として行われるが、これは単調な作業に〈めまい〉を付加して遊戯化したものである。また、行き帰りに採集したり、間食したりすることがあり、これらもかいだし漁に差し挟まれる楽しさと言える。

なお、かいだし漁の目的逸脱遊びは見られない。作業自体が遊戯性を帯びると同時に、実益性をいくぶんかもつため、本来の目的が逸脱することを防いでいるのであろう。

おとな・青年との同行

おとなの女性らは頻繁に川へ行き、集落での食事の食材として魚を持ち帰るが、少女は年少期の頃からおとなたちのかいだし漁に同行する。川での役割が限定的となる違いはあるが、〈運〉と〈競争〉で捕獲に没頭する遊戯的性格は同じである。少女たちは、子どもだけのかいだし漁とおとなたちと同行するかいだし漁の両方に並行して関わりながら、堰を作って進むという全体の流れや区画の選び方、かいだし方を学んでいく。

「今日はかいだし漁に行こう」と、少女たちが朝から集落でおとな女性に混じって準備し、山刀とかごや鍋をもち、いくつかの小集団に分かれて森の中の道を川へ向かっていく。女性集団の一員として活動に参加し、魚を捕りに森に入っていくことへの期待を伴う軽い興奮が見られる。おとな男性はその様子について「今日は魚捕りの日だから、学校へ行かなくていいんだ」と私に説明する。少女がおとなの漁撈活動の一員と見なされており、少女自身がそれを自覚しているとともに、決して命じられて行うのではない、それ自体を楽しみとして行っている様子が見られる。

まとめ――子どもたちのかいだし漁

少女は、異年齢子ども集団でかいだし漁をする。一方、おとなや青年とともに行くことも多い。かいだし漁には、魚を見つけだし、それを手づかみで捕らえるおもしろさ、つまり〈運〉と〈競争〉の遊戯性がそなわっており、子どもたちを惹きつける。実益性は少しある。このため釣りと同様、目的を逸脱した遊びとならない。また、一部の作業を〈めまい〉により遊戯化する様子が見られる。

対象と方法は、おとなのそれと同じである。少女は早期からおとなのかいだし漁に頻繁に関わることが特徴であり、子どもだけのかいだし漁は、おとなが行う活動を自分たちだけで再現する活動でもある。

成長段階と性差を見ておこう。乳幼児も一家総出のかいだし漁に連れて行かれるが、働きはしない。年少期の少女になると、七～八歳の少女は頻繁に少女たちのかいだし漁集団に同行するようになる。九歳の少女がひとつの集団を自分で組織することもあるが、このような例は少なく、よく見られたのは、推定一二歳以上の年長期の少女が盛んに組織する様子であった。基本的に、少女が異年齢集団を作って出かけていく活動である。少年は、年少期の頃に少女やおとな女性に同行し、別行動で釣りをしたり、魚拾いをしたりするが、堰を築くなどの中心作業には加わらない。年長期になると、少年はそもそもかいだし漁に行かなくなる。

七　農耕

バカにおける農耕

バカは、かつては狩猟、採集、漁撈を中心的な生業としていたが、現在では集落周辺で焼畑を作ることが一般的となり、日々の主食の多くはプランテンバナナなどの農作物が占めている。焼畑における農耕は、伐開、火入れ、植え付け、除草、収穫という手順で行われるが、このうち伐開と火入れはおとな男性が、植え付けと除草には男女ともに参加し、その後の日々の収穫や農作物の運搬は、おもに青年期からおとなの女性が担う。

栽培されるものは、プランテンバナナ、キャッサバ、ヤウティア（アメリカサトイモ）などの主食となるものを中心に、サツマイモやトウモロコシなど、主食・間食に供されるもの、瓜、落花生、オクラなど副食用作物、パイナップルなどの果実類、トウガラシ、ンダカ（*ndaka* = *Solanum sp.*）、タバコなどの調味料・

嗜好品などである。ほかに、パパイヤなどの果樹が畑の中に自生する。栽培植物は畑だけではなく集落の敷地内にも見られ、調理時に使うトウガラシを、子どもが家の裏手に摘みに走るという光景も見られる。

バカが営む焼畑は、必ずしも管理の行き届いたものではない。集落近くに生えている栽培植物も、手入れのなされないまま下草同然と化し、サツマイモのつるが道端をはうという光景もよく見られた。これらは栽培植物でありながら、「農耕」というよりも子どもたちによる「採集」の対象となる。

また、近年では、バカが換金作物のカカオを栽培し出荷する例がある［林 2000］。ただし、私が滞在していた集落の近くでは、バカが自らカカオ畑を作ることはなく、季節労働として近隣の農耕民らによるカカオの収穫を手伝いに行くにとどまっていた。

森の中には、かつて木材の伐採会社が切り拓き、やがて放棄した林道が縦横に走っている。そのような道路に沿って、バカの人びとが作った焼畑が点々と存在している。夫婦一組で開墾する家族ごとの畑は、定住集落からおよそ三キロメートル以内にあり、日々女性たちが農作業に通っていた。畑は定住集落から通える範囲にあるが、焼畑の伐開作業が集中する乾季には、畑の近くの出作り小屋へ家族ごと移動して滞在することがある。

農耕は、労力を投入してすぐに成果を得られる生業活動ではなく、狩猟や採集、漁撈とは性格が異なる。即時的な報酬がないことは、後述するように子どもの関わり方や関心のもち方を左右すると考えられる。ここでは狭義の農作業にとどまらない子どもと畑の関わり方を広く「農耕」に含め、その様子を見てみたい。

子どもの農耕

子どもは、子どもだけで畑に行く。子どもが畑に行く目的はふたつに大別できる。作物を集落に持ち帰るための収穫と、自分たちだけで消費するための作物を採るものである。なお、子どもたちが行う「採集」も同様の二タイプに大別できることは、すでに紹介した。

前者は、プランテンバナナやサトウキビを収穫して持ち帰り、集落の成員に分配したり夕食の材料にしたりする。つまり、本来の意味での農作業と言えるものである。後者は、畑に生える果樹の果実や栽培されているイモを採って自分たちで食べるものであり、実質的には採集活動に近い。

また、これら子どもだけの活動とは別に、子どもはおとなや青年の農作業に同行する（口絵3）。畑に行くおとな女性たちや夫婦に同行し、農作業を手伝う。

方法としては、採集と同じく山刀を用いて農作物を切ったり地面を掘ったりし、またパパイヤなどの果実は素手で採る。子どもたちが用いる技能は、採集活動と大きく変わらないと言ってよい。

子どもが参加する農耕集団の特徴

子どもが畑に行った事例を五四事例記録した（巻末付表5）。参加者の性年齢階層が明らかになっている五三事例のうち一七事例（三二％）は子どもだけでなされ、三六事例（六八％）はおとなや青年と同行している。

子どもだけの集団一七事例を見ると、他の活動と明らかに異なるのは、年少期の子どもたちの参加が少ない（五事例＝二九％）。つまり異年齢の子ども集団では行われていないことである。また、少女中心の集団と少年中心の集団とに大別できる。前者は年長期の少女を中心とし、畑に行って収穫し、作物を集落まで運んでいる。一方、少年中心の集団は、集落近くの畑や、釣りに行った川の近くの畑に入り、パパイヤやアボカドなどの果実を採ってその場で食べている。同世代の少女たちが、作物を集落へ持ち帰る収穫作業に従事しているのとは対照的である。この傾向は、子どもたちが行う採集活動においても見られていた。どちらにしても、農耕は収穫物を得ることができるため、実益性の高い活動である。

子どもの農耕へのおとなの関与

少女中心の集団は、明確な命令なしに自発的に畑に行き、プランテンバナナをかついで集落に帰ってくる。ただし、もちろんそこにはおとなたちからの役割期待があるであろうし、非明示的な指示、たとえば夕食の準備をまかされることの結果として食材調達をしに行くこともあるであろう。このことは、少女自身がすでに生計維持を担う一員としての自覚をもっていることの現れであると考えられる。一方の少年中心の集団の間食は、腹を減らした少年たちがいわば勝手に行っていることで、おとなの関知するところではない。

おとなの農耕への同行

おとなに同行するタイプの農耕参加を見てみよう。巻末付表5の中で多く見えるのは、おとな女性＋年長期の少女のタイプと、夫婦＋子どもたちというタイプである。年少期の子どもたちは、前者にはほぼ同行しないが、一家で出かける後者のタイプの農耕に同行する。

前者は、もっとも頻出する集団タイプである。おとな女性と年長期の少女の二人で、またはそれに青年女性が加わった三人という形で行くものである。植え付け、下草刈り、収穫、運搬など、本格的な農作業をおとなとともに行っている。おとなに年長期の少女一〜二人がついていくことが多くなっているのは、農作業において、年長期の少女がすでにおとな女性の労働力を補う労働力として期待されていることの現れである。このタイプに、年少期の少年少女がついていくことは少ないため、「おとなの女性の仕事」という位置付けで行われていると考えられる。

一方、おとなの男性と女性を含む集団は、四〜六人程度と大きいもので、一組の夫婦が子どもや同じ集落の少年少女を連れて、家族総出で畑に行くものである。年少期の少年少女の参加が目立つ。乳児・幼児の同行がこのタイプに集中しているのも、家族ぐるみという集団の作り方のあらわれである。年少期の少年が同行しやすいタイプでもある。

農耕における子どもの役割

おとなに同行した少年少女が畑で何をしているかを、ふたつの事例で見てみよう。

落花生の収穫に出かけたときの様子を観察した。畑に植わった落花生の株を、山刀で掘り起こして引き抜き、落花生の殻をもぎ取って中の豆を取り出す作業を行っていた。性年齢階層ごとに担った作業は、表の通りである（表4-3）。おとな男性は、一貫して株の引き抜きという力仕事をする。おとなや青年の女性たちは、一部のみ株の引き抜きに参加し、途中から殻をもぎ取る手作業に移る。さらに、火起こしや豆を焼くなど、調理の関係のことをする。

子どもたちの様子を見てみよう。年少期の少女は、おとなや青年の活動の補助のほか、収穫された豆を運ぶなどの細かい移動を伴う作業をする。一方、年少期の少年は、株を集めて運ぶ軽作業をするほか、休息したり食べたりしている。少女がすでにおとなの女性の活動の内訳と似た傾向を示すのに対し、少年はそうでなく、「消費」や「その他」の活動が多い。

少年と少女の農作業への貢献を、時間で比較してみる。一同が畑にいた六三分間のうち、五七分間にわたって落花生の株の引き抜き作業が行われたが、その作業を少年二人は一五分、少女は三〇分行った。少年たちは残りのうち七分ほど株集めと運搬をし、後は休息したり歩き回ったりして過ごした。一方の少女は、残りの時間を女性たちの輪の中に入って過ごし、以後三〇分間、殻のもぎ取りや調理の補助をした。この時間には、作業しながら焼けた豆をかじるなどの余暇的行為が含まれるため、必ずしも「勤勉な労働」のイメージではないものの、少年と少女の役割の違いは明瞭であった。少年と少女の居場所を見ると、少女が女

表4－3　落花生収穫時の人々の行動

名前 性年齢階層		ノエリ ▲J	バーバ ▲J	ンボティ ▲A
農作業	主要作業	株を引き抜く	株を引き抜く	株を引き抜く
	軽作業	株を集める 株を運ぶ	株を集める 株を運ぶ	
運搬*				
食事	調理			
	消費	焼き豆をかじる バナナを食べる 生豆をかじる	焼き豆をかじる バナナを食べる 生豆をかじる	焼き豆をかじる
その他		たき火で休息 おどる	たき火で休息 豆で耳飾り作る	

名前 性年齢階層		ンデボ ●J	ジャクウ ●Y	リワ ●Y	ベボヨ ●A	イェンガ ●A
農作業	主要作業	株を引き抜く 殻をもぎ取る	殻をもぎ取る	殻をもぎ取る	株を引き抜く 殻をもぎ取る	株を引き抜く 殻をもぎ取る
	軽作業		収穫物を包む	収穫物を包む	収穫物を包む	収穫物を包む
運搬*		収穫物を運ぶ				カゴや鍋を運ぶ
食事	調理	豆を火から出す 焼き豆を分配する		豆を焼く		火を起こす
	消費	焼き豆をかじる バナナを食べる	焼き豆をかじる	焼き豆をかじる	焼き豆をかじる	焼き豆をかじる
その他		たき火で休息 豆で耳飾り作る				

1997年12月5日の直接観察記録にもとづく。畑にいた9:15～10:18（1時間3分）における各人の行動。

*山刀などの小さな携行品は除いた。
▲：男　　　　　●：女
J：子ども年少期　Y：青年　A：おとな

性たちの輪の中に入って共同作業をしているのに対し、少年たちはその輪には入らず、少し離れたたき火のそばにいた。少年二人だけでの行動が目立った。

もうひとつの事例として、一家でプランテンバナナとヤウティアの収穫に出かけたときの様子である（表4-4）。同行した年少期の少年三人は、収穫にはいっさいかかわらず、パパイヤの採集と消費をし、ついに犬を連れてやり猟に出かけていってしまった。やがて戻り、合流してプランテンバナナを食べ、いっしょに集落に帰った。おとなが少年たちに農作業を期待している様子は見えず、むしろ子どもを近くで遊ばせておくという配慮で畑に連れて行ったものと見られる。

少女はおとなの女性の輪の中に入り、同じ活動をしようとするのに対し、少年は女性中心の場を離れて別行動する傾向を示す。この少年と少女の行動傾向の違いは、かいだし漁においても共通していた。

農耕の遊戯性

農耕において、子どもを惹き付ける要素は何であろうか。収穫や運搬作業に振りや踊りを付けて遊戯化することはあるが、それ自体は単調な作業である。他の生業活動に見られるような〈運〉に左右される要素もない。楽しめるのは、作業をしながらのおしゃべりや間食など「作業中に差し挟まれる余暇的行為」である。農耕は親の指示に基づいて連れて行かれ、子どもたちは作業の一部を遊戯化し、また作業中に含まれる余暇的な活動を楽しみながら畑での時を過ごす。

子どもの遊びには、農耕関連のものがない（第三章）。これは、農作業に対する子どもの見方の現れと言えるであろう。関連する遊びがないことは、活動がおもしろくて成果があり、子どもを本来の目的に引き留め続けることができるものであるか、逆に作業自体に遊戯性が乏しく子どもの関心を触発しないかのどちらかであろう。前者の好例はかいだし漁であった。農耕の場合、年長期の少女の収穫作業を除いて、子どもが

表4－4　バナナ等収穫時の人々の行動

名前 性年齢階層		ディマスィ ▲J	ノエリ ▲J	バーバ ▲J	リベンダ ▲A
農作業	主要作業	パパイヤ採集	パパイヤ採集	パパイヤ採集	草刈り
	軽作業				山刀を研ぐ
他の作業			（キノコ採集）	（キノコ採集）	
食事	調理	バナナ食べる パパイヤ食べる	バナナ食べる パパイヤ食べる	バナナ食べる パパイヤ食べる	バナナ食べる
その他		休息 空気鉄砲で昆虫狩り 草を体に塗る （ミニチュア飛行機作り） （やり猟） （樹木伐採）	空気鉄砲で昆虫狩り 草を体に塗る （ミニチュア飛行機作り） （やり猟） （樹木伐採）	空気鉄砲で昆虫狩り 草を体に塗る （ミニチュア飛行機作り） （やり猟） （樹木伐採） （ケガして休息） （自分で治療）	

名前 性年齢階層		ボフェ ●J	レディ ●S	ンガモ ●A
農作業	主要作業	ヤウティア掘り	ヤウティア掘り	バナナ収穫
	軽作業			
他の作業			子守り	子守り
食事	調理	バナナ食べる	バナナ食べる パパイヤ食べる	バナナ食べる
その他		休息 おしゃべり	休息 おしゃべり	休息 おしゃべり

1997年12月27日の直接観察記録にもとづく。

畑にいた10:09～13:46（3時間37分）のうち、全員を観察できた時間帯2時間7分における各人の行動。

少年3人を中心に観察した11:30～13:00（1時間30分）の時間帯に見られたものは、参考までに（　）内に示した。
▲：男　　　　　　　●：女
J：子ども年少期　S：子ども年長期　A：おとな

自発的に組織することがなく、また年少期の少年少女が参加しない。農耕は、遊戯性が乏しい後者の活動の部類に属すると言えるであろう。

農耕に付随する作業に関連して「ミニチュアのバナナ」という遊びが見られる（第三章）。年少期の少女たちが数センチメートルの未熟のプランテンバナナをゴミ捨て場から拾い、つるでゆわえて肩にかけ、集落周辺を練り歩く遊びである。おとなの女性の収穫物運搬の姿を模したものである。自ら農耕に参加することのない年少期の少女は、農作業自体をおもしろがって遊ぶのではなく、集団を作って畑に通う女性の姿に自分を重ねている。

農耕では、集落から出ようとしない年少期の少女に対し、「畑に行くよ」とおとなが促す姿も見られる。かいだし漁のように、少女たちがうきうきわくわくと集まってきて、女性集団の一員としてその活動を担う様子とは異なった風景である。このような違いは、活動の性格の違いに由来すると考えられる。

まとめ——子どもたちの農耕

農作業は遊戯性に乏しい。バカ語では農耕の中の除草などの作業が *bela*（仕事）に含まれることについて触れたが、即時的な報酬のない作業を伴い、他の生業活動とは性質が異なる活動である。子どもたちが、自ら遊戯的に農耕を組織することはない。見られるのは少年たちによる間食のための収穫であり、採集に近い性格をもつ。

子どもによる自発的な農作業が事実上なく、少女が直接的なおとなの指示や期待により、畑に連れて行かれる。農耕は子どもが自ら組織するほどの遊戯性をもたないものの、実際の作業ではさほど過酷な労働が課されているわけでもない。落花生をおもちゃにしたり、間食をしたり、さまざまな余暇的行為が含まれる。集落を出るときは渋っている少女も、畑についたら、ある程度余暇的な時間帯を楽しんでいる。ただし、これらは農耕に「付加」される楽しみであって、農作業それ自体は、子どもたちが自ら再現してみたくなったり、農耕に近い目的逸脱遊びを創り出したりするような魅力には乏しいようである。

成長段階と性差について見ると、乳児から年少期までは、少年も少女もおとなに同行して畑に行くが、年長期になると少年は行かなくなる。推定八歳の少年はしばしば行っていたが、一三〜一四歳の少年はすでに行かなくなっており、畑に行くのはもっぱら間食のための採集を目的とするようになる。少女はおとなと同行するかたわら、自分たちで本格的な農耕のために畑に行き始める。九歳で農耕集団を組織した例が巻末付表5の事例の中に一例のみあるが、多くは年長期の少女たちで、一二〜一三歳頃以降、盛んに自分たちだけで行くようになっていた。

八　非生計貢献型生業活動

生計に貢献しない生業活動の数かず

それぞれの生業活動を詳述する中で、子どもたちによる、おとなが関与しない独特な活動領域が浮かび上がった。すなわち「子どもによって組織され、居住集団の他の成員の生計に貢献しない生業活動」の数かずである。これらを本書では「非生計貢献型生業活動」と呼ぶことにする。

狩猟から農耕まで、すべての領域においてこの類の活動が見られた。それぞれにおける「非生計貢献型生業活動」の特徴をまとめておく。

狩猟では、記録されたすべての事例がこれにあたるであろう。多彩な狩猟方法が少年の間で用いられ、一種の伝承遊びのごとき性格をもつと言えるが、成果はあまりに乏しいと言わざるをえない。他人の生計どころか、自らの腹を満たす間食の用にすら足りていない。

採集では、間食のための果実採りやイモ掘り、釣り餌探し、遊びのための素材採集などがあった。とくに、おもちゃを作るための素材採集に関しては、おとなの物質文化には見られない多彩な利用方法を見た。間食の果実やおもちゃの素材を採集するときのように、採集活動の遊戯性を楽しむよりも、確実に採れるものを使って楽しむという、子どもなりの実益性が高いケースが含まれるのが、狩猟とは異なる点である。

漁撈については、その遊戯性と成果の低さに鑑み、子どもだけで行っているものをすべてこのカテゴリーに含めることができるであろう。少年は釣りに、少女はかいだし漁に行き、いずれもおとなと同様の方法を用いるものの、子どもだけで行うときは規模が小さく、成果は低く、また川での遊戯的行為が盛んである。遊戯性と実益性のどちらもそなえた活動である。

農耕は、間食のための収穫がこれに当たる。少年たちが畑の物を採る（盗る）ケースであり、実態は採集活動とほとんど変わらない。遊戯性や実益性に基づいて、子どもが自分たちの発案で農耕を楽しむ姿は見られない。

いずれも、何らかの動植物を手に入れる明らかな目的をもっているため、生業活動の範疇に入るであろう。その多くは遊戯性に彩られ、または、子どもたちが居住集団の成員への貢献などを考えずに子どもなりの実益性を目的として、自ら組織して行うものである。そして、子どもの集団、とくに異なる年齢階層を含む集団によって、頻繁に、かつ自発的に行われる。ただし、関連する遊びをもつかどうか、本格的生業活動と方法と対象が共通するかどうか、性別の活動参加傾向などの各点で、活動により異なる点もある。

このような子どもの非生計貢献型生業活動に対するおとなの一般的な態度について補足しておく。子どもたちが何かをしようと集まって集落を出ていくとき、おとなは基本的に放任している。少年の狩猟に、時どき青年やおとなが興に乗って参加することがあるが、それ以外におとなが関与する姿勢は見られない。つまり奨励も禁止もせず、また指導することもない。もちろんおとなたちは、子どもが何をしに行くかをよく把握している。おとなは子どもたちのこのような活動について、

「犬と狩りに行くんだよ」

「川に行ったけど、エビひとつも捕れなかったってさ」

「ノエリ（年少期の少年）のわなにニワトリがかかったらしいよ」

などと、笑い話のネタにする。そこには、もともと生計から切り離された活動であり、期待もなければ落胆もない、一定の距離を置いた見方がうかがえる。

各年齢階層における参加活動タイプ

子どもたちは、成長段階に応じて参加する生業活動のタイプを変える。活動事例一覧（巻末付表1～5）を用いて、主要な聞き取り対象者八人が参加した活動のタイプを、「非生計貢献型生業活動」と「本格的生業活動」に分けて見てみた（図4-6）。本格的生業活動については、さらにどの年齢階層とともに行ったかに分けた。これは年齢の異なる少年少女に対する共時的な調査であるが、大まかに成長段階を意味するものとして解釈すると、次のようになるであろう。

狩猟では、非生計貢献型生業活動しか見られない。採集は、少年が一貫して非生計貢献型ばかりであるのに対し、少女においては成長にともなって、次第に本格的採集、とくにおとなと行う活動の割合が増えていく。釣りでは、年少期にはもっぱら子どもだけの非生計貢献型活動に参加していた少年が、年長期になると今度はもっぱら青年と行くようになる。かいだし漁は、少女たちが非生計貢献型からおとなのかいだし漁まで並行して参加し、成長とともにその比重を後者へ移していく。農耕では、少女において、成長とともに子どもだけの本格的農耕が増えていく様子を見るが、一方の少年はおとなとの同行を減らし、非生計貢献型、

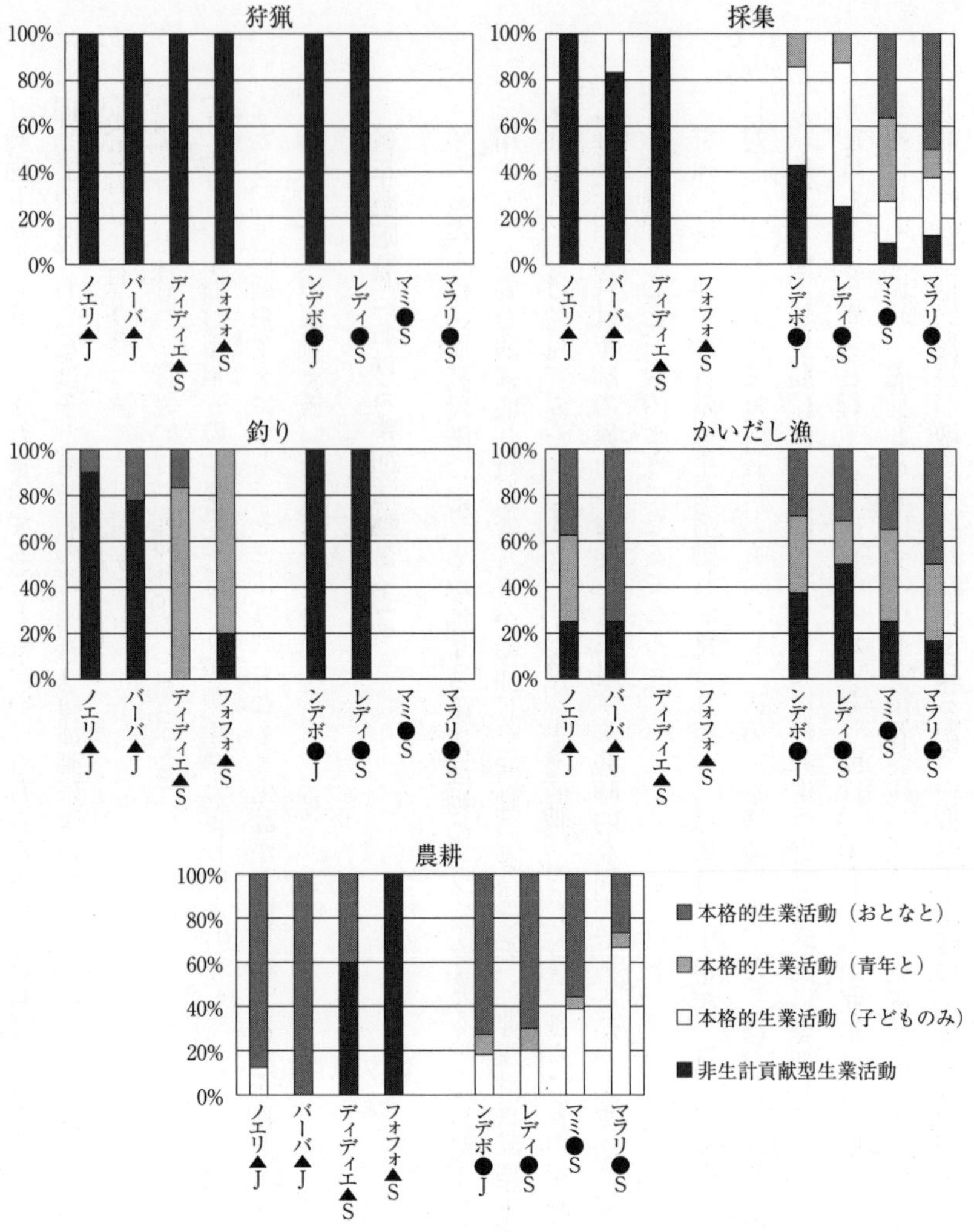

図４－６　子どもが参加する生業活動のタイプ（活動別）

▲：男　　　　　●：女
Ｊ：子ども年少期　Ｓ：子ども年長期
各人の全参加事例における（非生計貢献型／本格的）生業活動の割合。
本格的生業活動は、さらにどの年齢階層と同行したかによって分けた。
巻末付表１～５のうち、参加者と年齢階層が明らかになっているものを用いた。
同じ性の中では、左から右へ行くにつれて推定年齢が高くなるよう配列した。

つまり間食のための農作物採りだけになっていく。

つまり、少年はいつまでも非生計貢献型にとどまり続ける傾向をもつのに対し、少女は早くから、非生計貢献型だけではなく本格的生業活動にも並行して参加し、次第に後者に重点を移していくと見られる。非生計貢献型生業活動は、少年にとっては本格的な生業活動の前段階にあるとするならば、少女にとっては同時並行して参加する活動である。ただし、農耕だけは、おとなに同行しなくなった少年たちが自分たちだけで間食収穫をするようになるため、逆に非生計貢献型生業活動は後に増加する傾向にある。

ここで見られる少年と少女の違いについては、バカの社会における全般的な性差とも関わりをもつと考えられるため、次章で詳しく触れたい。

カカオの実。
子どもたちが畑でくすねて甘い果肉をしゃぶる。
(フィールドノートより)

第五章

子どもたちのコスモロジー

遊びや狩猟採集活動を行う子どもたちは、近い年齢層の子どもたちどうしで集団をなして行動することがしばしばである。

森という場所は、おもちゃの素材やおやつを手に入れることができる魅力的な場所であるとともに、精霊などに出会うことのある怖い場所でもある。少年は少年どうし、少女は少女どうしで連れ立って、そのような場へと歩を進めていく。

また、**子どもたちの集団の中では、食物の分配が頻繁に行われている。**食事だけでなく、時にはひとつの家に仲間どうし泊まり込んで暮らすなど、核家族の単位を越えたきずなをもつこともある。

少年たちは、早くから集落外の近い年齢の少年たちと付き合いをもち、広範囲の社会関係を作る様子が、少女たちは同じ集落の異年齢から成る集まりを作って出かけていく傾向が見られた。**少年と少女で仲間作りが別べつに行われ、それぞれの集団で行われている活動の違いも顕著に見えてくる。**

この章では、子どもたちの森林観や精霊観、食物分配をめぐるエピソード、仲間作りと社会関係などのさまざまな文化と生活の側面を見るとともに、バカの社会が子どもたちをどのように位置付けているかをうかがってみたい。

バナナを焼き、分配してみんなで食べる

一　子どもたちの見た森──迷子と精霊

迷子になる危険性

「森に、〈それ〉がいたんだ」

ある晩の聞き取りの中で、年少期の少年バーバが、不意に奇妙なことを口にした。〈それ〉、つまり、森の中にひそむ精霊を見かけたという。遊びや狩猟採集活動のために、果敢に森に入って行く子どもたちであるように見えながら、実は、森の怖さをもあわせてよく知っている。子どもが一人でふらりと森に入ることは決してなく、必ず近い年齢層の少年少女と連れ立って出かけていく。この章では、子どもたちの目に映る森の世界と仲間の作り方、そこからつむぎ出される子どもの社会関係の様子をうかがってみたい。

まず、子どもの行動範囲と迷子にまつわる話題を取り上げよう。バカの子どもたちは自分たちから進んで集落を離れ、徐々に森の歩き方を覚えていく。しかし、それは常に森の中で迷子になる危険性と隣り合わせである。アフリカ南部の乾燥地であるカラハリ砂漠に暮らす狩猟採集民クン・ブッシュマンの社会では、子どもに生業活動をさせない理由のひとつに、迷子の危険性があると指摘されている［Blurton Jones, Hawkes & Draper 1994］。バカが暮らす場所は森林で、カラハリ砂漠よりもさらに見通しの悪い環境である。迷子の危険性も高いであろうと考えられる。

実際に、バカの少年が森の中で迷子になることがあった。観察した事例では、少女たちのかいだし漁の集団に同行した年少期の少年たちが、釣りをするために少女たちと別行動し、そのうちの一人の姿が見えなくなってしまった。森の中で少女たちが大声で名前を呼び続け、やがて少年に再会することができた。私が記録した二回の迷子事件では、幸いどちらとも無事巡り会うことができ、事なきを得ている。

行動距離と行動範囲

バカの子どもの一日の歩数を万歩計で測定した調査によれば、少年は多い日で日中およそ一万四〇〇〇～二万歩、少女で一万～二万四〇〇〇歩を歩くという［川村私信、いずれも一九九七年九月、雨季の定住集落滞在期の測定］。仮に一歩＝五〇センチメートルとすれば、それぞれ七～一〇キロメートル、五～一二キロメートルである。天候やその日の活動内容にも左右されるが、少年少女ともに盛んに歩き回る様子をうかがうことができる。

日常的な行き先は、自分の集落以外に、学校、他のバカの集落、水浴びをする近くの小川、畑などである。また、集落から森へ細道を少し入った近くのやぶに入って、狩猟や採集をする。子どもだけによる漁撈は、すべて歩いて一〇分以内の近所の小川で行っている。

年少期の少年少女においては、とくに推定八歳くらいまでは、一人または同年齢の子どもたちだけで集落を遠く離れて活動に出かけることはほとんど見られない。だいたいは集落内や林道の路上など、木や草が刈り払われて見通しのきく開けた場所で遊んでいる。年少期の子どもだけの水浴びやかいだし漁集団もあるが、その中には推定九～一〇歳くらいの比較的年上の子どもが含まれている。年少期の少年少女は「森へ行くよ！」と称して遊びに出かけるが、実際には集落から少しだけ森に入った小道に限られている。このような近所の小道でも、年少期の少年が一瞬どっちに進むべきかとまどっている場面が見られた。年少期の子どもたちにおいては、「森」という領域へ入り込んでいるつもりでも、本当に森林の奥深くに自分たちだけで出かけていくわけではない。

年長期の少年少女になると、自分たちだけでどこへでも行くようになり、周囲からもそのように見られるようになる。生業活動においても、年長期の子どもが集まって出かけていく姿が頻繁に見られた。ただし、年長期の子どもでも一人で歩き回ることはなく、基本的にだれかと同行する。

子どもは、一人で遠くに出かけることを自ら控えていると見られる。クン・ブッシュマンのおとなは、迷子の怖さを子どもに直接語り聞かせるというが［Blurton Jones, Hawkes & Draper 1994］、バカにおいては、子どもに迷子の危険性を直接教え込む場面を見かけない。子どもは、何らかの形で行動を自制することを身に着けているようである。

森の魅力と恐怖

子どもたちにとって、森はいくつかの顔をもっている。まず、森とは物質的な利益をもたらす場所であり、たとえば食物やおもちゃの素材を手に入れることができる。また、森は子どもたちに遊び場を提供する。少女たちが集落から少し離れたやぶを開いて小屋を建てれば、そこはおとなのやって来ない「子どもたちのキャンプ」になる。少年の集団がやりを構えて集落から小道に歩を進めると、たとえ集落から親の呼び声が聞こえ、ゆでたプランテンバナナを臼でペタンペタンとつく音が聞こえてくるくらいの近距離であっても、そこはすでに「深い森の中」である。動物が潜んでいる可能性を予期しながら、やぶの奥を見すえて探索をする。このように森は、明るく開けた集落とは違った興味をかきたてる場所である。

むろん、森は子どもたちにとって常に手の届く資源の宝庫ではない。ネズミを捕り逃がすと「ア・ゴエ・ア・ベレ！」（森に行っちゃった！）と言い放って狩猟団を解散する。森（*bele*）とは、一面で有用な物に満ちた場でありながら、一面、自分たちの手の届かない不可能の場でもある。このような森に毎日囲まれながら、子どもたちは少しずつその不可能の領域に入り込む手がかりを見いだしていく。

連れ立って森の中へ。子どもたちは森歩きに慣れているとはいえ、一人で森に入ることはない。必ず子どもたちどうし集まり、グループを作って歩く。

一方、森は子どもにとって恐怖の対象でもある。子どもは迷子になることがあり、また、ヘビやサファリアリなどの人を害する動物がいる。このような現実的な危険だけではなく、象徴的な意味における恐れの対象でもある。バカの社会に精霊信仰があることについては、先行研究が明らかにしているが［都留 1996］、森の中には精霊たちが棲んでおり、時として人を捕らえて食うとされる。

いつもの夕方の聞き取り調査で「今日何をしたか」を朝から順番に聞いていたとき、一人の年少期の少年が昼間のある出来事を語り始めた。冒頭で紹介した、精霊との出会いである。

事例「〈それ〉に会った」バーバ（年少期の少年）の語りより

「ノエリ（年少期の少年）と、水くみ場の近くの道で遊んでいたら、〈それ〉がいたんだ。〈それ〉は、森の中から棒を投げてきたから、急いで集落に逃げて帰った。」

おとな男性の解説によれば、〈それ〉とは森の中に棲むといわれている精霊であるという。実際に何が見えたのかは分からないが、彼らにとってはまさしく森の精霊との出会いであり、森の怖さを感じる場面であった。

よその集落から訪れていた少年が、ある年少期の少年を「隣の集落へいっしょに行こう」と誘ったが、断られていた。というのも、誘われた方の少年は、後で一人で帰って来なければならないが、日暮れ時に二〇〇メートルほどの道のりの森の小道を一人で帰るのが嫌であったからである。結局、おとな女性が水くみついでに同行してくれることになり、出かけることにした。自分の家の周りであっても、やはり森の中の道は怖いのである。おとなから精霊の話を聞き、また精霊儀礼にも参加する中で、子どものうちに超自然的存在を含む場としての森林観が形成されている。おとなによる明示的な禁止がないとしても、それは子どもがおのずと森の一人歩きを自制する効果をもたらすことであろう。

出発と同行――集団形成の背景

年少期の子どもが活動に参加するときは、おもに年上の子どもの活動に同行するという形を取る。逆に言えば、年上の子どもがどこかへ出かけていく場面があれば、集落で時間をもて余している年少期の子どもにとっては、くっついて集落外に出ていくチャンスである。集落の人びとの動向にめざとい年少期の子どもたちは、年上の人が出発する気配を見つけると、すぐ興味を示し、後を追いかけていく。年上の子どもも、そのような子どもの追っかけを気前よく許し、「ゴニ、ゴニ！」（行こう、行こう）と叫んで集団を作り、そして声をかけ合いながら森の中をいっしょに進んでいく。おとなたちは、それを見守るだけで、介入しない。

迷子や外敵の危険性、さらに象徴的な意味を含めた森の怖さを感じつつも、子どもたちは森の中の有益な資源と遊戯心をくすぐる刺激を見いだし、その楽しみ方を知り始めている。子どもは当面は年上の者に同行し、名前を呼ばれながら、時間をかけて森の中を歩き慣れていく。

二　子どもの食生活と食物分配

狩猟採集社会における食物分配

ここでは子どもたちの食物をめぐる話題を取り上げる。

一般に、食物を一人で独占せずに他の成員に分配する「食物分配」は、狩猟採集社会において広く見られる行為である。焼畑農耕が生業として浸透しつつあるバカにおいても、それは日常的な慣習として行われており、バカの社会の経済システムの基礎をなすものである。

ここでは子どもの食物分配への関わり方、とくに、子どもがどのようにそれを行っているかを見ながら、バカの社会における子どもの生業活動の位置付けをうかがうこととしたい。

集落での食事と間食

集落における食事は、女性とその子どもの集まりをひとつの単位として世帯ごとに行われ、子どもは基本的に母親とともに食事をする。おとなの男性のみ集会所（*mbanjo*）に集まり、女性たちが準備した料理を食べる。

少年は、このような集落における食事の準備をしない。少女も、年少期の頃は、プランテンバナナを焼くなど一部の作業を行うにとどまっている。一方、少女は年長期になると、母親とともに調理の中心的な役割を負う。食材となる葉を刻み、プランテンバナナの皮をむき、火を起こしてふかし、臼と杵でそれをつき、皿へ盛りつけ、料理を分配し、プランテンバナナの皮を片付けるといった一連の作業を次つぎとこなしていく。

以上は、日課として集落で家族とともに食べる食事であるが、それ以外の摂食を間食と呼ぶことにすると、頻繁な間食がある。ある少年の一日の例では、集落で集まって行う食事以外に六回の間食を見た。おとなも加わる集団的な間食としては、生業活動の合間の食事がある。子どもたちの採集や漁撈の活動で火をたくことはまずないが、おとなたちがかいだし漁や農作業に出かけるときは必ず火種を持参し、またバナナをもっていくこともある。森の中の定まった休憩所であるモタリ（*motali*）で小魚やカニを焼き、バナナとともに食べる。また、畑で火をたいて、採れたばかりの作物を焼く。おとなの女性とともに出かける子どもたち、とくに少女がこの食事に加わる。

以下で紹介するのは、子どもだけによる間食である。集落では、少年たちが食材をくすねて食べる。たと

プランテンバナナを焼く少年。少年たちは間食が好き。腹が減ったらバナナをくすねてきて、自分で焼いて食べる。

えば、少年は家の中に保管してあるバナナを持ち出し、自分で焼いて食べる。ふつう収穫したバナナは家の中にしまうが、ある少女は、少年たちが夕食の食材を勝手に食べてしまわないよう、やぶの中やゴミ捨て場の裏に隠していた。また、他の人のために取ってある調理済みのおかずを、少年が失敬することがある。

少年たちは、訪問先の他の集落で料理の分配にあずかることがある。年長期の少年たちが連れ立って近隣の集落へ出かけ、男性の集会所にたむろしていると、そこでおとな男性たちが食事を始める。おとなが大半を食べた後に分配されるので、少年たちで皿に分け合って残り物にありつく。また、訪問先の少年が自分の家で肉片やバナナを焼いて食べるとき、その分配にあずかる。

また、少年は自分で焼畑や小川などから調達してきた物を生食し、あるいは調理して食べる。果実は生のまま、サツマイモは生のままかあるいは焼いてかじる。釣りで捕獲した魚を、葉で包み焼きして食べる。また、油をしぼった後のアブラヤシの堅果を拾ってきて、石や鉄片を打ち付けて割り、内部の仁を口で噛みしめて味わう。(一) このほかに、学校でのバナナの給食、買い食い、まれに、おとなや青年に同行しての飲酒がある。

子どもたちの食事の特徴は、子どもが自分で食物を手に入れる間食が多種類見られる点である。とくに、少年の食料調達にかける熱意には、目を見張るものがある。少年の日常活動の中で食事準備が他の活動項目に比べて目立って高い頻度で行われていることはすでに述べたが(表2-7)、それはこれら間食のための食材加工と調理である。同じ活動に分類されているが、少女が集落における食事準備を日課としてこなしているのとは対照的な姿である。

非生計貢献型生業活動の成果の分配

日常的に自分たちで食物を入手するバカの子どもたちは、その食物を分配して食べる。分配のしかたは大きく分けると二通りある。子どもだけで分配するケースと、集落のおとなたちにも分配するケースである。ここでは子どもたちが釣りとかいだし漁で魚を捕ってきたときの事例から、少年と少女の食物分配の様子を見てみよう。

釣りの魚の分配

少年たちは、釣ってきた魚を集落で焼き、分配して食べる。分配の受け手は、その場にいる子どもたち全員である。だれが釣り上げたか、釣りに参加したかどうかは関係しない。釣りに参加していない子どもも受け取るし、釣りに参加していても分配の場にいなければ受け取れない。また、おとなは近くにいても包み焼きの手伝いをするだけで、食べることはない。このように、少年の釣りの成果は、子どもたちだけで食べることが多い。

一方、ある事例では次のように分配された。年長期の少年が、釣れた魚一六尾を瓶に入れて集落に戻ったところ、それを見かけた同じ集落のおとな女性が少年を呼び止め、しげしげと瓶の中を見つめた後、もっとも大きな体長一三センチメートルの魚を一尾つまみ上げて持ち去った。少年は家に帰って、大きい魚八尾と小さい魚七尾に分けて包み焼きし、小さい方を同居の妹と祖母に渡した。そして、彼は「隣の集落で食べる」と言って大きい方の包みを自分で持ち去った。つまり、おとな女性に求められて一尾のみ渡したが、それ以外をすべて自分の家に持ち帰り、しかも、身のしっかり付いた大きい魚は自分で独占してしまったことになる（もちろん、おそらくは訪問先の隣の集落で、仲間の少年たちと分け合って食べたのであろう）。

釣りの魚の分配に見られる特徴は、釣った魚は少年自身による分配に任されていること、少年から集落のおとなたちへの自発的な分配はないこと、そしておとなはそれをとがめないことである。今見た事例では、おとな女性が少年から一尾取り上げ、ニヤニヤと笑みを浮かべながら立ち去っている。この行為は、食物分配の規範を少年に教育しようとする態度の現れではなく、単に魚を手に入れること自体が目的であったのであろう。なぜなら、彼女は少年から魚を一尾取り上げて満足し、さらに分配を指示することもなく、そのまま少年を放任したからである。少年の釣りの成果は、おとなが獲得してきた食物とは別のあつかいを受けており、少年の手によって分配されるということが双方に了解されているようである。ただし、時として見られるこのような直接的な要求は、子どもに食物分配のあり方を覚えさせるひとつの契機となるであろう。

かいだし漁の魚の分配

一方、少女がかいだし漁で捕ってきた魚の分配事例がある。このときは、昼ごはん時に集落にいたおとな女性たち三人に、少量ずつの焼いた小魚が渡された。年少期の少女がわずかばかりの魚を持ち帰ったときも、夕食の一部に加えられたことがある。

限られた事例であるが、集落内でおとなたちに分配をする少女の様子は、子どもだけないし自分の家族だけで分配してしまう少年とは対照的である。少女たちのかいだし漁は、量的には生計にほとんど貢献しておらず、おもに遊戯性を動機として行われている様子が見られる。しかし、わずかであっても、その成果を集落で分配している場面を見ると、少女たち自身も、また、集落のおとなたちも、すでに子どものかいだし漁を本格的な生業活動のひとつと見なしていると言えるかもしれない。

子どもによる食物分配の諸相

以下では、生業活動とは直接関わりをもたないものも含め、子どもの関与する食物分配とその関連の事例を見ることで、子どもにとって食物分配とはどのような意味をもつ行為であるのかを見ていくことにする。

子ども以外への食物分配

少年四人が犬を連れてやり猟に出かけたとき、一人の少年が採ってきたパパイヤを犬にも分配し、四人と一匹でいっしょに食べた。また、私が揚げパンを少年少女五人に五個与えたところ、乳児と犬にも分配された。食物分配の受け手の範囲は、自ら要求することのない乳児や動物におよんでいる。子どもの食物分配は、与え手と受け手の間の要求や交渉に基づいて行われるとは限らない。しかも、バカの社会では、犬はふつうえさを与えられず、拾い食いで暮らしている。この事例は、子どもによって、食物分配を行うべきであるという規範が過剰に適用された例と言えるであろう。

食物でない物の分配

年少期の少年たちがクモを使っておとなによる動物解体を模した「解体ごっこ」をして遊ぶとき、脚の本数を均等に分配する（第三章）。調理ごっこをするときも、その場に居合わせる人の数だけ皿（葉っぱ）を用意し、バナナと見立てた葉っぱを分配する（第三章）。これらは、おとなが行う動物解体や調理の様子を忠実に模倣した遊びであり、食物分配に対する子どもの認識の正確さをよく表している。これらは与え手と受け手にとって価値ある物の分配ではなく、現実の食物分配と同列にはあつかえない。ただし、分配が解体や調理などの食物をあつかう一連の作業に組み込まれた行為であることを、子どもたちは熟知している。

食物分配の指示

まれに幼い子どもの手に食物をゆだねたとき、分配をしないで食べてしまうことがある。そのときは、次のような展開が見られた。

事例「分けろ」

釣りから戻った少年たちが、釣れた魚を焼いていた。年少期の少年たち二人がこっそり包みを開き、焼き上がった魚を食べようとしたとき、同じ場所に居合わせた年長期の少年が「分けろ」と指示した。年少期の少年たちから、私（調査者）に魚が分配された。

きちんと分配するよう、年長期の少年が指示していた。彼が述べたのは、自分によこせという要求ではなかった。これはバカの社会では珍しく、明らかな形での教育がなされた場面であった。ただし、それは少年どうしの間で行われていた。

見え隠れする本音——食物をめぐる語りから

子どもたちは、おとなのやり方を見、果実や魚を子どもたちの間で分け合い、また時に指示されることによって、食物分配をしている。ただし、そこには、食べ物をめぐる子どもたちの本音も見え隠れする。ここでは、食物分配のあからさまな逸脱事例を拾った。

事例「バナナあげない」バーバ（年少期の少年）の語りより

「ンボティおじさんが、ノエリと僕（年少期の少年二人）にバナナをくれたから、二人で食べた。ンディバ（年少期の少年）がいたけど、あげなかった。そしたら、かごの中にまだバナナがあった。それをンディバにあげた。」

これは、食物があまりなかったら分配したくないが、余っていたら分けてもいい、という本音である。

事例「イモを隠す」フォフォ（年長期の少年）の語りより

「アスィアとディディエと僕（年長期の少年三人）で、ヤウティア（アメリカサトイモ）を煮ていた。そしたら兄ちゃんたち（青年二人）がやってきた。アスィアがイモの鍋をもって、急いで家の裏に隠れたんだけど、兄ちゃんが追いかけて来て、見つかっちゃった。兄ちゃんにひとつ分けた。僕らも食べた。」

これは、食物があることを悟られたら分配しなければならないので、隠そうとしたが見つかってしまい、しかたなく分配したという話である。

事例「エラだけやる」パテ（年長期の少女）の語りより

「マラパの橋でミルマ（青年男性）が釣りをしてたから声をかけた。
パテ　「魚釣れたらちょうだい」
ミルマ「んー、エラだけやるわ」」

この事例は、食物を分配しなければならないから、食べられないエラの部位だけやろうという冗談をかわしている。長期にわたって調査をしていると、これらのような本音も、子どもたちの会話の中からぽろぽろとこぼれ出てくる。

もちろん、これらは、食物は必ず分配しなければならないという規範を理解した上で、それをどうやってくぐり抜けて手元に確保するかという思いが現れたものである。守るべき食物分配という規範と本音が時として乖離し、とくに三つ目は、青年がその規範を逆手に取って少女をからかうネタにしている。おとなの食物分配ではこのような齟齬が目立つことはなく、子どもにおいても、通常は当たり前のこととして食物は分配されていくが、時どきこのような例が見られる。

子どもたちの活動集団は、食物分配を日々自分たちの手で実践する場でもある。少年たちは、果実や小魚を居合わせた子どもたちで分けて食べる。この場合、おとなの入手した物のように、集落の成員たちに分ける必要はない。この背景には、子どもの活動が、集落の他の成員の生計から切り離された活動であるというおとなの見方があるのであろう。同時にこれは、食物を自分たちの手で分配させるおとなの教育的配慮であるのかもしれない。多少の逸脱はあっても、子どもどうしの間での要求や教育などを通して、分配を行うようになっている。それを成り立たせるのは、年上の指示には逆らうことなく従うという、バカの子どもたちに見られる全般的な傾向である。

一方、少女たちは、わずかの魚でも、集落のおとなたちに分配することがある。食物分配において少年と少女の見せる行動の違いは、次に見るように、少女たちが早くから、世帯の生計を支える女性として位置付けられていることと関連するのかもしれない。

三　少年と少女の活動仲間

落ち着いている少女、落ち着きがない少年

ここでは、子どもたちが活動を行うときの集団の作り方を見ることで、バカの社会における子どもたちの位置付け、さらには社会化の道のりに関する示唆を得ることとしたい。とくに、少年と少女の仲間作りのしかたが異なっていることに注目する。

バカの少年と少女の行動が異なることは、子どもを見る人の印象に残るようである。たとえば少年は狩猟、少女は採集という性別分業を反映した活動の違い［分藤 2001］、少年はおもちゃを作るが少女は関心を示さないという関心の違いが指摘される［山本 1997］。本書でも、少年は遊んでいて少女は家事をするという日常活動の傾向の違いについて指摘した（第二章）。

これら具体的な活動内容の違いとは別に、次のような印象を受けることがある。それは、「少女が集落の中にいて落ち着いているのに対して、少年は落ち着きがない」とでも言うことのできる違いである。

たとえば、居場所の違いがある。定住集落において、少女たちの居場所は家の火のそばである。ここで、夕食の食材となる葉を刻んだりするほか、余暇時間をくつろぐ姿が見られる。一方、少年たちはとくにこのような居場所をもたず、集落の中のおとなの男性たちが集まる集会所に立ち寄って、時には喫煙をしながらおしゃべりしたり、また、ふと思い立って三人くらいがつるんでパチンコを手にしながら、「隣の集落へ行ってみよう」などと、明瞭な目的なくふらりと出かけていったりする。

畑においても、傾向の違いは同様である。少女たちは、女性の一員としての位置付けを得て、おとなの女

ふらと別行動をしていることがしばしばである。一方、少年たちは、畑についていったとしても、行った先でふら性たちの輪に加わって手を動かしている。

ある少年の一日

少年は年長期になると、ほぼ同年齢の少年たちと連れ立って、目的なく、散歩や他の集落への訪問をする傾向がある。この行動は、少女には見られない。

ある年長期の少年の一日の行動に、同行して調査したことがある（七時～一七時の合計一〇時間）。この日の少年は、朝起きて自分の集落で食事をした後、残る時間のほとんどは、他の集落へ出向いて、おしゃべり、遊び、狩猟、休息、移動、間食などに時間を費やした。

一人で過ごす昼寝などの時間帯や、大勢でのおしゃべりの時間帯を除けば、ほとんどは同世代の年長期の少年だけで二～三人の小集団を作り、その顔ぶれで頻繁に移動しながら先に述べたような活動をしていた。同世代の少女が、集落の火の周りに定まった居場所をもち、家事の中心をなしているのとは好対照の姿である。

水浴びという楽しい余暇活動

少年と少女の、余暇時間の様子を記しておこう。

少年は余暇時間に狩猟関連の遊びをし、虫を解体し、また、森の中に設けられた精霊の広場を訪ね、そこにやって来たとされる森の精霊に会いに行く。また、年長期には、同年齢の少年たちで集まりをなし、または青年男性に付き従い、集落近辺での散歩や他の集落への訪問をする。

少女は、少女どうしで集まって小屋作りをして遊び、集落の火のそばに座っておしゃべりし、少女どうし髪をすいて編む。髪編みは、農耕民の少女や女性では一般的な習慣であり、バカの女性たちが行うことは少ない。ただし、おそらくは近隣の農耕民の少女たちからの影響で、バカの年長期の少女たちが好んで髪を編む姿が見られた。髪を編むために、わざわざ学校を休んだ例もあるほどである。

また、余暇時間には少年も少女も誘い合って、川に水浴びに出かけていく。水浴びは衛生を保つという機能をもつ活動であるが、同時に、楽しい余暇的な活動のひとつでもある。川で泳いだり潜ったり、浴びることそのものを楽しむだけではなく、水をかけ合い、水面をパシャパシャパシャンと太鼓のようにたたいてリズムを楽しみ（ウォーター・ドラム）、川岸で砂をかぶって全身きな粉餅のようになってから、また水に飛び込んで洗うなど、水浴び場所を利用した遊戯的行為が次つぎと行われる。

雨の降る日を除けば、ほぼ毎日、子どもたちどうし「ゴニ！」（行こう！）と誘い合い、連れ立って川や池へ出かけていく。おとなと行くことはほぼない。いっしょに行く子どもさえいれば、一日一度ならず、二度も三度も浴びることもまれではない。遊んだりしゃべったりしている子どもの集団が、そのまま水浴びに移行することもある。子どもたちにとって、だれと水浴びに行くかというのは、だれと遊ぶかということにほぼ等しい。

水浴びに出かける仲間

子どもが水浴びに出かけるときの顔ぶれを記録してみたところ、一二八事例で参加者と性年齢構成が明らかになった。このうち九六事例（七五％）が、青年以上を含まない少年少女だけでの水浴びである。青年と同行するケースがこれに次ぐ（二八事例＝二二％）おとなが同行したのはわずか四事例（三％）に過ぎない。また、一人で行ったのは、わずか七事例（五％）であった。まとめれば、おとなとではなく、子どもたちどうしで誘い合い、または青年と連れ立っていくというのが、水浴び集団の平均的な姿である。

マラパとマプンブルの少年少女たちが、どのような相手を選んでいっしょに水浴びに行ったかを見てみると、おおむね次のような傾向があった。

(一) 少女たちは、同じ集落の少女たちといっしょに行く。

(二) 年少期の少年たちは、同じ集落の少女たちといっしょに行く。

(三) 年長期の少年たちは、集落に関わりなく、同世代の少年や青年男性たちといっしょに行く。

同じ集落ということは、おおむね、兄弟姉妹やいとこにあたる血縁関係の近い子どもたちである。また、お互いに食物分配などを通して、生計を共有する単位でもある。

少女たちは、このような血縁、生計的に関係が近い集まりの中で、余暇時間を過ごしていることが分かる。また、年少期の少年たちも、同じ集落の少女たちの集まり(つまり身近なお姉さんたち)についていくことが多い。しかし、年長期の少年たちはその集まりを離れ、別の集落の少年たちとつるんで余暇時間を過ごすことが増えてくる。さらに、少年たちは、日々、水浴び仲間の顔ぶれを変えていく傾向にあり、凝集性も低かった。

漁撈に出かける仲間

比較のために、釣り(巻末付表3)とかいだし漁(巻末付表4)の集団構成を見てみると、実はこの余暇時間の水浴び集団の構成の傾向と酷似している。

つまり、少女は年少期から年長期、青年、おとな女性までをも含む、集落内での年齢縦断的な集まりでかいだし漁を行うことがしばしばであるが、少年たちは、集落の枠にこだわらず、むしろ同世代の少年どうし、あるいは近い青年男性とともに釣りを行うという集まりの傾向を見せていた。これらの結果を、少年と少女の成長段階を示すものと見なせば、図5-1のように活動集団への参加形態を変えていくと解釈できる。

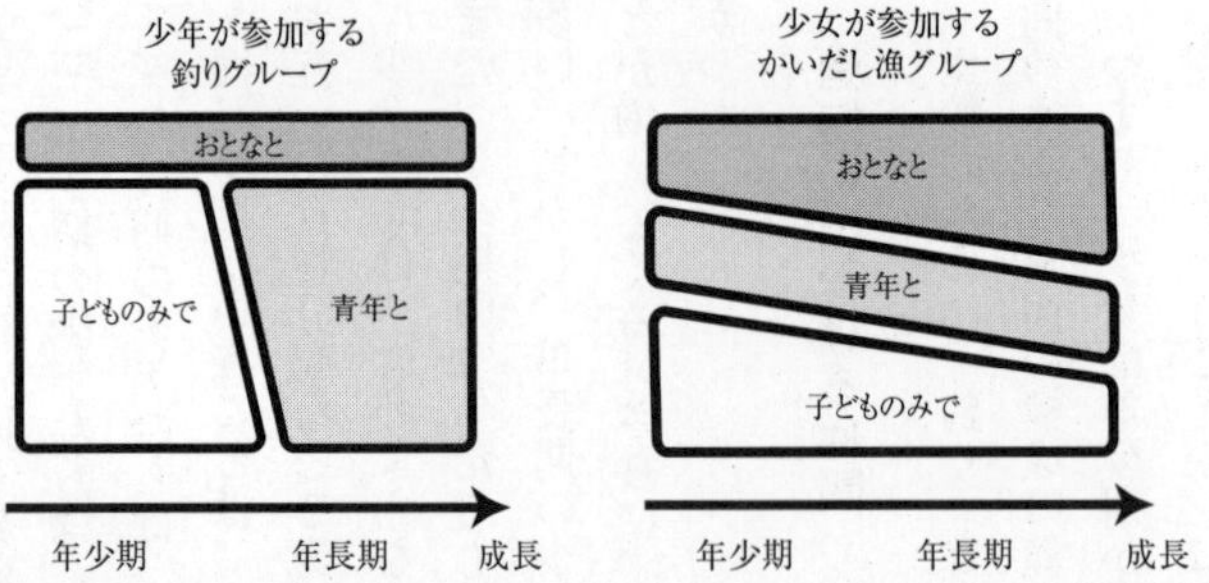

図5-1　子どもが参加する漁撈グループのタイプと成長段階（模式図）
縦はそれぞれのタイプのグループへの参加頻度を表す。

水浴びと漁撈の集団構成から言えることは、次のことである。少女たちは、同じ集落（すなわち近い血縁、生計集団）の定まった人間関係の中に自分を位置付け、それを単位として生業活動や余暇的な活動をする傾向がある。一方の少年たちは、あたかも「糸が切れた凧」のごとく、同行する相手を毎日変えながら、集落外を含む広い人間関係を結んでいく。このことも、先に述べた「居場所」とともに、少年と少女の傾向の違いとして印象付けられる[一一]。

少年と少女の有償労働

このような少年と少女の社会関係の違いは、生業活動以外の領域にも反映する。一例として有償労働を見てみよう。

子どもたちは時どき有償労働をすることがあるが、少年と少女ではその内容が異なっている。少年は、青年男性とともに約四キロメートル離れた農耕民の本村へと出かけていく。商店で作られた揚げパンや、農耕民がしとめた動物の肉片をのせた盆を頭にかついで、村むらや集落を売り歩き、稼いだ小銭でパンを買い食いする。さらに、青年期になると、伐採会社などへ出稼ぎに行くこともある。バカの社会の外部の、広い社会的、経済的活動に興味をもち、そこへ参加しようとする。

一方、少女は、同集落の青年女性や母親とともに近くの農耕民のを通して見られた少年と少女の違いが反映している。

集まりをもととして、日常の家事労働の延長とも言える仕事をする。このように、有償労働にも、社会関係

集落へ行って酒造りや薪集めの手伝いをし、見返りにコップ酒を半分飲ませてもらう。いつもの女性たちの

おとなにおける行動の性差

このような少年と少女の行動傾向の違いが、やがてどのようなおとなの性差と関わってくるかについて見ておこう。

集落において、おとなの女性たちは、家ごとにたかれている火の近くに集まって座り、食事準備や道具作り、おしゃべり、子守りをしている。一方、おとなの男性たちは、家とは別に設けられた男たちの集会所をおもな居場所とし、他の集落から訪問してくる男性たちとしゃべり、喫煙や道具の手入れをしている。

食事については、女性が家の火のそばで子どもたちとともにし、男性は集会所で、子どもが家から届けた料理の皿を受け取り、男たちだけで食事をする。

生業活動では、女性は日々の食材を手に入れるために、毎日大きなかごを背負って近くの畑や森へ通う。男性は日がなおしゃべりするなど、女性に比べ余暇的な日常を過ごしているが、乾季には焼畑の伐開をし、折にふれて近くの森でわな猟を行ったり、銃を用いた長期狩猟に出かけていったりする。有償労働では、女性は近くの農耕民の家で家事や収穫の手伝いをし、男性は出稼ぎに行く。

このほか、男女の違いは、外部社会に対する応対のしかたにおいても顕著に見られる。男性は公用語であるフランス語を話せるが、女性は話せないことが多い。カトリックミッションの関係者が、布教や教育、農作業委託などの目的で、トラックで集落にやってくると、男性が出てきて対応し、女性は遠くから様子を眺めている。学校で成人向け識字教室が開かれると、男性は参加し、女性は参加しない。

これらをまとめると、おとなの女性は家の火の周りを中心とする日々の生計維持の場を中心として暮らす一方、おとなの男性は集会所を起点とする集落外の社会的、経済的交流の中で時を過ごすと言えよう。むろん、女性も集落を留守にすることがあり、たとえば血縁者がいる他の集落を訪問して、何泊か滞在することがある。しかし、このようなときも、女性はやはり女性の居場所に入る。訪問先の集落の家のたき火のそばに座りこみ、他の女性たちとおしゃべりをし、いっしょにバナナの皮をむき、火をおこしている。

この節で紹介した、社会関係から見える少年と少女の行動傾向の違いは、このようなバカのおとなの行動の性差を先取りしたもののごとくとなっている[三]。

四　子どもたちの居住空間

青年や子どもが雑居する家

最後に、子どもたちの居住、すなわちどこで寝起きしているかについて記しておく。

子どもたちが幼いうちは両親と同居しているが、やがて成長して年長期ともなると、子どもたちだけで集まって泊まり込む家というものを形成することがある。

とりわけ、少年にそれを好む傾向が強い。未婚の青年男性たちは両親の家を出て、同世代の青年どうしで小屋を構え、雑居することがある。年長期の少年たちにとって、青年男性たちのふるまいがひとつのロールモデルと映るのであろうか、このような青年男性たちの雑居する家をしきりに訪れ、また、同世代の少年たちと連れ立ってそこに泊まり込むことがある。

少年たちほど顕著ではないが、少女たちにおいても似たようなケースを観察したことがある。両親が畑の出作り小屋に出かけてしまう、あるいは、採集のために泊まりがけで遠方の森のキャンプに出かけていくなどのときに、少女たちがおじ、おばに預けられ、定住集落に残るケースがあった。残った年長期の少女は、いとこにあたる同世代の少女たちとともに空いたひとつの小屋をいっしょに使い、そこで泊まり、また、食事をいっしょに準備し、採集に出かけ、余暇を過ごすといったふうに、生活の全般を少女たちの集まりの中でこなしていた。

バカの社会の流動性と子どもたち

バカの社会において、「両親と子ども」という核家族の単位が軽視されているわけではない。食事や生計、居住、森のキャンプへの移動といった生活のおもな営みは、両親と子どもの関係を基本として行われている。しかし、それはふたつの意味でゆるやかに運用される傾向がある単位でもある。

ひとつは、核家族の間の生計の境界がゆるやかであることである。同じ集落であれば、お互いに食物分配をしあう関係にある。また、同じ集落のおとなの男性たちはいっしょに食事をとり、訪問客もそこに加わって共に食べることがあるなどのように、生計が核家族単位で閉ざされていないことが、ゆるやかな人の出入りを支えている。

もうひとつは、子どものあつかいのゆるやかさである。両親と実子のみで構成されている家庭というのはむしろ少なく、甥や姪、いとこや遠戚の子どもなどを預かり、ともに食べさせていることが多い。また、子どもたちも年長期ともなれば、自分たちで生業活動に出かけ、寝場所を見つけ、子ども集団での生活を営む場面も増えていく。

むろん、親は子どもに無関心というわけでなく、当然のことながら子どもたちをかわいがり、その安全と健康に気を配っているが、少々のことであれば自分たちでできるだろうと、子どもたちがするにまかせる放任的なまなざしで見守る傾向がある。年長期の子どもたちどうしが連れ立って他の集落に泊まりに行ったり、同じ集落のおとなに従って森のキャンプに出発したりということがあれば、そのことを知った上で、子どもたちのふるまいにまかせている。

定住化傾向にあるとはいえ、バカの社会は他の狩猟採集社会と同様、人びとの流動性が高い社会である[木村 2003]。子どもを核家族の中に閉じ込めてしまうのではなく、ある程度成長した年長期にもなれば、この社会の流動性の中にゆだねていくというのが、バカの親流の見守り方なのであろう。お前たちあっちで食べて寝てきたのか、そうかそうか、といった鷹揚なまなざしとともに。

プランテンバナナの花。未熟な果指は少女のおもちゃになる
(245ページ図A-9参照)。(フィールドノートより)

第六章

子どもたちをとりまく時代

仲間と連れ立って森歩きを楽しむバカの子どもたちも、近代的な社会変容と無縁ではない。

調査地に、カトリックミッションが設立した、バカの子どもたちのための小さな学校がある。公立の学校に通わないことが多いバカの子どもたちが通いやすいようにと、バカ出身の男性を教員とし、授業でバカ語を用いるなどの工夫をした学校であった。こうして、子どもたちの生活時間の一部が、公用語であるフランス語の学習などに当てられるようになった。

ところが、乾季が深まるに連れて、狩猟採集に出発するおとなが目立つようになり、やがて学校の子どもたちも、一人、また一人と森の中へ出かけて行った。生徒の数が激減した学校は、乾季の間、しばし学級閉鎖をせざるをえなくなった。

この章では、狩猟採集民バカの子どもたちをとりまく現代的な課題として、学校教育に焦点を当て、バカの子どもたちの価値観と行動選択を見てみよう。学校が子どもをコントロールすることができていない社会において、私たちは、**学校それ自体を一種の遊びにしまう子どもたちの姿を目撃するであろう。**

バカの集落に作られた小さな学校

一　バカの子どもたちと学校

朝の校庭の風景

「ボンジュール・ドラポー・カメルネー♪」（おはよう、カメルーンのはた）
「サリュ・レ・トロワ・クレール♪」（三つのいろにこんにちは）

朝、バカの集落に歌声が響き渡る。ふだん聞き慣れたバカの独特のポリフォニーではなく、平板なメロディーの唱歌である。しかも、バカ語ではなくフランス語であり、パパンパパンといった拍手も、テテンテテンテンといったドラムの音も伴わない。

バカの子どもたちが、学校の校庭に一列に並んでいる。教師が鞭を振り回し、「シャンテ！」（歌いなさい）と指導するなか、子どもたちがカメルーン共和国の国旗の歌を歌っている。

やがて、「アン・ドゥ、アン・ドゥ」（一・二、一・二）というフランス語でのかけ声とともに行進をし、まっすぐ一列になったまま、次つぎと教室に入っていく。森の中での少年少女たちの勇姿を見慣れた私にとって、それはずいぶんと落差を感じさせる光景であった。

規律と訓練。近代が発明したこれらのことほど、バカの子どもたちの姿にそぐわないものはない。そもそも「平らな地面に一直線に並ぶ」という光景自体が、バカの子どもたちの姿には実に似つかわしくない。森の中にはこのように明るく開けた平地はなく、起伏のある大地と生い茂る草木の間を、細い道が延々とくねっている。子どもたちは一団をなし、やりや刀や鍋をたずさえ、曲がりくねった細道の形にそった列を自

マラパの学校の朝礼。いつも森の中を駆け巡る少年少女が、このときだけは教師の号令に従い、フランス語の歌を歌い、一列に並んで行進する。

在に作って森の中を歩いていく。

森の形に従って柔軟に形を変える子どもたちの一列を、頭の中で描いたような直線に引き延ばしてしまったのは、いったいだれなのだろう。毎朝そのようなことを思いながら、朝礼の子どもたちの行進を見守る。

バカの社会に、近年では農耕化や定住化などの変化が訪れている。その中で、子どもたちにとってもっとも関わりが深いのが、学校教育の浸透である。この章では、カトリックミッションによって始められた、バカの子どものためのマラパの学校を事例として取り上げ、社会の変化に直面した子どもたちの価値観と行動選択をうかがってみたい。

学校に行かない六つの理由

マラパ集落が属しているンギリリ村には、州政府によって設立された公立学校がある。公立学校は、農耕民も狩猟採集民も含め、すべての子どもたちを対象としているはずであるが、バカの子どもたちはほとんどこの学校に通っていないという実態がある。

バカの子どもが公立の学校教育と関係が薄かった理由は、次の六点にまとめられる。

(一)［物理的な距離］公立学校は、基本的に人口の多い農耕民の村むらに作られることが多い。このため、バカの集落から遠距離にあり、子どもたちはそこまで通うのを嫌がる。

(二)［心理的な距離］バカの人びとは近隣の農耕民から蔑視される傾向があり、子どもたちは心理的な意味でも距離を感じている。

(三)［言語］公立学校では農耕民の言語を用いている。教師も、生徒の大多数も農耕民であるためである。また、カメルーンの公用語のひとつであるフランス語も用いられるが、バカ語は使われていない。

(四)［経済的理由］バカの社会に貨幣経済が浸透していないため、ンギリリの例であれば年間三〇〇〇セーファフラン（約六〇〇円）という授業料を、両親が払うことができない。

（五）［価値観］学校に通うこと、進学することなど、制度的な教育を受けるということが、バカの社会の中で重要視されていない。

（六）［遊動生活］一年のうちの一定期間、森の中で狩猟採集活動を営む慣習があるため、子どもたちもおとなたちとともに森の中のキャンプへと移動してしまう。

地域社会において主導的役割を果たす農耕民を中心として、行政・教育制度が整備されてきたため、公立学校はどうしても農耕民の文化の影響のもとで運営されることになる。その結果、社会の周辺的な位置に置かれてきた狩猟採集民バカの子どもたちは、その枠組みからこぼれ落ちてしまう。カメルーン東部で布教や医療などの活動を行ってきたカトリックミッションは、このすき間を埋めるような役割を念頭に、バカの子どもたちをおもな対象とした学校を設立し始めた。

バカの集落であるマラパに設けられたのは、そのようなバカのための私立学校のひとつであった。私も子どもたちとともに、そのような学校のひとつに通って、実態を調査することにした。

二　教育プロジェクトの概要

教育プロジェクトの展開

カメルーンの東部州一帯で学校教育事業に取り組んだのは、「Frères des Ecoles Chrétiennes（FEC）」というカトリックミッションである。このミッションは、「ピグミープロジェクト（Projet Pygmées）」という、バカの子どもたちのための教育プロジェクトを実施してきた。これは、カリキュラム作成、教科書の出版、教員研修など、教育の業務全般を含む包括的なプロジェクトである。東部州に点在する一〇の地域のカトリックミッションがこれに応じて、各地に学校を設立・運営し、FECが教育内容を提供するという連携で、バカの子どもたちを学校に通わせようとするものである。

このプロジェクトで設立された学校には、いくつかの共通した特色がある。まず、学校自体が、バカの集落の中か、あるいはきわめて近いところに設けられた。農耕民の村に設立されがちであった公立学校とは、発想を異にしている。また、どの学校にも二学年しか設けられていない。そして、カリキュラムにバカの生活文化が反映されていることである。

マラパの事例を見てみよう。ここには一九九二年頃に「マラパ就学前センター（Centre Pré-scholaire de Malapa）」が設立された（名称は一九九七年に「マラパ基礎教育センター（Centre d'Education de Base de Malapa）」に改められた）。この学校ができる前から、近くの都市モルンドゥに本部を置くカトリックミッションが、布教のためにこの一帯のバカの集落をよく訪れていた。その活動の中で、マラパの近辺に、公立学校に通わないバカの子どもたちが数多くいることが分かったため、ミッションがこの集落に小さな学校を設立することを決めた。ただし、マラパ集落の子どもたちだけではなく、マプンブルやンゴリなどの近隣のバカの子どもたち、あるいはその間に点々と存在する農耕民の小集落の子どもたち（そのエリアでは少数派であるが）も通う学校となっている。

ふたつの学年は「ORA 1」「ORA 2」と呼ばれている。「ORA」というのは「Observer, Réfléchir, Agir（見て、考えて、行動する）」というフランス語のフレーズの略語で、FECが刊行した教科書のタイトルでもある［Antoine 1993］。FECのカリキュラムも「ORA法（la méthode ORA）」と呼ばれており、この二学年で用いられている。子どもたちはORA 2を修了したら、ンギリリの公立学校の二年生に編入するものとされており、つまりORA 1とORA 2の計二年は、公立学校の一年分に相当すると見なされている。マイノリティのための学校として、一年間余分に時間をかけてマジョリティへの同化の準備をする、「緩衝材」の役割を帯びていると言える。

生徒の親は、一年間に五〇〇セーファフラン（約一〇〇円）の学費を納めることとされており、公立学校に比べると格安である。もし現金での支払能力がない場合は、農作物のプランテンバナナやニワトリでの現物納付でもかまわないとされている。

授業と教材

次に、教育にバカの文化を取り入れようとしている様子を見てみよう。

「ORA 1」では教師はバカ語で授業を行い、バカの子どもが学校に親しめるよう工夫している。一方、「ORA 2」に進むと、おもにフランス語が使われるようになる。ミッションはバカの人材を教師として採用しようと努めており、バカの教員の育成もプロジェクトの重要な柱のひとつである。マラパの学校には教師が二人いるが、一人は近隣の農耕民ボマン出身で、もうひとりはバカ出身である。そして、バカの教員が校長を務めている。

教科書は、FECが独自に作成し、出版したものである。「読み（Lecture）」「書き（Ecriture）」「算数（Calcul）」の三教科が準備され、どの教科書も「ORA 1」から「ORA 3」まで用意されているが、マラパでは「ORA 1」「ORA 2」だけが使われている。なお、ここでいう読み書きとは、フランス語のことである。

教科書を見ると、バカの文化を教育に反映させようという工夫を見ることができる。『読本ORA 1』では、わな猟の四コママンガが掲載されている（図6-1左上）。①男性が集落を出て森に向かい、②森でわなをしかけ、③獲物をしとめ、④獲物をもって集落に帰るというもので、バカの子どもたちのふだんの暮らし

図6-1　バカの子どもたちのために作られた教科書

[Antoine 1993]

学校事業を進めるカトリックミッションは、バカの文化を教科書に取り入れて子どもたちの関心を引こうと工夫する。

(左上) わな猟

(左下) モングル（バカの伝統的なドーム型の住居）作り

(右上) 伝統的な森の精霊ジェンギのダンス

の中でなじみ深い題材である。別のマンガでは、伝統的な森の住居モングルの作り方の手順を示しており、バカの女性がそれを完成させるまでを描いている（図6-1左下）。さらに目を引くのは、森の精霊ジェンギのダンスまでもが描かれていることである（図6-1右上）。ジェンギは森の中に住んでいて、時おり人間の集落に現れる、強く凶暴な精霊であると信じられており、森に暮らすバカの精神世界の中心にある重要な存在である。キリスト教信仰の中に含まれようのない土着信仰に属する森の精霊を、あえて教科書に登場させて教材にしようとするカトリックミッションの大胆な発想は驚くべきもので、かくも工夫を重ねて子どもたちの関心を引こうと努めている様子が分かる。

また、実際の授業の中でも、教師はバカの子どもの興味を引こうと、さまざまな工夫を凝らしている。ある授業では、おもちゃのわなを授業の題材に取り入れていた。教師が生徒のひとりであるバカの少年に、ふだん森の中で作るのと同じようなわなを校庭に作らせた。他の生徒もみんなで校庭に出て、その作り方を囲んで見守る。そして、教師はその作り方の手順をひとつずつ、バカ語とフランス語の両方で説明する。このような一連の工夫を通して、子どもたちが学校や授業に感じる可能性のある心理的な壁を低めようとしている。

ここまでは、学校教育を整備してきたカトリックミッションと教師たちの様子、つまり「教える側」の工夫について紹介してきた。では、その試みに対し、子どもたちはどう応じたのであろうか。次は「教わる側」から、この学校の実態を見てみよう。

三　集落滞在期の子どもたち

生徒数

以下では、バカの集落滞在期と森での狩猟採集期とに分けて、その様子を見てみたい。なお、近年のバカの生活サイクルとして、雨季は基本的に集落におり、乾季の一部に狩猟採集活動を活発に行うという傾向がある。「集落滞在期」はおおむね雨季を、「狩猟採集期」はおおむね乾季を意味すると見なすことができる。

まず、学校に来る生徒の数についてである。私は朝礼に並ぶ子どもたちの顔を全員覚え、毎朝独自に出席を取ることにした。前の日はりきってやり猟に出かけていた少年や、かいだし漁をしていた少女が、みな神妙な顔をして「アン・ドゥ、アン・ドゥ」(一・二、一・二)と、例のフランス語の号令に従って行進をしている。その顔を一人一人見ながら、私は自作の名簿に○×を付けていく。かつてニホンザル約一〇〇頭の個体識別をした経験のある私にとって、七〇名弱の子どもたちの顔を丸暗記することはさほど苦でなかった。

マラパの学校に一度でも出席した子どもの数は六六人で、ＯＲＡ１が四八人、ＯＲＡ２が一八人であった。実は、この学校の生徒数を正確に把握することは難しい。たとえば、生徒が集落から去ってしまったり学校に来なくなってしまったりするなど、状況に変化が起こると、教師もそのつど名簿を書き換えているからである。本章で示している数は、すべて私が独自に出席を取った結果を集計したものである。

なお、六六人のうち四八人(七三％)がバカの子どもたちで、それ以外の一八人が農耕民の子どもたちであった。もっとも、後者の中には農耕民の父とバカの母の間に生まれた子どもたちで父親の民族カテゴリー(農耕民)に含められている例があるため、このような例を加えると、日常的に家庭でバカ語やバカの文化に接している子どもたちの割合は九割近くにおよぶと考えてよいであろう。

出席の状況

新年度が始まる九月、教師たちは近隣のバカの集落を訪ね歩いて、子どもたちや親に学校の始まりを告げるとともに、必ず学校に来るようにと呼びかけて回った。しかし、必ずしも全員が来るとは限らない。一九九七年九月、マラパとマプンブルのふたつの集落で、子どもたちが学校に通うかどうかを調べてみた。二二人の子どもたちのうち、一〇人がマラパの学校に行き、三人が前年度にここを修了したのでンギリリ本村の公立学校に編入し、あとの九人はまったく学校に行かなかった。ミッションと教師の努力と工夫にもかかわらず、およそ半分近くは学校に行かなかったということになる。

学校に行かなかった九人のうち、四人は六～七歳と考えられ、就学前と解釈できなくもない。残りの五人は一〇～一三歳と、みな学齢期に当たっているが、この子どもたちは学校に行こうとしなかった。

学校に行かない理由

バカの親たちは、「学校に行きなさい」と子どもたちに言うことがあるが、なぜ行く必要があるのかを述べる場面は見られなかった。しかも、それは確固たる信条によるものではないことは明らかである。ある朝、子どもたちが学校ではなく、集落の人たちといっしょにかいだし漁や畑に出かけるということになれば、親たちは別に止めるでもなく「今日はこの子らは川に行くんだ」と笑いながら私に説明する。

子どもたちに、なぜ学校に行くのかと尋ねてみると、もっともはっきりとした答えは「友だちに会うため」というものであった。学校もかいだし漁もやり猟も水浴びも、同世代の仲間どうしの集団活動という意味で、同列に並べられているかのようである。

学校に行かない子どもたちについて、なぜ行かないのかと親たちに聞いてみると、「着ていく服がないからね」「金がないから」などと答える。経済的な問題が依然横たわっている可能性がある。もっとも、物納でもかまわないという学校であるから、これは親たちの関心のなさ、学校教育をあまり重視しない価値観の現れと解釈することもできるであろう。傾向として、ある子どもが学校に行っていないと、その兄弟姉妹も行っていないことがある。つまり、親や兄弟の考え方に子どもが影響を受けていることが考えられる。

公立学校への進学

ORA 2を修了した子どもは、ンギリリ本村の公立学校に行くことが期待されている。一九九六〜一九九七の年度にはORA 2に一六人の生徒がいたが、一一人は翌年度に公立学校に進学し、四人は留年してもう一度ORA 2のクラスに入れられ、一人は遠方の集落に移り住んだ。このように、バカの子どもたちが留年することは珍しくなく、一学年の学校とはいえ、大部分の生徒はマラパの学校を二年ちょうどで終えることはない。

四 狩猟採集期の子どもたち

乾季の訪れと寄宿舎計画

バカは定住化が進んだとはいえ、乾季の間は森に入って遊動生活を営むという慣習が依然として保たれている。最小限の家具をもって集落から森のキャンプへと移動し、木や葉を組み合わせて簡素な小屋を作り、狩猟、採集、漁撈を中心とした生活をする。当然のごとく、子どもたちも親や親戚のおとなたちについて、学校のある集落から遠く離れた森のキャンプに移動する。これが、学校の教師たちの悩みの種となる。ここでは、乾季に見られたふたつのエピソードを紹介し、バカの文化と学校という制度の間に生じる葛藤について考える手がかりとしたい。

バカの人びとが、乾季にふだんの集落を離れて森に入るということは、当然学校の側も予期していた。マラパの学校に勤める農耕民ボマン出身の教師は、乾季の遊動の季節が訪れても子どもたちが学校に通える方法はないかと考えた。というのも、一度子どもたちが狩猟採集のために親とともに森に入ってしまうと、そのまま学校を辞めてしまい、定住集落に戻って来ても学校に顔を見せないということが頻繁にあったからである。

一九九八年一月の末、この地域に乾季が訪れたとき、この教師は寄宿舎を作ることを思いついた。親たちが森のキャンプに行くために集落を留守にしたときでも、バカの子どもたちだけは学校の近くに寝泊まりして、食事もすることができるようにすればよいと考えた。生徒の親たちであるバカのおとなたちの協力を得て、伝統的なドーム型の住居モングルを五つ建てた。二人の教師が交代で当番となり、どちらか一人が妻とともにここに泊まり込んで、子どもたちの寝食の面倒をみた。

学校を運営するミッションも、子どもたちの不登校を予防する試みとして、この寄宿舎の計画を支援した。ミッションが所有する畑の作物、たとえばプランテンバナナなどを、寄宿舎の子どもたちは食べてもよいとされた。また、ミッションのスタッフは、トラックで時おり学校と寄宿舎の様子を見に訪れ、米など、集落ではたいへん貴重とされる食物を頻繁に差し入れて、この計画がうまくいくように協力した。

もっとも多いときで、五つのモングルに寝泊まりしていた人の数は二一人におよんだ（図6-2）。とはいえ、常にマラパの学校の生徒たちだけではなく、関係ない人たちがまじっていた。たとえば、マラパの学校ではなく公立学校に通う生徒や、マラパの住民であるバカのおとなや青年たちなどである。

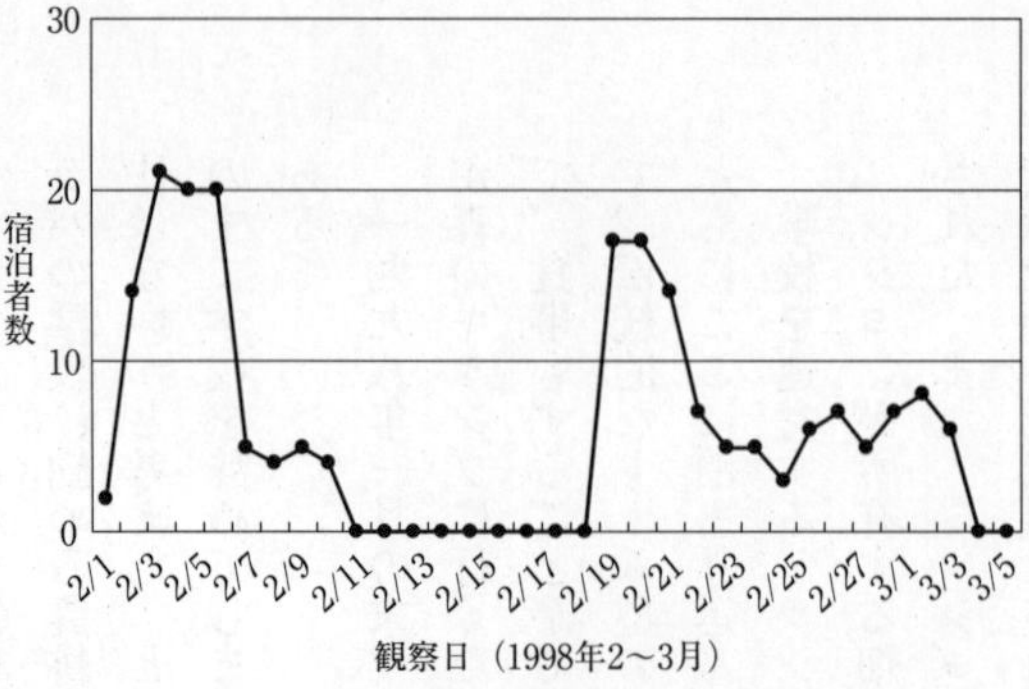

図6-2　マラパの学校の寄宿舎に滞在した人の数

寄宿舎が始まったとき、そこでの生活は子どもたちに大人気であった（口絵4）。もとより、子どもどうしの集団で寝泊まりしたりすることもある、バカの子どもたちである（第五章）。親が近くの集落にまだいるというのに、友だちといっしょに楽しく寝泊まりできるということで、たくさんの子どもたちがぞろぞろとこぞって泊まりにきた。昼間は集落の家に帰って親のところで食事をし、夕方になるとわざわざ学校にやってきて、ミッションが差し入れて教師が炊き出した米飯やプランテンバナナの分け前にあずかった。

ところが、親たちが森の中に移動し始めると、これらの子どもたちは、当然のように寄宿舎から姿を消し、いっしょに森に入ってしまった。五つのモングルは、学校とは何の関係もない集落の青年たちが雑居するスペースとなっていった。そして、乾季の深まりにつれてマラパやその周辺一帯がほとんど無人の集落となったとき、子どもたちも、また仮住まいの青年たちも姿を消し、ついにモングルは無人となった。寄宿舎の計画は、失敗に終わった。

乾季休暇の導入——ひとつの妥協

三月の始め、マラパの人たちはいっせいに集落を発って森へと入り、集落人口は激減した（図6-3）。三月五日にマラパの集落にいた人はたった一七人で、そのうち一〇人は生徒たち、五人は生徒たちのめんどうをみるために残った親や兄弟姉妹たちであった。学校がなければ、まちがいなく無人の集落になっていたことであろう。

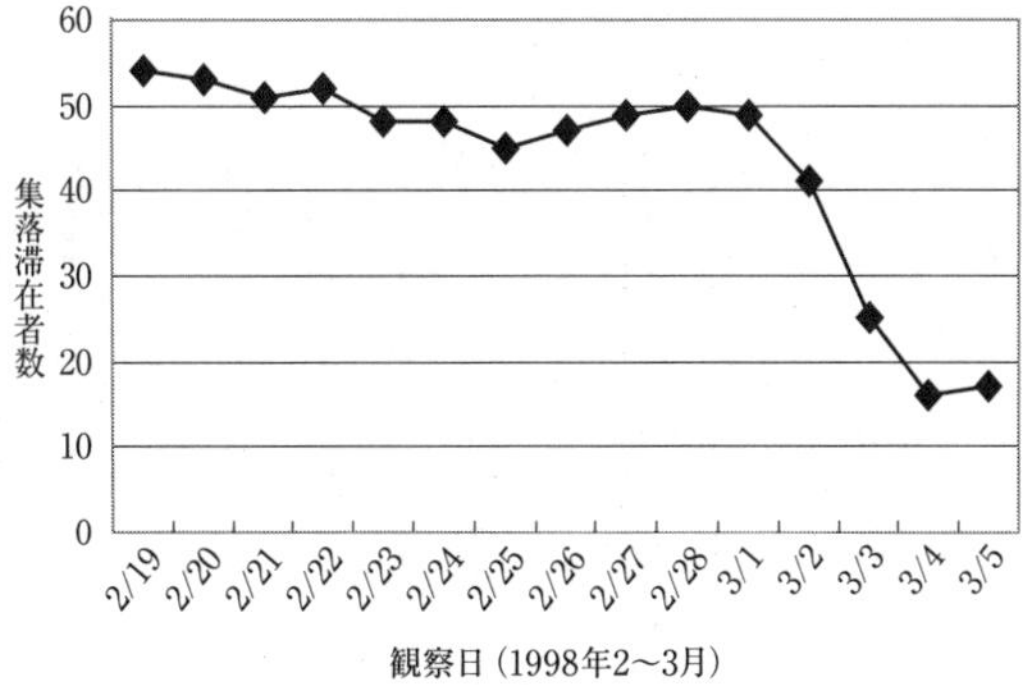

図6-3　マラパ集落に滞在していた人の数

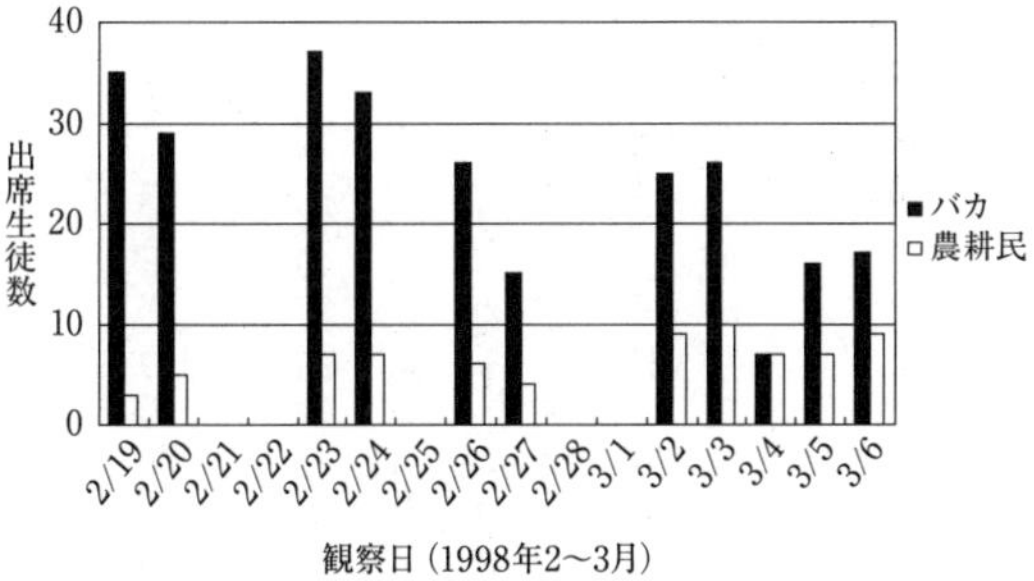

図6-4　マラパの学校に出席した生徒の数（民族別）
農耕民の生徒数は減らず、バカの生徒数が激減している。

二月一九日から三月六日の期間、マラパの学校に出席した子どもたちの数を、バカか農耕民かに分けて示した（図6-4）。農耕民の子どもたちの出席者数に変化がほぼ見られないのに対し、バカの生徒数が著しく減っていることが分かる。バカの子どもが多数を占めているふだんの学校の風景が、この時期だけ逆転していた。たとえば、三月六日、学区の主要部を占めるバカの三つの集落マラパ、マプンブル、ンゴリの範囲に限って、家いえを回って調査したところ、これらの集落に属している三三人のバカの生徒たちのうち一九人が欠席しており、そのうち一四人が森の中に狩猟採集に出かけていた。他の小規模集落からの生徒を合わせても、登校したバカの子どもはわずか一七人で、二月二三日時点での三七人と比べると半数以下に落ち込んでいた。

学校側は、対策を議論し、「森の中まで行って、子どもたちに学校に戻るよう説得しよう」との強硬意見まで飛び出した。しかし、この学校の運営責任者であるカトリックミッションのフランス人シスターは、この状況を視察しに訪れ、「よしましょう、学校は監獄ではないのよ」と述べて、この狩猟採集シーズンが終わるまで学校を一時閉鎖することにした。ミッションのシスターは「教育はバカの文化に合わせることが大切です」とくりかえし強調した。こうして、バカの生活習慣と学校との間の一種の妥協の方法として、狩猟採集に適した乾季には休暇が設けられるようになった。

結局、バカの子どもたちにとっての学校の寄宿舎とは、森のキャンプや畑の出作り小屋、そして少女が自分たちで作る簡素な遊び小屋や、仲間どうしの雑居小屋ともさして違わない、一時を楽しむ変わった滞在場所であり、それ以上でも以下でもなかった。学校はつかの間、子どもたちによって「遊ばれ」、そして飽きられてポイと捨てられたのであった。ちょうど、プランテンバナナを削って作ったミニカーをひとしきり走らせた後、ポイとやぶの中に捨ててしまうように。がらんどうになった無人の寄宿舎の数かずを目の当たりにして、私にはそれらが巨大な「即製かつ使い捨て」のおもちゃであるかに見えた。

五　学校の達成と未達成

障壁は取り払われたか

ミッションは、バカの子どもたちが学校に通いにくくなっている要因を取り除き、子どもたちを教育に取り込もうと、特別にプロジェクトを準備してきた。この結果、いくつかの問題は解消された可能性がある。

この章の冒頭で指摘した六つの原因に照らしながら、その達成の度合いを見てみることにしよう。

（一）［物理的な距離］ミッションはバカの定住集落の中に小さな学校を作ったため、距離的には子どもたちは学校に通いやすくなった。

（二）［心理的な距離］バカの生徒が多数を占める学校となった。また、教科書で伝統的な森の精霊や狩猟採集活動のマンガを使うなど、バカの文化の要素を取り入れ、子どもたちの心理的な壁は低くなったであろう。

（三）［言語］バカ出身の人材を教員として雇用し、一年生のためにバカ語を使うこととした。これも、心理的な障壁を軽減することにつながっているはずである。

しかし、次の各点はまだ解決にいたってはいない。

（四）［経済的理由］両親が「授業料は払えない」「着ていく服がない」などと言って、子どもを学校に行かせないケースがあった。プラテンバナナなどでの物納でもよいと学校側は言うものの、それを供出してまで子どもを学校に通わせようとは思っていないようであった。

（五）［価値観］学校教育より森での狩猟採集活動を重視する価値観が親子ともに見られ、学校を休んで釣りに行ったり、学校を辞めて森の中の狩猟キャンプに行ってしまったりする。これは、何よりも子ども本人の行動選択であり、親もそれを許容している。

（六）［遊動生活］狩猟季節である乾季が訪れると、森の中での遊動生活のために、親や親戚とともに森の中に移動してしまう。学校に来る生徒数は激減してしまい、ついに学級閉鎖に追い込まれる結果となった。

ミッションの取り組みには、（一）（二）（三）のように、「言語的・文化的マイノリティとしてのバカ」への配慮が見られるであろう。しかし、（四）（五）（六）の側面、つまり「狩猟採集民としてのバカ」に対応することができていない。バカの社会におけるもっとも中心的な文化である遊動生活と狩猟採集活動が、学校教育における困難な障壁となって横たわっている。

都市型マイノリティとの違い

私たちは、教育に多文化主義の視角を入れるとき、都市型のマイノリティを想定しがちである。賃金労働をし、通学圏に居住し、学校に通いたくても生活上の困窮、文化的あつれき、社会的差別によって学校に通うことができないというマイノリティに対し、学校側が言語や文化、教材、教員の人選などに工夫を凝らすという試みは、世界各地で行われている。

しかし、このマラパの学校事業は、このような都市型の多文化主義の導入では解決にいたらない、根本的な問題に直面したと言えるであろう。いかに内容として多文化主義を取り入れたところで、そもそも一年のうちの一定期間を遊動して生活することに価値を置いている人びととその文化に出会ったとき、定住を前提とする学校は、文字通りなすすべがない。

学校としては、子どもが森の中に入ってしまったら授業が成り立たないため、森の文化とは「教育の妨げ」になるという認識となるであろう。しかし、森の側から見てみれば、学校とは集落に滞在しているときにのみ関わりのあることである。学校は、市場での買い物や賃金労働のように、必要であれば村や集落に行って用事を済ませ、必要でなければ森に帰るという、これまで幾度となく繰り返されてきた森と集落の往復運動の中にある、ささやかなできごとのひとつに過ぎない。

多文化共存と学校教育のあり方を考えるとき、ともすると「いかに学校に通わせるか」「いかに教室に座らせるか」という問題を設定してしまいがちである。このような「はじめに学校ありき」の思想は、森の中から見れば町の側の論理、定住農耕民の論理と見えてしまうにちがいない。一カ所に定住して学校に毎日通うという前提自体が共有されていない場合、いっそう根源的に学校という装置、教育という行為を問い直す必要性に迫られるであろう。

バカの子どもたちの姿は、学校教育への服従でもなければ、抵抗や反抗でもない。ニコニコと満面の笑みを浮かべてかごをかつぎ、あるいはやりをもって、「マ・ア・ゴエ！」（行ってきます！）と森の中に消えてしまう子どもたち。その姿は、学校教育を前提に幸福追求を考えてしまいがちな私たちに、再考の機会を与えてくれる。

そして、毎朝のおしりの歌

今朝も、バカの子どもたちは学校の校庭に並んでいる。鞭をもった教師が巡回し、フランス語の唱歌を斉唱する。

「レ・プティ・カナール・キ・ス・ラーブ♪」（水浴びする小さなアヒル）

「レ・プティ・カナール・セ・ラ・フェット！♪」（小さなアヒル、こりゃおまつりだ！）

学校が教えたフランス語の唱歌であるが、あるときから子どもたちは最後の一音「T」を「S」の音に置き換えて歌う癖がついた。

「レ・プティ・カナール・セ・ラ・フェス！」（小さなアヒル、こりゃおしりだ！）

「おいおい！　おしりじゃないだろう、おしりじゃ！　分かってんのか？」

大声を上げて指導する、農耕民出身の教師。そのいらだちをよそに、バカの子どもたちは毎朝おしりの歌を歌う。反抗の色のある意図的な替え歌とも思えない。おそらくはまちがえて覚えたまま、すっかり定着してしまったものであろう。

歌の内容がおまつりであろうがおしりであろうが、子どもたちにはどうでもいいことにちがいない。アヒルの姿に似せたふりつけでからだを細かくよじらせながら、「おしりだ！」と叫んで、ニコニコと並んでいる。どうせ飽きたら、また森に入ってしまうだけのことである。怒り続ける教師の目に止まらぬように、私は腹をよじらせ笑いをこらえながら、ノートにそのことを書き留める。

フランス語の学習、定住、通学の習慣。バカの子どもたちの世界にもたらされようとしている規範と大きな意図は、しかし、いつもこうして勝手にずらされ、飼いならされ、子ども世界の中で遊ばれている。

これまでの章で見たように、子どもたちは身の回りのあらゆる要素を遊びの素材に組み入れて作り変えてしまう、あくなき楽しみ方のさまを見せてくれた。そのまなざしに即して見るならば、ここでは学校それ自体が、丸ごと子どもたちの遊びを構成する要素のひとつにされてしまっていたのかもしれない。学校が子どもをコントロールできていない、その生活を左右する大きな要因となっていない社会に出会うこととは、子どもが学校を遊びの活動の要素として取捨選択し、飼いならしてしまう場面を目撃することでもあった。

アブラヤシの木のブランコ
（フィールドノートより）

第七章

狩猟採集社会における子どもの社会化

本書では、**人類学者が狩猟採集民の子どもの仲間となり、子ども集団の中で参与観察を行う**という手法を用いることで、子どもの視点に立った民族誌を書いてきた。このことで、いくつかの新しいことが見えてきた。

バカの子どもたちは、遊びとも生業活動とも言いがたい「非生計貢献型生業活動」を数多く営んでいる。子どもたちが、このような活動に自発的に参加していくのは、活動の中に埋め込まれた遊戯的性格を見抜き、それを再現する能力をそなえていることに由来しているものと考えられる。また、おとなの諸活動を性別二項対立の図式においてとらえ、自らの行動選択において参照する能力をそなえているものと考えられる。**子ども集団の中で多くの活動を共に経験することで、個々の子どもたちは森の狩猟採集民となっていく**のである。

狩猟採集社会では、おとなが教育・訓練を行う様子を見ることがないかに見えるが、それは子どもたちによる自発的な集団形成と文化創造の過程を組み込んだ社会化の仕組みに負うものである。これは、**人類進化における長い狩猟採集生活の中でそなわった、巧妙な生業文化伝承の仕組みであると言えるであろう**。人類史におけるごく最近の発明に過ぎない学校教育というものを、そのような観点から問い直すこともできるかもしれない。

身の丈ほどもある太鼓を叩く

一　非生計貢献型生業活動と遊戯性の機能

非生計貢献型生業活動の性格

これまで見てきた子どもたちの生活世界と諸活動の記載に基づいて、バカの社会における子どもたちの社会化の仕組みを再構成してみよう。教育・訓練を行わない放任的なこの社会で、子どもたちはいかなる条件のもとで、期待された狩猟採集民となっていくのであろうか。ここでは、とりわけ子どもたち自身の動機の次元を重視しながら、分析を試みることとしたい(一)。

はじめに、第四章で論じた「非生計貢献型生業活動」についてまとめておく。子どもの活動を見る中で、子どもたちによって自発的に行われる、おとなの関与しない活動群が浮かび上がった。これらは集落に食物をもたらすわけでなく、カロリーとしてはほとんど貢献しない、文字通り「児戯のごとき活動」である。計量的な尺度のみで測るならば、それはまったく価値のない活動と見なされうるであろう。しかし、これらの活動は、子どもたちをその行為へと引き込むのに十分な遊戯性に満ちていた。

バカの子どもたちがくり広げていた五種類の非生計貢献型生業活動を、遊戯性と実益性の観点で分類し、模式図にまとめた(図7-1)。

野生動物を相手にする狩猟は難度が高いため、実益性が低く遊戯性が高い。一方、農耕、とりわけ栽培植物の収穫は難度が低いので、実益性が高い一方、活動自体の遊戯性は低い。釣りやかいだし漁は、ある程度の成果を上げることがあるため、活動の性格としてはこれらの中間に位置するであろう。採集は、おもちゃの材料として手近な植物部位を集めてくるなど、とりたてて遊戯的ではないが実益性が高いものから、イモ

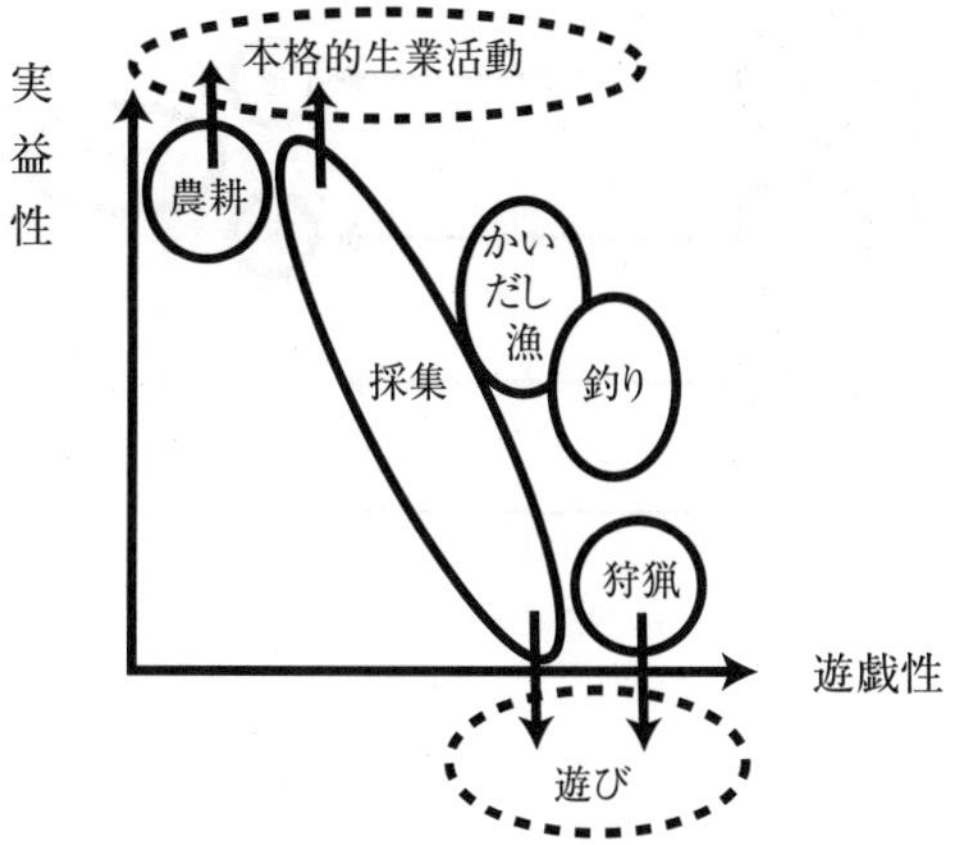

図7-1　さまざまな「非生計貢献型生業活動」の位置付け（模式図）

掘りやシロアリ取りなどのように、探すこと自体を楽しむ難度の高いものまで、ヴァリエーションに富んでいる。

難度が高く遊戯性の高い生業活動の様式は、そのまま、対象をずらした目的逸脱遊び（トカゲ狩りや昆虫採集）にスライドし、真に役に立たない遊びへと転化しやすい。一方、難度が低く遊戯性の乏しい生業活動の様式は、そのまま、おとなが食物を手に入れるために行う本格的な生業活動へとスライドしうる。

遊びと生業活動を、まったく同一視することはできない。しかし、遊戯性を含んだ生業活動を、遊びと完全に無縁のものと見なすことも、また難しい。このふたつの活動群の間には、グレーゾーンが広がっている。そのグレーゾーンには、遊戯性と実益性の点でさまざまに異なる活動群が図のように分布しており、子どもたちをその能力に応じて参加させるヴァリエーションをそなえている。

この、遊びと生業活動の両方にスライドしうる活動領域を豊富にもっていることが、森に暮らす狩猟採集民の子どもたちの特権と言えるのではないだろうか。

四つの遊戯性の機能

遊戯性が子どもたちを生業活動へと誘うというプロセスの中で、四つの異なる遊戯性がそなえた機能を、図7-2にまとめた。

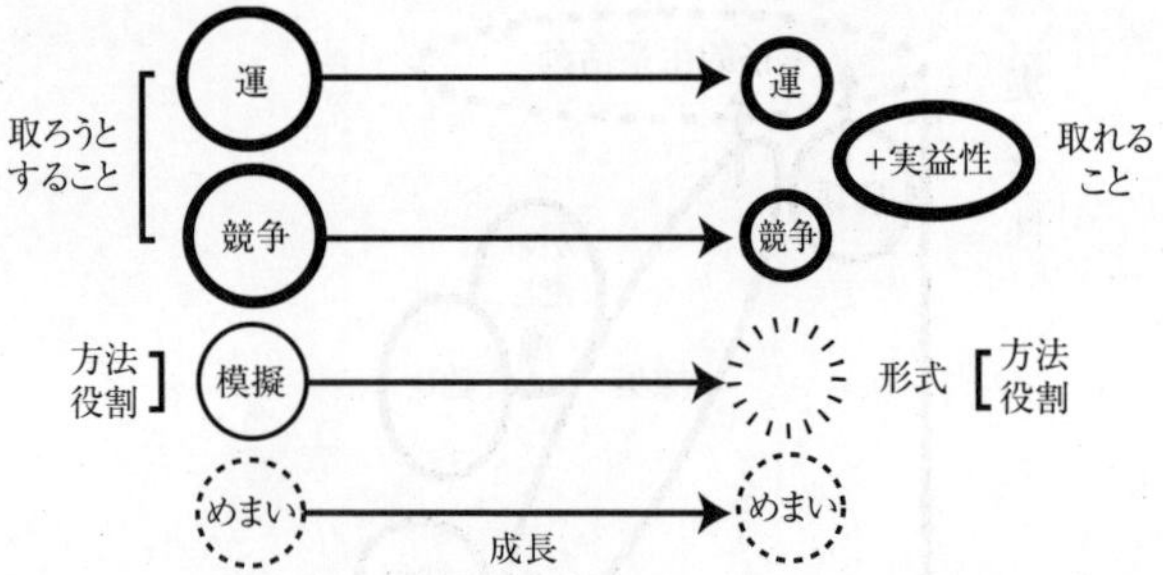

図7-2　遊戯性の機能と成長に伴う変化

〈運〉は、多様性に満ちた自然界から、目的とする対象を見つけ出せるかどうかを強く期待するなかで生じるおもしろさである。「取りたい（捕りたい／採りたい）」と思う対象が概念として子どもの頭の中にあれば、そして、身近な森の環境でそれが手に入るという予期さえあれば、容易に生じうるものであり、狩猟採集活動にきわめて密接な遊戯性であると言えよう。

また、〈競争〉は、とくに敏捷な動物を対象としたときに生じる、瞬発的な興奮である。目的とする動物と対峙した瞬間、与えられたわずかな時間とチャンスを逃すまいと、狙い撃つ者を強く駆り立てる。一般にバカにおいては、動物をしとめたハンターが賞賛されるわけではなく、また、競争的なスポーツを楽しむ様子を見ることも少なく、個人の能力や成果が突出しない平等的な雰囲気のただよう社会である。しかし、そのような社会的名声や能力評価はまったく別として、動物に向けられる強い欲求と衝動的な反応は、きわめて競争的なものと映る。

なお、〈運〉と〈競争〉に関して、子どもたちの技量の向上とともに対象の発見や捕獲が容易になっていけば、やがてそれらの遊戯性は低下し、実益性に取って代わられるであろう。一般に、人が何かの行為に取り組むとき、行為の機会が自分の技能とちょうど適合したときにもっとも楽しい経験となり、技能の方が優れると退屈になるからである［チクセントミハイ 1975（1979）］。いずれにせよ、遊戯性が実益性に接続されることで、活動への動機付けは維持されるであろう。

〈模擬〉は、子どもたちにしばしば見られていたように、おとなの文化要素、たとえば道具の使用法や集団の形成のしかたを模倣することを楽しむもので、文化の伝承に直接的に寄与している遊戯性であると言えるであろう。もっとも、子どもたちは文化の再生産を望んで模倣をしているわけではなく、バカの伝統文化の再生産にまったく寄与しない模倣（ドライバーのまねなど）も多く含まれていたことは念頭に置いておきたい。生業活動の様式を模倣したときは、〈運〉や〈競争〉によって遊戯性がさらに強化されるからこそ、そして時には実益性も伴うからこそ、その模倣が定着するものと考えられる。なお、成長により行動の形式が習得されてしまえば、借用を楽しむ〈模擬〉は消失する。

四つの遊戯性のうち、狩猟採集活動の世代間伝承との関わりがもっとも弱いと思われるのは、〈めまい〉であろう。これが、子どもたちを生業活動へと誘う上でいかなる機能をもっているのかは、これまでの観察においては明らかになっていない。森の道を駆け回り、木に登り、川で泳ぎ、歌ったり踊ったりするというふうに、狩猟や採集の行為そのものよりも、生業活動の周辺に付加されたり差し挟まれたりする余暇的行為のなかに、この〈めまい〉の要素を楽しむ姿が多く見られたからである。しいて言えば、身体を動かすことの喜びは、子どもが日中、定住集落などにとどまっているよりも、自然環境の中へと駆け出していく動機となっている可能性がある。家でじっとしていられない、年長期の子どもたちの姿を見かけたらすぐに飛び出してきて、ついていきたがる元気いっぱいの年少期の子どもたちを見ていると、広い意味で、子どもの活動全般を活性化させることに寄与しているのかもしれない。

そもそも、人間集団の文化は、子どもがそれを学びやすいと思うだけで、十分普及し維持されるとの指摘もある［Sperber 1996］。森林環境における生業活動の遊戯性が、子どもたちを、その自覚がないままにいつしか引き寄せ、学習する機会を提供し、その担い手を再生産させている。また、それぞれの遊戯性が、文化の世代間伝承において異なる機能をおびていることも興味深い点である。バカの社会において教育の不在が目立つというのも、生業活動に内在する遊戯性という子どもたちにおける心理的報酬と、それがそなえた諸

機能が、確かな文化伝承を保障しているからではないだろうか。(二)

二　子どもたちの社会化における四つのプロセス

森の中の「正統的周辺参加」

次に、どのような条件のもとで、幼い子どもたちは、活動と環境の中にひそむこれらの遊戯性を発見していくのであろうか。その鍵となるのは、おそらく子どもたちが自ら形成する集団である。ここでは、バカの子どもたちの社会化のプロセスを、「正統的周辺参加（legitimate peripheral participation）」の概念を用いつつ検討してみたい［レイヴ・ウェンガー 1991（1993）］。正統的周辺参加論とは、徒弟制をモデルとした学習理論である。学習を、知識の獲得・蓄積という個人的な認知のプロセスとしてではなく、ある共同体への参加という社会的なプロセスとしてとらえることが、この理論の特徴である。以下では、四つのプロセスに分けて、その仕組みを再構成してみたい。

（一）子どもが実践共同体へと参加する

昼間の時間帯に、おとなに放任された子どもたちが、自ら集まりを形成している。この集まりがひとつの「実践共同体（community of practice）」となって、より幼い子どもたちの参加を促す場となっている。年少期の子どもたちはこのような集まりに自ら参加したがり、参加を繰り返しながら、子どもたちは知識と技術を身につけていく。ただし、それを学習する機会とは、おとなによる教示、指導、訓練によるのではない。子ども集団に参加して一定の役割を帯びることで、また、森という環境の中で少し年上の子どもたちとともに日中の時間を過ごすことで、学習を重ねていくのであろう。
このプロセスにおいては、子どもが「身近な子ども集団に参加したいと思う欲求」をそなえていることが必要である。そもそも、ヒトは社会性動物として進化した霊長類の一種であるがゆえに、この性質の起源はかなり古くにさかのぼることであろう。

（二）生業活動の遊戯性に魅せられる

年少期の子どもたちが、子ども集団に参加して活動をともにする中で学習することはさまざまであろうが、道具の使い方や集団の形成のしかたと並んで、活動の遊戯性に目を開かれていくプロセスが重要であろう。森林の中のやぶを茫漠と眺めていても、素人目にはどこに何があるのか皆目見当がつかない混沌の環境に過ぎない。しかし、環境の中の有用植物の種類やありか、動物の兆候などを知ることで、それらを探し、狙うという楽しみ方を学んでいく。それは、幼い少年や少女の心をつかみ、自ら活動へとのめり込んでいく契機となる。

このプロセスにおいては、子どもが「生業活動の中にある遊戯性を認識し、再現したいと思う能力」をそなえていることが必要である。この性質がおそらくヒトに普遍的にそなわっているであろうことは、これまでも述べた。

なお、農耕だけは、子どもが自発的にそれを再現する遊びを構成しない生業活動であった。むしろ、おとなの期待に従って少女が畑に連れて行かれる様子が見られた。ただし、畑では作業の一部が遊戯化されたり、休憩や間食を行ったりする余暇的行為が含まれ、子どもを農作業の中に引き留めることができている。さほどおもしろさを伴わない生業文化を再生産するためには、何らかの工夫が必要なのかもしれない（三）。

(三) 少年と少女とで集まりと役割が分かれていく

バカの年長期の少年と少女は、それぞれ別の集まりを形成することで、年少期の少年と少女を別べつの実践へと誘っている。幼い子どもたちも、自分と相手の性別を正しく認識し、一方の性に割り振られた活動の役割を引き受けるようになる。

生業活動の集団に少年と少女のどちらもが参加することがあるが、その中での役割は明確に区別されていた。その役割を与えるのは年長期の子どもである。ある活動に少数者の性として入った子どもは「年下の役割」を与えられる（少女が弓矢猟に参加すれば勢子を、少年がかいだし漁に行けば魚拾いをするなど）。活動における役割は、たいてい同性の年上／年下の間で割り振られているが、それに性別の対立が重ねられている。これは、自分が将来どちらの活動を主導する役目となるかを、幼い子どもたちに認識させる十分な契機となっているであろう。

このプロセスにおいて必要な条件とは、子どもが「性別二項対立を認識し、自らの性別に即した行動を選択する能力」をそなえていることである。子どもの関心や活動領域が、性別によって生得的に定まっているという証拠は、観察の中からは得られなかった。しかし、少年や少女が、自分と同じ性別に割り振られた活動を目の当たりにし、その集団を選んで参加し、自らもその集団の一員としてふるまうようになっていくという現象を説明するためには、子どもたちが性別二項対立を認識して自らを重ね合わせようとする能力をもっていると仮定することが不可欠である。

多くのヒトの社会は文化の中に性別対立を含み、性別分業をもつが（第一章）、その中には生物学的性差との関連を見いだしにくい分業も存在している[D'Andrade 1974]。バカにおいても、男性＝「狩猟＋釣り」、女性＝「採集＋かいだし漁」の間に、根源的な必然性により結ばれた関係があるとは考えにくい。実際、めったにないことであるが、ごくまれに女性が釣りをし、男性がかいだし漁をすることがあるからである。

ただし、男性と女性を区別し、「狩猟＋釣り」活動群と「採集＋かいだし漁」活動群をも区別し、そのふたつの区別を恣意的に重ね合わせて、二項対立の図式で全体を把握することは、人間の認知として可能であるし、また同様のことは頻繁に行われている。(四) むしろ、子どもたちにとっては、分かりやすい行動選択の指針となるであろうことが推定される。

(四) おとなの実践共同体に接続される

子どもたちの実践共同体の中で役割を担うようになった少年や少女は、ある段階から、おとなたちの集まりに受け入れられるようになり、それへの参加を通して、本格的な生業活動を担うメンバーのひとりとなっていく。

このプロセスにおいて必要な条件とは、おとなの集団が子どもを適切な時期に受け入れ、参加させるという社会的操作である。

ただし、おとな集団への参加の契機においては、少年と少女とで傾向が異なっていた。一般的に、少女の方が早期からおとなの集団の中にまぜられ、集まりに参加を重ねることで、小さいながらも一人のおとなの女性としての役割を与えられている様子を見た。そのことが、シームレスにおとなの本格的な採集やかいだし漁の活動における役割へと接続されていた。少女は、早くからおとなの女性たちの実践共同体に組み込まれ、「社会に埋め込まれた経済」［ポランニー 1977（1998）］を担う一員となっていた。

一方、少年たちは少女に比べれば放任され、おとなの集団にまぜられる契機が少なく、何かの活動に同行しても別行動が許容され、むしろ自分たちで組織する小規模の自律的な活動をしているという違いを見た。

このおとな集団への包摂の時期のずれは何を意味しているかは明らかになっていないが、関連しうることをふたつ指摘しておきたい。

まず、動物を捕る狩猟は、採集よりも難度が高いことである。狩猟を行う男性の実践共同体に参加するときの「敷居」は、採集を行う女性のそれよりも格段に高く、狩猟の遊戯性が実益性に取って代わられるためには子ども期はまだ早すぎるのかもしれない。

また、一般的に狩猟採集社会は、食生活の上で採集に強く依存してきた社会であり［サーヴィス 1966 (1972)］、女性の日々の生計への貢献が重要である。このため、比較的容易に実益性を上げられる採集に、少女たちが早くから回収されていくのではないだろうか。

これら、生業活動がもつ性格の違いが、おとなの受け入れ方と子ども期の社会的行動の違いを生んでいる可能性がある。もっとも、おとな集団への参加にはまだやや時間がかかりそうな少年たちも、小規模な自分たちの集団の中で「参加」を重ねており、そこで学習した経験は、やがて本格的な狩猟集団への参加へと接続されていくのであろう。

おとなは何もしないのか

四つのプロセスをまとめると、子どもたちに性別の正統的周辺参加の機会が与えられている、それが、子ども集団とおとな集団という二段階での参加として用意されているということになる。

ところで、このような子どもたちの自発的な活動の展開に対し、バカのおとなは何もしないのであろうか。ここで、おとなが間接的に子どもたちの活動に方向付けをしていると考えられることを三つ挙げておきたい。

まず、おとな集団への受け入れである。これは本格的生業活動が営まれる実践共同体への参加と役割の自覚という意味で、子どもにとって大きな意味をもつであろう。

また、道具の提供がある。おとなの男性が釣り針ややりなどの狩猟具などを与える相手は、娘ではなく息子である。このように、直接的な教育ではなくとも、少年を釣りや狩猟の活動へと導こうとする意図が働いているであろう。

　そして、ジェンダーに関するおとなたちの語りも、間接的な効果をもたらしているかもしれない。たとえば、「○○（青年男性）はかいだし漁に行ったよ。女みたいにね」（青年男性のことば）などのように語られることがある。「男らしさ／女らしさ」に基づいて指示や禁止をする様子は見られないため、バカの社会におけるジェンダーの拘束はゆるやかなものであると考えられるが、子どもたちの行動選択には影響をもたらすことであろう。

三　結語

「遊び＝教育」論の再考

　最後にもういちど、冒頭で取り上げた、遊びに関する後付け的な解釈の命題に立ち戻ってみよう。「狩猟採集民の子どもたちは、遊びを通して教育・訓練されている」この命題は、はたして誤りであったのだろうか。

　本書で縷々述べてきたように、活動の遊戯性は子どもが活動に参加する動機として有効であったし、遊びの集団のなかで正統的周辺参加を果たして学習を重ねているのも事実であった。つまり、この命題は「一理ある」と言える。しかし、同時に、この命題がバカの子どもたち自身における動機と、自律的な文化創造の実態を覆い隠してしまっているのもまた事実であろう。

　子どもに対しては教育がなされるのが自然であり、ある社会で教育が欠落しているならば、何かがそれを補完していなければならない。このような推論の中で、遊びが補完物として取り上げられ、おとなが与える教育の代行をしているかのように語られてしまってきた。

むしろ発想を転換させ、子どもは集団の中で楽しみながら参加をし、やがて一定の役割を果たすようになるという、狩猟採集民の子どもたちの成長のスタイルを基本として、この命題を次のように言い換えることができるのではないか。

「狩猟採集民の子どもたちは、自分たちが形成する集団に参加しながら、やがて適切な役割を果たすようになる」

結果的な達成は似ているかもしれない。しかし、どのようなまなざしで相手をとらえようとするかは、軽視できないポイントであろう。文化人類学は、参与観察を通して視点の転換を誘う学問であり続けているはずだからである。

導かれた仮説

狩猟採集民の子どもたちは、なぜ放任していても、性別の生業活動に自ら身を投じていくのか。これが本書の冒頭の問いであった。これまでの観察と分析を経て、次のような仮説としてまとめられる。

（一）子どもは、生まれながらにして、以下の能力をそなえていると考えられる。

・集団に参加したいと欲し、その一員となる能力（集団作りの力）
・活動に内在する遊戯性を認識し、再現する能力（遊ぶ力）
・性別二項対立を認識し、再現する能力（物事をふたつに分ける力）

（二）この三つの性質があらかじめそなわっていれば、子どもは自発的に性別に割り振られた生業活動の集まりに加わり、そのおもしろさを見つけて楽しむようになり、それらの活動を担う成員となる。つまり、狩猟採集民の生業文化が再生産される。

ここで示した仮説が妥当かどうかを検証するためには、さらに多くの子どもの民族誌が必要となるであろう。つまり、育児や教育などのおとなのまなざしによる民族誌ではなく、生業文化や環境が異なる世界中の子ども集団に参与観察し、その生活世界を子どものまなざしにより紹介する民族誌である。

たとえば、ケニアの牧畜民サンブルの少年たちも、放牧の間に小動物に棒を投げて捕らえることがある[湖中 1998]。つまり、子どもの狩猟行動は狩猟採集民の子ども特有の行動ではない。おそらく生業活動への接続のしかたにおいて、文化的差異が関わってくるのであろう。

一方、同じ性質をそなえていると考えられる、現代社会の子どもたちに対する示唆をも与えるかもしれない。学校教育は、「学ぶ側」ではなく「教える側」の主導権のもとにデザインされた営みであり、社会と環境の中で成立した子どもたちの学びのあり方とは明らかに質を異にしている。学校に対する子どもたちの行動選択（第六章）は、人類史において最近出現した教育制度の意味を問い直しているように思える。

狩猟採集社会の近代化に伴う変容は、子どもの生活と社会関係を大きく左右する要因となっていると指摘されている［Akiyama 2001］。バカにおいては学校教育によって子どもの価値観が大きく変化したという観察はないものの（第六章）、近代化と無関係ではいられない現代の狩猟採集社会の文化の再生産を見る上では、社会変容を射程に入れた長期的研究が必要であろう。

人類進化における理論的な課題

冒頭に述べた通り、狩猟採集生活は、人類進化史約七〇〇万年のうちのほとんどを占める、人類にとってもっとも関わりが深い生活様式であり続けた。今日の人間社会も、狩猟採集生活の中でそなわった身体的・行動的特徴の上に成り立っていると考えられている。

仮説として示した三つの能力とは、いずれも今日の都市生活を営む人びとの間にも共有されているであろう、おそらくはヒトに普遍的な能力である。これらが、なぜ、いつ、いかにそなわったのかは、人類学における興味深いテーマとなるであろう。ただし、狩猟採集生活を営む上で、その生業文化が円滑に世代間伝承されることは、人間集団が持続的に生存するための条件として不可欠であったであろうという推論は可能である。そのための生得的能力が、進化の過程でそなわったと考えることも。(五)

集団を作ること、遊ぶこと、そして構造主義的な記号操作に長けていること、このような欲求と認知の能力が進化の中でヒトにそなわった過程を明らかにすることは、本書の力量をはるかに超える。しかし、少なくとも、これらが生業文化の伝承のプロセスに何らかの形で関与してきたことは確かであろう。

「人はなぜ遊ぶのか」。この問いは、古代ギリシャの時代から今日にいたるまで、多くの哲学者や思想家を悩ませてきた。そのヒントは意外にも、捕れもしないのに意気揚々と森の中に出かけていく、小さな〈ハンター〉たちの姿のなかに見いだせるのかもしれない。

もちろん、当人たちには、そのようなつもりはさらさらないはずである。人類進化に思いをはせて思索に耽るノブウなど、ただの足ののろい不器用な弟子のひとりに過ぎなかったにちがいない。私の理論的関心などよそに、森では今もあの子どもたちの後輩が、あの日と同じように仲間を作り、かごや鍋や刀を手にしながら、森の細道をすばしこく駆け巡っているのだろう。

少女たちが採集で使う小さなかご
（フィールドノートより）

補論

フィールドで絵を描こう

人文・社会科学における スケッチ・リテラシー

バカの子どもたちとともに調査を進めるなかで、私はよく絵を描いていた。

カメラが森の湿気で壊れてしまったという偶発的なきっかけにより、私はフィールドで毎日スケッチを描くようになったが、実際にこれを行ってみると多くの利点があることが分かった。観察対象を正確に理解、記録できたことはもちろん、現地の人たちと仲よくなり、資料をスムーズに集め、データベースを作ることもできた。さらに、帰国後の学会などでのプレゼンテーションでも大いに役立った。

文字だけに頼って記録するよりも、はるかに実りある調査を進めるために、**人文・社会科学の手法としてスケッチをいっそう活用することを提言したい**。自然科学、とりわけ生物学がそうしてきたように、人文・社会科学の大学教育にも、スケッチ・リテラシーの授業を取り入れてはどうだろうか。

伝統的な住居「モングル」

一　はじめに――ヒト、絵を描く

本論は「社会調査において絵を描くこと」の有用性について論じる。これは第一義的には、効率よく社会調査を行うための方法上の提言である。しかし、このテーマは方法論の域をはるか超え、人文・社会科学をめぐる根本的な諸問題にも関わってくることになる。ここでは、私の具体的なフィールド経験に根ざしつつ、方法としてのスケッチの有用性や特徴を分析することを中心とする。そこから派生する諸問題については、最後の部分でまとめることにしたい。

そもそも、絵は人類最古の記述形式である。卓越した視覚、高度な操作性をもつ手指、道具の使用を可能とする脳の三つがそなわったヒト（*Homo sapiens*）は、長きにわたって文字ではなく絵を描く動物として地上にあった。考古学的な証拠によれば、遅くともおよそ三万五〇〇〇年前には絵画が出現し、アフリカ、インド、オーストラリア、ヨーロッパなどの各地で独自の発展を遂げた［ロバーツ 2000（2002）］。最古の文字であるシュメール文字の発明はおよそ五六〇〇年前と見られ［コムリーほか編 1996（1999）］、文字の歴史は絵のそれに比べてきわめて短い。その文字ですら、当初は象形文字、すなわち一種の絵であった。

今日まで、技法や素材、対象に広いヴァリエーションを見ながらも、絵をまったく描かず、また絵に関心を示さない民族というのは見られない。絵を描くことは人類の普遍文化のひとつと考えてよいであろう。「ヒトは絵になじみやすい動物である」。本論はこの認識に立ち、絵を描くという人類の営みを、人文・社会科学の中に正当に位置付けることとしたい。

二　なぜ人文・社会科学におけるスケッチか

人文・社会科学における文字の優位性と課題

私は、人文・社会科学にスケッチという記述形式を広く導入しようと提案する。なぜそれが必要であると考えるのか、まずその背景をまとめる。なお、ここでは広く人文・社会科学を想定して論じるが、おおむね私が関わることの多い人類学・社会学から材を取ることにする。

これまでの人文・社会科学においては、調査から記録、分析、表現にいたるまでのすべての過程において、文字が圧倒的に優位な記述形式であった。フィールドワークであれば、インタビュイーの語りをテープレコーダーやビデオカメラに収め、文字にして記録、公表する。質問紙調査であれば、質問紙を配布して文字で記入してもらうか、または即座に文字化できるような口頭での質問によって行われる。質的、量的を問わず、社会調査においてはそのほとんどの作業が文字で行われ、その形で公開されてきた。

もちろん、私は研究における文字の重要性を否定しているのではない。しかし、文字という形式に固執することは、かえって調査と表現の幅をせばめ、人文・社会科学の応用力をそぐ結果を招きかねないと考える。

私が文字だけにこだわるべきでないと考える理由は、ふたつに大別できる。一点目は、人間および社会の研究という原点の確認である。人間社会とは人がもっとも興味をもつであろう対象なのに、今日その研究があまりにも難解なものとなり、多くの人の関心をとらえそこなっている現状がある。「概念が概念を生む」というのは言語の長所と言えるが、それがあだとなり、人文・社会科学者は際限なく概念を操り続ける道化師となってしまうことがある。しばしば、現実の社会という対象に肉薄する迫力を失っていることすらある。

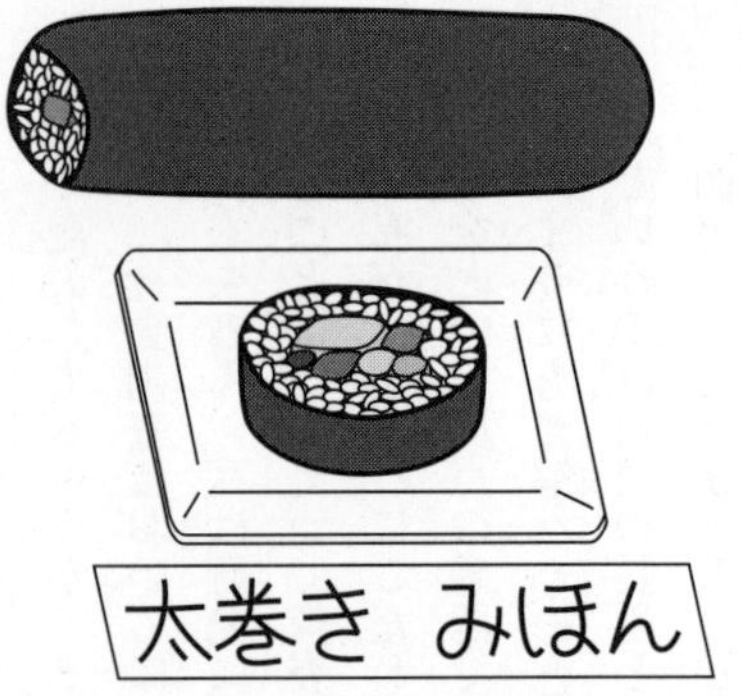

図A-1　太巻きの断面みほん
人文・社会科学はすし屋の明解なプレゼンを超えることができるか。

概念にとらわれすぎた人間と社会に関する科学を、概念の呪縛から解放することを考えるためにも、文字化にこだわらない社会調査を検討してみたい。

二点目は、表現の明解さ・簡潔さの追究である。野心的な研究が行われたとしても、表現が煩雑であったら、多くの読者を科学的知識から遠ざけてしまうことになる。『資本論』［マルクス 1867（1958）］の冒頭の商品と貨幣をめぐる長い長い叙述によって、これまで世界中で何人の読者が挫折を強いられたことであろうか。そこにグラフの一枚、挿絵の一枚でもあれば、多くの読者を『資本論』の深みに誘うことができたであろうに[二]。

論文執筆において図を適切に用いる技術は、簡潔に表現し、読者を理解へ誘うことを本務とする科学者に求められる基礎的なリテラシーのひとつであると言ってよいであろう。しかし、人文・社会科学においては、この点がなおざりにされてきたきらいがある。難解な用語をちりばめた長文をしたため、長時間の演説を打つことが優れた研究であるかのような風潮が今なお散見される。人文・社会科学教育における影響も大きく、若手研究者においてもその傾向は再生産されているようである。

図A-1は、すし屋が店先で掲げていた、太巻きの断面のみほんを図示したものである。具の種類と分量に関心を寄せる客のニーズに一目瞭然で応える、あざやかなプレゼンテーションである。人文・社会科学は、このすし屋の明解なプレゼンを超えることができるであろうか。

本論における私の提言は、まずこのような現状認識を背景としている。

自然科学におけるスケッチの伝統

一方、絵を描くことを伝統的に科学の一方法として重視してきた分野がある。自然科学、とりわけ博物学的性格の強い生物学や地質学・鉱物学である。

自然の構造を知り、その多様性に関する知見を蓄積するこれらの分野では、対象をよく観察し、その特徴を正確に記録することが求められる。記録には文字も使われるが、特徴を観察者が自分で視覚的に再現すること、つまりスケッチが重要とされる。実験系の生命科学が隆盛になった今日でも、大学の生物学実習では必ず生物スケッチの教育が行われている。後で述べるように、私もその教育を受けてきた者の一人である。

本論は、生物学などが用いてきたこの方法論を人文・社会科学にも導入することを考える。それは、人間および社会を直接観察で学ぶという博物学の視角をもつことでもある。

スケッチの定義と特徴

スケッチは、適当に絵を描けばよいというものではない。科学の記述形式として用いるにあたって、いくつかの留意点がある。本節ではスケッチの定義と特徴を確かめたい。まず、スケッチを次のように定義しておく。

[スケッチの定義]　スケッチとは「調査者が対象を直接観察して認識したことのうち、科学的に重要と考えられる特徴をあまさず明解に記録した絵および関連する文字」である。

定義の中で重要なポイントは、次の三点である。

［ポイント1］対象を直接観察して認識

自分で対象を直接よく観察して描かなければならない。そして、見ていないことはけっして描いてはならない。

［ポイント2］科学的に重要と考えられる特徴

情報の取捨選択をしながら描く。生物スケッチの例で言えば、陰やツヤは描き込まない。また、どの特徴が重要なのかを知るために、自分が依拠する学問体系の基礎知識に通じていなければならない。

［ポイント3］あまさず明解に記録

重要なことはあまさず記録する。また、表現は明解でなければならない。原則として実線と点だけで描き、破線やかすれた線、塗りつぶしなど複数の解釈を生みうる表現は使わない。また、輪郭は必ず閉じなければならない。

スケッチという方法の特徴に関する理解のために、「スケッチは何でないか」をいくつか例示しておこう。

［特徴1］スケッチは芸術ではない

科学の方法としてのスケッチは、美を追求する芸術ではなく、正確さと明解さを至上の価値とする記録である。人びとの感動を招く「絵画」ではなく、適切な情報を盛り込んだ「作図」を目指さなければならない。

［特徴2］スケッチは特殊な才能を必要としない

スケッチには、創造性やセンスなどの特殊な才能を必要としない。芸術的な野心は、かえってスケッチの妨げになることがある。必要なのは、丁寧に描き続ける根気と、見たものをありのまま描こうとする科学的な倫理である。

［特徴3］スケッチは特殊な道具を必要としない

基本的に紙と筆記用具があれば、いつでもどこでも作業できる。フィールドノートやマス目入りのノートが便利なこともあるが、白紙でも十分役に立つ。筆記用具も、使い慣れた黒の鉛筆かボールペンが一本あれば十分である。機器を用いないので、電気のない所でも作業できる。

［特徴4］スケッチは自然な状態を重視するとは限らない

必要であれば、特徴を記録するために対象に改変を加えてよい。生物スケッチでは、見やすい角度に置き直すほか、組織の一部を取り去ったり断面を見たりする。ありのままの形状や印象を写し取ろうとする風景画や静物画とは目的が異なる。

［特徴5］スケッチは文字を排除するものではない

スケッチは絵を主体とするが、通常は絵に文字情報を書き添える。生物スケッチの例では、サイズ、色、部位の名称、記録日時、場所、学名、方名（現地語での呼称）などの情報が必要であり、文字を効果的に併用しなければならない。

［特徴6］スケッチはすぐに描けるようにはならない

正確で十分な情報をそなえたスケッチは、いきなり描けるものではない。芸術的才能はいらないが、一定の訓練や経験を必要とする。スケッチ・リテラシーを身につけるための教育が必要なゆえんである。

以下では、このようなスケッチを、社会調査において実際どのように活用することができるのか、私の研究歴を振り返りながら「実践編」を見ていこう。

三　社会調査法としてのスケッチ

大学でのスケッチ教育

私がスケッチの教育を初めて受けたのは、理学部三回生のときに取った生物学実習でのことであった。植物や動物をとりまぜて、毎日毎日何らかの素材が出され、ひたすら順番にスケッチを取る訓練をした。シダの葉の裏のぽつぽつも描いたし、茎の断面も見た。フナのウロコ、カエルの心臓、霊長類や古人骨の頭骨も描いた。ちょっとがまんして丁寧な記録を取るようにスケッチを描くと、細部までよく見る癖がつき、記憶にも残るものだということが印象に残った。

実習のとき、向かいに座っていた学生は「こんなめんどうなこと、機械にやらせればいい。そのうちオレが開発してやる」と音を上げた。でも、自分の目を肥やすためにやっているんだから、それはちょっと違うよな、と私は聞き流した。それに、何が重要な特徴かは人間の頭が決めるのだから、どこまでいっても、これは人が手でやらなければならない作業ではないかと思う。

気長な性分にも合ったのか、私は毎日のスケッチ実習が楽しかった。半年間の基礎的な実習が終わり、友人たちの大半はミクロ系生物学の実験実習に進んでいったが、私はその後も生態学、比較解剖学、自然人類学というマクロ系生物学の実習ばかりを選んでいった。つまり肉眼観察とスケッチで勝負する博物学系の分野である。また、専攻していない地質・鉱物学の野外実習にも飛び入りで参加させてもらい、地層のスケッチを描く勉強をした。

私の基礎的なスケッチ・リテラシーは、おそらくこの一年間に培われた。しかし、以後はスケッチをする機会もなくなり、何となくその能力を使うことがないまま数年が過ぎた。それが、社会調査の場面でいきなり再現することになった。

社会調査とスケッチの出会い

境遇が変わり、大学院博士課程のとき、本格的な人類学のフィールドワークをすることになった。本書で紹介したように、カメルーン共和国の熱帯雨林に暮らす狩猟採集民バカの集落に住み込んで、とくに子どもたちを対象とし、彼ら、彼女らの伝統的な生活とその変容に関わる調査にたずさわった。

調査地に入った当初の私は、写真こそが正確な記録であると信じ、何でもカメラで撮ればよいと思っていた。その当時のノートをめくり返してみると、文字ばかりでうまっている。

ある日、私がもっていた唯一のカメラが壊れてしまった。原因は湿気である。熱帯雨林の中のすさまじい湿気のせいで、フィルムがカメラの中の部品と癒着し、巻き取れなくなった。むりに巻き取ろうとしたら、部品がポキッと折れた。このことで、フィルムの入れ替えもできなくなり、写真がいっさい撮れないことになってしまった。

カメラ屋などない森の中。私を送りに来ていた車はもう帰ってしまった。およそ九〇〇キロメートル離れた首都までカメラを買いに行くこともできない。次の車の迎えの約束は三か月後。ああ、貴重なフィールドワークの期間を、記録媒体なしに過ごすのか……。私はそうとう弱っていた。しかし、実はそれが幸いした。

カメラを失った私は、その代わりにという感覚で、自分の手でスケッチを描き始めた。

ある日、子どもたちが畑で晩ご飯のおかずの材料になるキャッサバの葉っぱを収穫してきた。それまでの私であったら、写真を一枚撮って終えたであろうが、今カメラはない。ふと思いつきでノートにその葉っぱのスケッチを描いてみた。とたんに子どもたちが寄って来て

「ノブウ・エ・ア・デデ！」（ノブウが絵を描いたよ！）
「イヨー、デ・ナ・ジャボカ」（わー、キャッサバの葉っぱの絵だ）

と大はしゃぎしたため、その反応にちょっとびっくりした。スケッチっておもしろいかもしれないと思った瞬間であった。

住み込みのフィールドワークなので、時間だけはたっぷりとある。それなら、あり余る時間を使って毎日スケッチでも描いてみようか。そのような感じで、集落で目につく物事をいろいろと描いてみる暮らしが始まった。

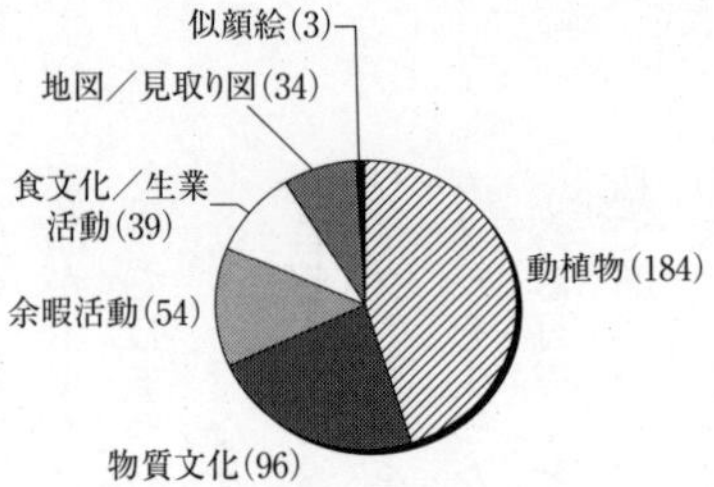

図A－2　スケッチの対象と点数（計410点）

社会調査におけるスケッチのタイプ

「それ、ちょっと見せてね」

何か珍しい物を見かけたら、そう声をかけてノートを広げ、数分から一〇分ほどでスケッチをひとつ描き上げる。その昔鍛えた目と腕を使えば、難しいことではなかった。色やサイズなどの情報を書き添え、現地語名称とフランス語名称を確かめて、できあがり。

終わったらお礼に代えて「ほら！」と見せてあげる。絵が細かければ細かいほど、「うわー」と歓声があがる。慣れてきたら、私がノートを広げてしゃがんだだけで、子どもたちが周りに集まってくるようになった。「これ何?」「頭だ」「しっぽだ」などと周りから聞こえてくるおしゃべりも重要な情報になる。

こうして日々描きためていったスケッチは、およそ七か月で四一〇点にのぼった[二]（図A-2）。平均すれば、ほぼ半年間にわたって毎日二点ずつスケッチを描いていたことになる。

生物スケッチ出身の私にとって、もっとも多く描いた対象は動植物であった（図A-3a）。まず、食物である。毎日の食材になる植物を描いた。次に、獲物として捕れた動物。果物、果樹、畑に植わっている作物、

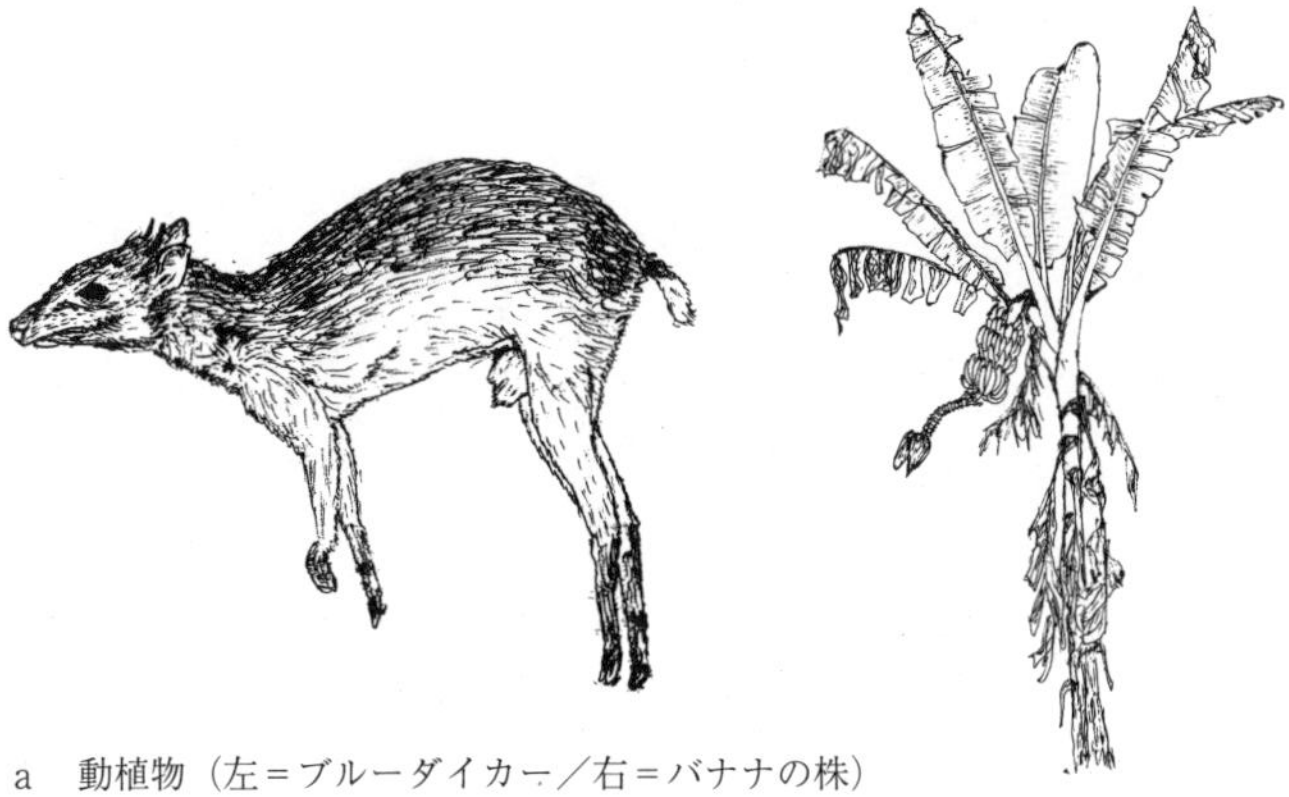

a　動植物（左＝ブルーダイカー／右＝バナナの株）

b　物質文化（左＝モングル（伝統的な住居）／右＝いす）

c　余暇活動（左＝踊る子どもたち／右＝森の精霊のダンス）

図A-3　フィールドにおけるスケッチ
1997年8月〜1998年3月、カメルーン共和国熱帯雨林地域にて。

周囲の木々、昼寝する飼い犬や昆虫も描いた。

動植物を一通り描いたら、次は物質文化（図A-3b）に取り組んだ。家や小屋などの住居、いすなどの家具、臼などの調理用具、ミニカーや鉄砲などの子どものおもちゃ、狩猟道具、かご、釣り道具、楽器などである。

さらに、私が好んで描いたのは、人びとの余暇活動である（図A-3c）。子どもの遊びや踊りの集まり、森にひそむ精霊（の衣装をまとった踊り手たち）のダンスも描いた。

そのほか、食文化の観察記録として、盛りつけられた料理を描いたり、調理の手順や狩猟採集活動の様子を観察して、四コママンガ風に描いたりした。

また、集落や家いえ、道や川の配置を図として記録した。時には正確に測量して地図を作り、時間のないときでもラフな見取り図としてノートに残した。

子どもたちの似顔絵も描いていこうと思っていたが、モデルとしてじっとしているのに耐えきれず泣き出してしまった子がいたので、これはあまりやらなかった。

こうして、スケッチの対象は広くバカの社会の文化全般におよんだ。この蓄積が、私の何よりの宝となった。

何か月か後に、私の大学の教員が調査地に立ち寄り、一眼レフの上等なカメラを貸してくれた。もちろんそのことはたいへんありがたかったが、私はすでにスケッチにすっかりはまっていて、以前ほどカメラだけに頼ることはしなかった。それほど、スケッチは毎日の調査に欠かせない基本的な手法になっていた。

社会調査におけるスケッチの有用性

スケッチは社会調査で具体的にどのように役に立ったのか、私の実際の経験をたどりながら、その有用性を六点に分けて述べてみたい。

［有用性1］対象の正確な理解

スケッチにより対象を正確に理解できる（図A-4）。スケッチはじっくりと対象を観察し、自分の手でそれを再現するため、きわめてよく理解でき、鮮明に記憶に残る。

これは、動植物に関する知識に限らない。動物をしとめるためのわなの構造、子どもたちが作る精霊の衣装の編み方、釣りざおの素材、遊び小屋の建て方などを細部まで理解できたのも、すべて自分で丹念にスケッチを描いたからであった。

図A-4　スケッチにより対象を正確に理解できる（有用性1）

なお、その丹念さがあだとなって、身に危険が迫ったこともある。ある日、森で採れたハチミツが私のところに届いた。蜂の巣のかけらにハチミツがべっとりと含まれていて、巣ごとかじるものである。狩猟採集民にとってはこの上もないごちそうで、バカの知人が私にもおすそわけしてくれた。初めてハチミツをもらった私は、喜んでスケッチを描き始めた。「早く食べた方がいいよ」と知人。「うん、うん」とうなずきながら、私は蜂の巣の六角形の部屋をひとつずつ描き、その上に止まっている蜂の姿まで描き込んだ。

だいたい描けたかなと思って顔を上げたとき、私はギョッとした。ハチミツのにおいを嗅ぎ付けた何百もの蜂の大群が、周囲に渦を巻いて押し寄せていた。知人は火をおこして蜂を

図A-5　スケッチにより対象を正確に記録できる（有用性2）

追い払い、私はハチミツをもってテントに逃げ込んだ。テントの中にまで蜂が飛び込んだため、それを追い出すのに一苦労し、集落中がたいへんな騒ぎになってしまった。

スケッチのために丁寧に観察することは、とてもよい勉強になる。一方、丁寧さに目を奪われて自然の脅威を忘れると、たいへんなことになる。フィールドではその両方を学ぶことができる。

［有用性2］対象の正確な記録

スケッチにより対象を正確に記録できる（図A-5）。スケッチの利点は、よく見ることのみならず、それが明解で有用なデータとしてノートに残ることである。

プランテンバナナを削って作ったミニカーや、パパイヤの葉柄を切って作った空気鉄砲などを、すべて生物と同じように丹念にスケッチし、色やサイズ、日付、場所を書き込んだ。少年たちと釣りに行けば、必ず川の見取り図を描き、幅、流れの向き、倒木や岩の配置を描き入れた。少女たちがイモ掘りに行くのについていったら、芋を掘った穴の形状のスケッチを描き、広さ、深さ、角度などを書き込んだ。踊る人びとがいれば、手足の動きや衣装などを絵で記録した。

対象はみな視覚的な事象なので、そのまま視覚的なスケッチとしてノートに残した。このデータを使うのは、何年か後になるかもしれない。そのときに文字の羅列しか残っていなかったら、印象がまるで再現できないからである。

このようなとき、写真やビデオがよい記録媒体になると思われるかもしれない。しかし、これらには実は多くの短所がある。写真やビデオは風景をまるごと撮り込むために関心の焦点が拡散し、後で重要なことを確かめられないことがある。また、三六〇度全方位を撮ることができず、風景が断片的に記録されるため、全体的な状況を俯瞰的にとらえて記録することができない。さらに、フィルムやテープには、サイズや個数、人数、距離など、観察していて気づいた情報を自由に書き込むこともできない。

スケッチの本領は、記録の自在さと優れた再現性にある。文章化が必要であれば、論文を書くときにあらためてスケッチから文字に翻訳すればよい。また、後述するように、スケッチは論文生産やプレゼンテーションの段階でも威力を発揮する。

図A-6　スケッチはラポールを形成する（有用性3）

［有用性3］ラポールの形成

スケッチはラポール（信頼関係）を形成する（図A-6）。つまり、土地の人にたいへん受ける。目の前の物を即座に描き、その場でみんなに見せれば、大笑いしてもらえること必定である。言語の要らないこの方法で、私はどれほど話題をつないだことだろうか。そして、それが緊張の緩和にどれほど役立ってきたことか。

もちろん、デジタルカメラのように、撮った画像をその場で見せることができる機器はある。それはそれで喜ばれるであろうし、技術革新がラポール形成に貢献する場面は確かにあるであろう。ただ、スケッチには、それら画像機器にはない不思議な「おかしみ」があるようである。画像のおもしろさだけでない、行為のおもしろさとでもいうべきだろうか。

彼ら、彼女らにとっては身近なありきたりの物事に過ぎないのに、よそから来た人がやたらそれに興味をもち、鼻に汗をかきながら熱心にスケッチを描いたり質問したりする。その落差がとてもおかしいらしい。しかも、スケッチが丁寧に細かく描けていればいるほど、その熱心さがまたひと笑いになる。「おい、こんなもの描いてるよ」(笑)という感じの笑いである。

対するこちらは、捨て身の一発芸である。「何も知らんですんませーん」と低く出つつ、相手の懐に入っていくのは、フィールドワークの極意であろう。嘲笑まじりであろうが何であろうが、相手が自分に興味をもってくれたらそれで一歩前進、さらに受けを取ったらしめたものだ。

もちろん、宗教的な対象の場合は、注意を要するかもしれない。偶像を好まない宗教もあるからである。狩猟採集民たちが信じる森の精霊(に扮したダンサー)のスケッチを描いたとき、反応はどうだろうかとひそかに緊張した。結局、案ずることもなくみんなに大受けしてもらったため、後は安心して精霊たちのダンスをたくさん描くようになった。そのようなときは、関連する小道具などから小出しに描いて様子を見るのがよいかもしれない。

重要なのは、これらの過程でまったく言語を使う必要がないということである。学校教育が浸透していないアフリカの村落などでは、公用語のフランス語を話せるのは成人男性だけということがある。私が相手の言語になじむまでの間、女性や子どもたちにもすぐに分かってもらえるスケッチは、最強のコミュニケーション・ツールとなった。時には、コミュニケーションのためにスケッチを描くことすらあった。(三)

若き日の言語学者金田一京助は、自分がまったく理解できない樺太アイヌ語の調査を始めた当初、村で絵を描いて子どもたちに見せたという。紙に顔の絵を描いて「シシ(目)」「チャラ(口)」などの語を聞き出すほか、めちゃくちゃな線をぐるぐると描いて「ヘマタ(何)」という語を子どもたちから聞き出すことに成功した［金田一 1931］。

ここで重要なのは、絵が明解で分かりやすいということにとどまらない。それまでは調査者を避け、すぐに逃げてしまっていた子どもたちが、絵を見てどやどやと集まり、調査者に喜んでことばを教え始めたことである。つまり、絵を介すると、関係が楽しくなるのである。相手の警戒心を解き、ラポールを培う上で、絵が果たしうる役割はきわめて大きいことを示す事例であると言えよう。

絵は、おおむねどこの民族、どの性・年齢層の人が見ても理解可能な、普遍的表現である。そのことを、このような瞬間に身をもって感じる。

図A−7　スケッチは資料収集を円滑にする（有用性４）

［有用性４］資料収集の円滑化

スケッチは資料収集を円滑にする（図A−7）。絵を描いていると、資料がひとりでに集まってくることがある。

「ノブウがスケッチを描くらしい」ということは、けっこう噂になっていた。「今日はあれを描いた」「これを描いた」と話している様子が聞こえてくる。そのようなことは話すにまかせておく。もちろん、ありがたいことである。

夕方になると、「今日は川でカニが捕れたよ！」と子どもたちが獲物を見せにくる。「エビだよ」。「ありがとう」と私はひとつずつ借りては、スケッチを描く。スケッチができれば、子どもたちはそれを見てニッコリし、カニとエビをもって家に帰っていく。

私としては（もちろん食べ物をくれるときもうれしいけれど）、こうやっていろいろな物を見せに来てくれることが何よりも楽しかった。子どもたちがスケッチを見るのを楽しみに来てくれるし、また私が新しい物をいろいろ見る機会が得られるからである。さらに、このような機会に私は物の名前を教えてもらい、それにまつわるできごとの話を聞き、そこからだんだんと現地のことばを覚えていった。

ある朝、村長が何やら細長い物をぶら下げてやって来た。「見ろ、ノブウ。マムシだ」「今朝、家の中で退治した」刀の一撃を受けて首がちぎれかけた毒ヘビの死骸を、村長自らがぶら下げて私のところに見せにきた。もちろん、私はスケッチに描いてさしあげた。

このように、スケッチが醸成するラポールは、資料収集を円滑にし、調査者の視野をいっそう広げることにも寄与する。

図A-8　スケッチはデータベースを形成する（有用性5）

［有用性5］データベースの形成

スケッチはデータベースを形成する（図A-8）。スケッチは現地の人びととの関わりにとどまらず、実際に論文生産に役立つという側面を指摘したい。

数か月ぶりに森から町に出た。カメルーン共和国政府に提出する調査報告書の締め切りが迫っていた。体系的な調査がなかなかできていなかった当時の私にとっては大きな宿題で、何を書いたらよいものかと頭を悩ませていた。

図A－9　スケッチは表現を明解にする（有用性6）

ノートをめくってみたら、文字が少なくてスケッチばかり。だとすれば、この自然とたまっていたスケッチが、調査の成果ということになるのかなと思って、スケッチのコピーを取って並べてみた。すると、森の中で遊ぶ子どもたちのおもちゃの数かずがずらりと並んだ。森の植物素材を集めてひとつずつおもちゃを作り、工夫を凝らして遊んでいる子どもたちの姿が目の前に浮かんだ。「これだ！」と思った私は、そのときにひらめいたキーワード「バカの子どもの物質文化の研究――道具とおもちゃ」をタイトルとし、さし絵満載の英文報告書を仕上げて、カメルーン政府に提出した［Kamei 1997］。

この報告書を元にした論文が、やがて本の一章となり［亀井 2001b］、博士学位論文の一部をなすことになった［亀井 2002］。また、アメリカ人類学会での発表となり［Kamei 2002b］、国際狩猟採集民学会でも笑いを取り［Kamei 2002a］、そして英文で刊行された本の一章となった［Kamei 2005］。スケッチの蓄積はいつしか魅力的なデータベースとなり、これらを生み出す源泉となった。

［有用性6］表現の明解化

スケッチは表現を明解にする（図A－9）。後日、論文や学会発表で成果を報告するとき、スケッチの記録を元にした図を使うと、表現がきわめて明解になり、多くの読者や聴衆の関心を引くことができる。

森の中で「ミニチュアのバナナ」というおもちゃを見た。少女たちが数センチメートル程度の未熟なプランテンバナナを拾って束ね、肩に担いで歩き回る。おとなの女性たちが大ぶりのプランテンバナナを収穫して運ぶ姿をまねた、一種のままごとである。この遊びを学会で紹介するとき、写真を撮っていなかったことに気づいた。それなら、と描きなぐりのノートのスケッチを元に、パソコンでスケッチを再構成して、写真の代用のイラストを作ったところ、分かりやすいと好評であった［亀井 2001a］。

やがて国際学会に参加する機会も増えてきた。英語のネイティブスピーカーでない私が、語学の力に頼らずに聴衆の関心を引く方法は、絵よりほかに考えられない。私はふたたびノートのスケッチを元にしたイラストをせっせと描いては、いろいろな会議へもっていった［Kamei 2002a ; 2002b］。そして、多くの人たちの理解を得ることができた。

私の博士学位論文は、狩猟採集民の子どもたちの日常生活をテーマとしたものであった［亀井 2002］。内容不足を指摘されながら公聴会の日を迎えたが、そこでの頼みの綱は、やはりイラスト満載のスライドであった。公聴会が終わった後の聴衆の反応は、

「イモ掘りをする女の子たちの絵が笑えた」
「道具の描写が妙にリアルだった」

と、コメントがイラストに集中した。少なくとも表現のレベルにおいては好評を博した。

学術的プレゼンテーションにおけるイラストの活用は、もっと追究されてよいのではないかと私は考えている。弁舌で聴衆を引きつける研究者も中にはいるが、そのような達人はさほど多くない。また、弁舌の魅力は普遍的な力をもたず、ともすればひとつの言語の中で閉じた発表になりがちである。国際学会で英語のネイティブスピーカーが熱弁を振るう一方、ネイティブでない参加者がしらけている様子を見ることは多いであろう。

明解で簡潔な表現は、言語の違いを超えた普遍的な力をもち、多くの人びとの理解を得ることができる。

スケッチは、表現の場面でも威力を発揮する。

社会調査におけるスケッチの短所

一方、社会調査におけるスケッチの方法上の短所と考えられる特徴をまとめておこう。

［短所1］スケッチは時間がかかる

フィールドでスケッチをしていると、時間がかかる。文字で記録をとるというのは、ある意味で情報をそぎ落とし、時間の節約をすることでもある。

ただ、スケッチといっても、その用途によって大幅に簡略化することができる。たとえば私がアフリカのある町で小さな教会に立ち寄ったときのスケッチがあるが、人びとの姿を克明に描写するのではなく、長いすと人びとの位置関係および性別のみを表している（図A-10）。これを描くのには三分もあれば十分である。

また、丁寧に物事のスケッチをとったところで、かかるのはせいぜい一〇分である。その程度の時間で貴重な観察体験をリアルに残せるならば、描いた方がいいと私は思っている。むろん、これは調査者の目的や価値観にもよってくることであろう。

［短所2］スケッチは他人と共有しにくい

フィールドで必要な情報を抽出しながら描くスケッチは、いわば個人の職人芸的な記録方法である。私のような単身のフィールドワーカーがある程度成功を収めた例はあるとしても、人文・社会科学において他の研究者とスケッチデータを共有して研究を進めた例はないであろう。大がかりな共同研究などを計画するときには、スケッチの標準規格を定めておくなどの工夫が必要になるかもしれない。

［短所3］スケッチはデータ処理になじまない

文字は入力して保存するという方法になじむが、スケッチは紙媒体の記録であり、文字と同じように処理

図A-10　簡略化されたスケッチ

2005年3月、カメルーン共和国の教会の見取り図。
スケッチは用途に応じて簡略化することができる。

することは簡単でない。画像データとして保存すると、文字に比べてデータのサイズが桁違いに大きくなる。もっとも、これは技術革新で解決できる問題でもあるであろう。

［短所4］情報格差を生むおそれがある

スケッチは目が見える人びとには益をもたらすが、視覚障害者には益をもたらさない。スケッチでことたれりという風潮ができれば、新たな情報格差を生むことにつながる。文字への翻訳を併用するなど、ユニバーサルデザインを念頭に置いた教育・研究システムをあわせて開発する必要がある。これは、ビデオや民族誌映画など、あらゆる視覚教材が共通して取り組むべき課題でもある。

これらの短所は、文字、音声、写真、映像などの多様な媒体と組み合わせることで十分にカバーできることである。少なくとも、スケッチを取り入れたら弊害が起こるという見方にはならないであろう。どのような知識も、分かりやすい方がよいに決まっているのだから。

四　スケッチは提言する

基礎的リテラシー教育にスケッチを——教育の革新

最後に、調査手法としてのスケッチ論から派生する諸問題をトピックごとに取り上げ、提言を行いたい。まず、人文・社会科学教育の革新である。スケッチの技術を社会調査の基礎的リテラシーのひとつと位置付ける新しい人文・社会科学教育を提言する。

人文・社会科学は、人間および社会を対象として研究する科学であるが、実際の大学教育では、調べることよりも文章を書くことの方が重視されがちである。学生の間にも「大学での勉強とは、難しい本を読み、長い文章を書くことである」というような理解が流布していることがある。人文・社会科学教育の本来のあり方とは、現実の人間および社会の事象を調べ、それを分かりやすく人に伝える作業の楽しさを示すことにあるであろう。

私は、自分が受けもっている講義で、スケッチの課題を出すことがある。一例として、二〇〇五年度成安造形大学「文化人類学B」での教育実践を紹介しよう。冬休みに「正月料理を観察してスケッチを取るとともに、伝統の変容について図解せよ」という課題を出したところ、数かずの力作が寄せられた。ある学生はがんもどきの断面を観察し、その内部構造の詳細を文字とともに図解したが、それはあたかも生物図説に掲載されている細胞の内部構造のスケッチのごとき秀作であった。また、別の学生は、おせち料理の重箱と料理品目の数が時代を経るに従って減少してきたことを、過去と現在を比較して図示したレポートを作成した。これらは、例のすし屋のみほんにまさるとも劣らない、明解で人に訴える力をもった表現であった。学会などで歯切れの悪い発表を聞くたびに、私はこの学生たちの力作を思い出す。人文・社会科学系の学部カリキュラムに、図で明解に表現することを学ばせるスケッチ・リテラシー教育を導入することを訴えたい。

文字中心主義を超えて——記述形式の革新

人文・社会科学の記述形式としてスケッチを導入することは、学問の発展においてどのような意味をもつであろうか。ここでは、近年存在感を増し始めた数学との比較において、スケッチの特徴を浮き彫りにしたい。

社会学に例をとれば、数理社会学は、文章によって叙述されることが多かったこの分野におけるひとつの挑戦であろう。社会の事象を数学で記述、分析することで、合理性と明晰さを徹底させようとするものである。専門家の間における論理的な記述形式を作ることは、学問の発展にとって必要な作業であると考えられる。

ところが、数学という記述形式を用いると、現実的には読者層をせばめてしまうということが起こる。数学を生み出す人類の理性は普遍的であるかもしれないが、数学という形式を使いこなすリテラシーは、普遍的に行き渡ってはいないからである。

スケッチの有用性とは、何よりもそのすそ野の広さである。絵は、何を示しているのかを瞬時に広く伝えることができる。世界中の新聞に風刺マンガが載っているように、社会の事象を絵で簡潔に表現することは、ジャーナリズムなどで広く行われている。人文・社会科学も、本気でこれに取り組んでよいのではないか(四)。

数学と図解の役割分担に関しても、自然科学がひとつの範を示していると言えよう。自然科学は、一方では数学という記述形式によって現象を記録・分析し、世界中の専門家が〈せまく深く〉議論できる体系を作り上げた。自然科学は同時に、長きにわたって博物学の伝統をもち、スケッチという記述形式によって現象を明解に記録・表現することで、〈広く浅く〉理解を求めることにも成功した。

科学の記述形式としての数学とスケッチは、どちらが優位にあるというものではなく、いわば補い合う関係にあると私は考えている。そして、文字による叙述にとらわれてきた人文・社会科学が、知識の普遍化と応用の拡大のために、今後意欲的に取り入れていきたいふたつの大きな柱でもある。自然科学を万能と見なす必要はないであろうが、知識の普遍化と応用において成功を収めてきた前例に学ぶ意義は大きいであろう。これがふたつ目の提言である。

アニメーションとの連携——表現手法の革新

三つ目の提言として、印刷物すら超越した表現手法の模索に触れつつ、スケッチの応用可能性を見てみたい。

応用の一例として、関西学院大学社会学研究科二一世紀COEプログラム「『人類の幸福に資する社会調査』の研究」において進められていた、社会学のアニメーション（アニメ）の制作事業を取り上げたい［荻野 2005］。

映像による社会問題の表現は、ドキュメンタリーやドラマなどによっても試みられてきた。しかし、地域、民族、個人にまつわる固有の属性を超えて思考しようとする社会学にとって、特定の属性が映り込む実写映像は過剰な表現となるおそれがある。アニメという仮構世界による表現は、社会問題とその概念枠組みを純度の高い形で発信することができる。

社会学アニメの特徴を整理すると、社会学的に重要と考えられる特徴をあまさず明解に記録する一方、当該の分析枠組みにおいて注目すべきでない属性を捨象し、社会問題を簡潔に視覚的に表現するというものである。社会学アニメは、その定義において、本論が論じてきたスケッチという方法論と思想を共有する。

実践面においても、スケッチとアニメの連携の可能性は広がるであろう。たとえば、社会学アニメ制作のための調査において、スケッチを活用するという方法である。フィールドではことばのみならず、風景、表情、人びとの動き、物の配置、光線の角度など、無限の情報が手に入る。それら社会事象の背景をなす可能性がある要素を、調査者はスケッチによってあまさずすくいとることができる。もし調査のときに情報をすべて文字に落としてしまったら、文字として印刷・公開する以外の道はほぼ断たれてしまうであろう。

試みに、「観察者がフィールドで五感を駆使し、重要と考えられる情報をあまさず記録するスケッチ調査を行い、それを下絵としてアニメを制作する」という知の生産工程を考えてみよう。これは制作技術の次元を超え、調査から、記録、分析、表現までをもつらぬく、人文・社会科学の新しい体系を生む可能性がある。

もしもマルクスがロンドンの下町でスケッチを描いていたら？

もしもフーコーが監獄のアニメを作っていたら？

私たち二一世紀の人文・社会科学者は、この野心的な課題に取り組まない手はないであろう。フィールドワークと画像処理技術の両方を駆使する境遇に恵まれているのだから。

固有性依存からの脱却——民族誌の革新

私はさらにこのようなことも考える。人文・社会科学におけるスケッチ調査とアニメ表現の連携は、ことによると、地域や民族にまつわる固有性を売りとしてきた人類学の民族誌にも激震をもたらすかもしれない、と。

文字による民族誌は、文中に固有名詞を数多くちりばめ、文化の固有性を聖なるものとして祭り上げてきた。固有性という不可侵の領域を作ることで、一方では観光や博物館の素材を提供する仕事もできたが、一方では固有の政治的文脈において批判を受けることもあった。

ついで登場した映像人類学は、文字からの脱却を試みているが、固有の属性がふんだんに映り込んだ実写映像のクリップで作品を構成した。固有名詞に凝縮されていた固有性が、こんどは銀幕全面にあふれ出した。特定の時空間に対象と観客とを拘束してしまうことで、普遍性への思考の可能性がせばまりはしなかったであろうか。

私たちは、ここで第三の民族誌、すなわちスケッチ調査とアニメ表現による民族誌というものを想像してみよう。「固有の属性を排し、重要なことしか描かない、スケッチに基づいて制作された民族誌アニメ」。そこにはいったい何が映っているであろうか。空か、地面か、道具か、食べ物か、人の行動か、表情か。場面は森なのか、村なのか、会議室なのか。私たちはそこに何を描き、何を伝えたいと思うのか。

もしかしたら、その作品は、*Homo sapiens* という動物の群れにおける、コミュニケーションと暴力と和解とを描いた理科番組のような様相を呈しているかもしれない。それもまた一興であろう。人文・社会科学は人間および社会を対象とした科学のすべてであり、それ以外の定義は存在しないのだから。

五　おわりに——新しいリテラシー教育に向けて

スケッチは、しばしば研究者の余技と見なされることがある。しかし、私はフィールドでスケッチを活用してきた経験から、これを余技ではなく有効な調査法のひとつと位置付け、社会調査にたずさわる他の研究者たちにも描くことをいっそう推奨したいと考えている。そのためには、スケッチという調査法を定義し、長所と短所を明らかにして、その有用性と課題を示すことが必要であろう。また、その調査法を持続的に活用し、普及を図るためには、たえず改善を重ねることも必要となるであろう。本論が、そのような生産的な知的ツールの開発のいとぐちとなることがあればと願っている。また、科学の歴史が示すように、記述形式はときに学問の命運それ自体を決していくことがある。そのような学問のダイナミズムに関わる議論に触れるところがあれば、望外の喜びである。

携帯電話で写真を送り合い、インターネットを介してウェブカメラで動画付きのおしゃべりを楽しむことがふつうになってきたこの時代のことである。研究者が「概念が概念を生む」という際限のないジャーゴンの中に閉じこもってしまうのではなく、明解さを旨とする記述形式をあわせもつことは、教育の上でも有用なことであろう。私は、文字中心のスタイルにこだわるよりも、絵をふんだんに含む研究・教育のスタイルを開発し、より多くの人たちと知を共有する道があるのではないかと考えている。

「人文・社会科学のリテラシー教育にスケッチを」。これは、絵を描くことで森の子どもたちと幸せな調査を行うことができた私からの、実践をふまえた提言である。

注

第一章

（一）世界の言語のデータベースである「エスノローグ」では、一九八〇年の時点でのバカ語の話者数は二万八二〇〇人（カメルーンに二万五〇〇〇人、ガボンに三二〇〇人）であるとしている［SIL International, on line］。

（二）この過程は教育人類学において「文化化（enculturation）」と呼ばれることもあるが［箕浦 1990］、本書ではより一般的に用いられる「社会化（socialization）」の語を用いた。

（三）南部アフリカの狩猟採集民ブッシュマンの社会では、男性の権威に女性が服従している農耕民や牧畜民などの社会に比べ、男女の平等性が高いとの指摘がある［菅原 1986］。権威に基づいた性別規範を印象付けられる事例を見かけないピグミー系狩猟採集民においても、この傾向は同様であると考えられる。

（四）Brisson & Boursier［1979］は、*yande*（子ども）をおよそ六〜一六歳としており、本書の対象にほぼ該当する。なお、バカにおいては自分や自分の家族の年齢を把握していないことが多いため、子どもの年齢は、知ることができた範囲の生年月日、長幼関係、身長、出産間隔などに基づいて推定した。本書では、一九九八年一月一日時点での満年齢（月齢は五捨六入）を用いている。

第二章

（一）バカの人びとの意識の上では、畑の出作り小屋（*mbanda*）は農耕のための仮の住まいであって、帰属はもとの定住集落にある。しかし、出作り小屋で暮らし始めて二年以上経ち、複数の家を構えるようになった、事実上の定住集落の性格をもつケースもある。日常生活は定住集落と別であるが、相互の訪問と滞在は頻繁に行われる。

（二）カメルーン共和国は、植民地支配の経緯から、英語とフランス語の両方を公用語とする国家である。西部二州が英語圏、東部八州がフランス語圏であり、フランス語圏の住民が多数を占めている。本書の舞台となる東部州はフランス語圏に属し、学校教育もフランス語により行われている（第六章）。

（三）へたでもいいから相手の言語を覚えて使い、その言語集団の中に入り込んで信頼関係を築こうとした経験は、やがて都市部でろう者コミュニティ（手話言語集団）における調査をするようになったときに非常に役立った［亀井 2006；2009a；2009b］。

（四）聞き取り調査を実施した期間は、一九九七年一二月五日〜一九九八年一月四日、一九九八年一月二五日〜三月二日のうちの五七日間であり、季節は大乾季の前半から中盤にあたる。人びとが森のキャンプに移動する前で、定住集落を中心に採集や漁撈が活発に行われる時期であった。聞き取り調査は夕食を済ませた一八〜一九時頃にほぼ連日行い、対象者は子ども二五人（少年一三人、少女一二人）となった（表2-2）。得られた回答数はのべ三六四人・日（少年からの回答が一六九人・日、少女からの回答が一九五人・日）である。

（五）集計したのは一九九八年一月二五日〜三月二日のうちの三〇日間に収集した子ども一六人の回答一九一人・日（少年九人による八六人・日、少女七人による一〇五人・日の回答）である。内容の定義が明瞭で、かつ数えることのできる、本人の活動を拾い出した。ここでいう「活動」とは、ひとつの目的を達するために組織された集団または個人によって行われる一連の行動である（具体的な活動項目は表2-3を参照）。活動の途中で目的が変わったときは、「ひとつの活動が終わって、別の活動が始まった」と見なした。また、活動の途中で集団の顔ぶれが変わることがあるが、主目的たる行為（たとえば採集）にともにたずさわった人を同じ活動のメンバーとし、行きや帰りだけ同行した人はその活動のメンバーとは見なしていない。この分析であつかわなかったのは、①他人の活動を見ているもの（小屋作り、治療、ケンカを見るなど）、②指し示す範囲が広く回答が一定しない活動（散歩、訪問など）、③些細な活動と見なされ回答が省かれる可能性のある活動（休息、おしゃべり、洗顔、水飲みなど）、④他の活動の一部と見なされて回答が省かれるもの（遊びのための素材採集など）である。また、調査時刻の制約上、日没後の活動（たとえば歌と踊りの集い「べ」など）については含まれていない。なお、ここでは「畑に行く」という回答を「農耕」と見なした。バカ語に「農耕」を意味する語彙はなく［Brisson & Boursier 1979; Brisson 1984］、日常会話の中では「*go a gbie*（畑に行く）」と言うためである。

第三章

（一）一九九七年八月〜一九九八年三月の期間におけるアドリブ・サンプリング（それを見かけたらそのつど記録を取るという方法）による。同じ性質の活動が持続する間の一連の行動を一事例と数え、途中で遊びの性質が変わったときは「遊びがひとつ終わり、別の遊びが始まった」と見なした。ただし、ある活動の最中に短時間だけ別の遊びが差し挟まれたと見なせるときは、おのおの一事例ずつと数えた（たとえば「釣りの途中、川の流れにパンツを投げて遊び、同じ場所でまた釣りに戻った」であれば、釣り一事例、パンツ投げ一事例とする）。なお、私が男性であり、少年の活動を観察する機会が多かったため、少年の遊びについての記述が多くなっているというバイアスがある可能性がある。

（二）遊びでは、採集によるもの以外に次のような植物の利用法がある。拾った植物部位の利用（未熟のプランテンバナナ）、植物を切り取らない使用（アブラヤシの葉のブランコ、プランテンバナナの幹（仮茎）を的にした弓矢射的）など。また、生きたまま遊びに用いる動物として、表3-2に挙げた以外に、トカゲ（弓矢の的）、ニワトリ（空気鉄砲の的）、犬（追いかけっこ）などがある。

第四章

（一）古今東西さまざまな遊び論が説かれてきたが、それらは、人の遊びの中に普遍的な特徴を見ようとする「遊びの普遍論者」と、個別文化に依存的な特徴を抽出しようとする「遊びの個別文化論者」のふたつの系譜に大別することができる。前者にはホイジンガやカイヨワなどを含む社会学者、心理学者、哲学者などが多く、後者にはタイラーやギアツなどの文化人類学者、民俗学者が多い［亀井編 2009］。

（二）アンリオ［1973（2000）］は、遊び論者がさらされる二種類の誘惑として、「すべてのものに、そしていたるところに遊びを見いだしてしまう」ことと「どこにも遊びを発見することができなくなってしまう」ことのふたつを挙げ、「遊び」という対象が論者の解釈次第で無限大にも無限小にも伸縮しうることを指摘している。このような議論の拡散を防ぐためには、ある程度抑制の取れた分析枠組みを用意することが望ましい。四つという有限個の要素で統一的な遊びの記述を試みたカイヨワの枠組みは、活動の遊戯性の分析を行う上で便利なツールである。

（三）この定義に基づく用法の際は、一般的な意味での競争や運などと区別するために、〈 〉を付すこととする。

（四）フランス語では、*bela* は *travail*（仕事、労働）に、*solo* は *jeu*（遊び）に当たるとされる［Brisson & Boursier 1979］。

（五）バカの生業活動に関する一般的記載は、筆者の直接観察に基づくもののほか、佐藤［1991］、林［2000］、木村［2003］などによった。採集以下も同様である。

（六）トカゲをしとめても食用にしない。捕らえた後の利用法は、せいぜい弓矢の射的の的となるにとどまる。なお、トカゲを捕ろうとするのは子どもだけで、おとなが捕ることはない。

（七）学習は、個体が他個体から情報を受け取る方法と内容によって分類することができ、刺激強調、目的模倣、模倣、教育などがある［西田 1999］。

第五章

（一）西アフリカのギニア共和国の野生チンパンジーが、同様の道具使用を行うことが知られている（堅果割り）。ただし、カメルーンの野生チンパンジーの間で、この行動は観察されていない。

（二）母と娘たちが定住集落の中心に居場所をもち、青年男性や年長期の少年たちがその周辺を出歩いているという傾向は、はからずも、私がかつて調査にたずさわったニホンザルの社会構造と酷似している（第一章）。ただし、バカの社会はニホンザルのような母系社会ではない。結婚により女性が男性の居住集団へと帰属を変える、夫方居住婚が行われている。

（三）この章では、定住集落での子どもたちの行動傾向を記述した。森のキャンプや、周辺に集落のない畑の出作り小屋などの場でどのような行動傾向の性差が見られるかは、別途調査が必要であろう。ただし、少女たちが生計維持を担う女性集団の中に位置付けられていくこと、少年がその外部にあって活動を別途組織することについては同様であろうと推定される。

第七章

(一) ウィリス [1977 (1996)] はイギリス労働者階級における少年の反学校文化を描き、「洞察 (penetration)」と「制約 (limitation)」の対概念を用いて、子どもたちが自発的に特定種別の労働に身を投じていく現象を分析したが、このように、規範の再生産を子ども本人の動機の次元で解明しようとする視点は重要である。子どもの社会化過程では、個人が文化の写し (replica) を獲得する受動的な方向性のみならず、個人が文化規範を積極的に利用する能動的な方向性も見られると指摘されている [箕浦 1990]。

(二) 民俗学において、おとなたちが行うものの大きな経済的意味をもたない「副次的生業活動 (マイナー・サブシステンス)」に関する議論がある。経済性や生産性という要因に左右されず、その魅力自体が目的化されている生業活動が、むしろ強固な伝承性をもつと指摘されている [菅 1998]。遊戯性を生業活動の成立と継承に関わる主要な構成要素と位置付けていることは、本書の視点と共通する。

(三) 類似の現象は、近代的な労働現場においても観察される。工場、実験室、事務室における作業の中でも、行為の一部が労働者によって遊戯化されたり、また遊戯的行為が挿入されたりする現象が見られる [Bowman 1987]。本来の作業にない遊戯性を付加することは、人が強いられた作業をこなすにあたって広く行われる対処方法のひとつであるのかもしれない。

(四) トーテミズムにおいては、動物などの自然物の差異と社会集団の差異が、相同的なものとして恣意的に結合されるかたちで認識されている [レヴィ=ストロース 1962 (1970)]。バカにおける生業の区分とそこに刻印されたジェンダーに関しては、機能主義によるのではなく、構造主義的に理解されるのが妥当であると考えられる。トーテムは「食べるのに適している」のではなく「考えるのに適している」のだと指摘し、機能主義的な理解を乗り越えたレヴィ=ストロースのことばにならうならば、バカの子どもたちにとって、おとなたちの行動群は「教わるのに適している」のではなく「考えるのに適している」のだと言うことができるであろう [亀井 2010]。

(五) 生物人類学において、ヒトがもつある種の美意識や快楽の感じ方は、繁殖上有利な能力として進化したとする議論がある [西田 1999]。遊びをせずにはいられないというヒトの特性も、これと関わっている可能性がある。

補論

(一) 本論の初出後、『まんがで読破　資本論』が刊行された [マルクス/バラエティ・アートワークス 1867 (2008)]。これは原著の概念を借用して書き下ろされたストーリーマンガであり、原著を翻案した別作品である。ここで述べている、学術書の表現手段としての図の活用とは趣旨を異にしている。

（二）スケッチ一点は、通常複数の絵の組み合わせで構成されている。たとえば果実を観察するときは、その概観、断面図、種子を描き、また料理についても、調理の手順を連続コマの絵として記録するようにした。このため、実際描かれた絵の点数は、この二〜三倍におよぶと考えられる。

（三）フィールドで言語に頼らずコミュニケーションをする技としては、身振り、物まね、ダンス、大げさな表情などの身体表現もある。

（四）科学の記述形式としてのマンガの可能性については、別の機会に検討してみたい。ただし、既存の科学知識をストーリーマンガに翻訳する「学習マンガ」では、まだその真価が発揮されているとは言えないであろう。また、研究とマンガ執筆を両立させている文化人類学者の都留は「現地調査から得られた成果で、論文では表現しきれないものをマンガで表したい」と、両者を補完的な役割に位置付けている［読売新聞 二〇〇八年三月二六日］。マンガが知的生産の一工程を担う記述形式となり、マンガによる描き下ろし論文が、権威ある学術誌に掲載される日はくるであろうか。

おわりに——狩猟採集民の子どもたちの未来

「ノブウ・モ・ゴアコー・ヤンヤエー♪」（ノブウ、行っちゃうの）
「ノブウ・モ・ゴアコー・ヤンヤエー♪」（ノブウ、行っちゃうの）

私の帰国が近づいてきた頃に、子どもたちが即興で作ったお別れの歌である。と言っても、別れにありがちな湿っぽさはまるでない、なんとも陽気でにぎやかな歌であった。少年たちは鍋をひっくり返してタンタカタンタカとドラムをたたき、少女たちは両手をパンパンパパンとたたいて大きな口を開けて歌い、みんなでやんややんやと私の別れをネタにして楽しんでいる。このような少年少女の遊び歌ですら、みごとにそれぞれがパートをわきまえてポリフォニーを構成しているのだから、みごとというしかないであろう。

日本に帰国してからも、この愉快な歌が時どき私の脳裏をよぎることがある。当時の少年少女たちは、指折り数えてみればすっかり成人しているはずで、すでに結婚していたり、子どもをもっていたりするかもしれない。それでも、私の眼に浮かぶのは、私の半分くらいの背丈しかない森の中の子どもたちの姿である。その回想をするとき、いつもこの「ノブウのお別れのテーマ」が、耳の奥に聞こえてくるような気がする。

今日、「万人のための教育（Education for All）」が国際機関によって唱導され、また、人間の豊かさと可能性を測る「人間開発指数（Human Development Index）」の重要な要素のひとつとして「教育」が位置付けられている。教育がなされないことは子どもにおける権利の剥奪であり、自由が奪われていることにほかならないとする価値観は、人類共通の了解事項になったかのようである。

私もこの思想には一理あると考えており、それを支持する趣旨の文章を書いたこともある。しかし、どこか心の底で、本当にそうなのであろうかと疑う視角も残っている。

「伝統的な狩猟採集社会における文化変容」というテーマ設定のもとに、定住集落という定点でバカのための学校の観察を始めた私は、やがて子どもたちが森を駆け巡る勇姿に出会い、それを放任して見守るおとなたちの寛容さを知り、そのような参与観察経験の中から、生業活動の遊戯性をたくみに織り込んだ巧妙な社会化の仕組みを実感するようになっていった。

このような視点においては、学校がこの集団の外からいきなり差し挟まれた「異物」のように感じられることもしばしばであった。自発的な集団形成や森の環境といっさい関わりのないところで、学校のせまい教室のベンチにすし詰めになり、よく意味が分からないフランス語の文章の復唱をし、校庭に一列に並ばされてカメルーンの国旗の歌を歌う子どもたちの姿は、森の中で見たのと同じ子どもたちには見えなかった。本書は、子どもたちの生活感覚に近い所からその生活世界を記録し、文化伝達の仕組みを描き出すとともに、学校教育をそのような観点からとらえ直すこともひとつの狙いとしている。

アフリカでは、植民地支配の時代から、独立後の国家の形成にいたるまでの歴史の中で、一貫して都市住民や農耕民中心に社会制度が形成されてきており、狩猟採集民たちはその制度にそぐわない者として周辺に位置付けられることが多かった。住民として登録されていないケースもあり、よくも悪くも国民としての権利と義務を免除された人びとであった。

とはいえ、国家制度の整備と人権意識の高まりの中で、今後もそのような状態のまま放置されてよいという論理も成りたちにくいであろう。ミッションによる教育プロジェクトも、そのような普遍的な人権思想を背景に、森の中のすみずみにまで教育を行き渡らせようとする潮流の中にある。

「マイノリティは自分たちの固有文化を受けついで暮らしていればよい」「国家の公用語を押し付けてはならない」。このように多言語・多文化主義を看板に掲げ、マイノリティのあり方を原則論として擁護するのはたやすいであろう。しかし、そのことが、特定の言語的・文化的集団を分離に追いやる「アパルトヘイトの再来」とならない保障はない。一般に「文化の自由」とは、固有の文化を維持する自由を含むとともに、文化からの離脱の自由をも含んでいる［国連開発計画 2004］。たまたまその地域・集団に生まれたというだけの理由で、個人の人生をそこにしばりつけてしまう権限も、私たちにはないのである。

バカの子どもたちにとって、学校教育はやはり何らかの形で必要となっていくのかもしれない。貨幣経済や賃金労働が社会のすみずみにまで浸透する中、公用語のフランス語や計算の基本くらいはできた方がいいのかもしれない。ただし、それゆえに子どもたちの森の中の勇姿が無視されたり、森で学び活動することを悪しざまに言われたりするとすれば、それは正当な認識であるとは言えないであろう。

バカの森の文化を否定することなく、雨季の間だけ開かれる学校があってもいいかもしれない。高校や大学に進みたいバカの若者には、そのチャンスが与えられてよいであろうし、やはり定住とフランス語になじめない子どもがいたら、森の中で遊動しながら暮らし続ける生き方があってもいいであろう。そのような選択肢を増やすことで、伝統文化と近代的人権保障を両立させる道もあるのではないかと私は考えている。

本書で取り上げた、ミッションの学校をめぐって起きたさまざまな事件（第六章）は、一見失敗のように見えるかもしれない。しかし、よく見れば、普遍的価値の追求を個別状況に沿わせて多少なりとも実現させ、子どもたちが取りうる選択肢を拡充しようとする、ひとつの達成と言えなくもない。子どもたちが秘めた潜在能力とそれが生み出す文化を受け入れつつ、現地の文脈に沿わせて教育を達成していこうとする姿勢は、今日の教育問題を考える上でも有益なヒントとなるのではないだろうか。

本書では、熱帯雨林に暮らす狩猟採集民バカの子どもたちの生活世界を紹介した。また、「子どものまなざしでひとつの民族誌を書き上げる」ということを試みた。これらは、いずれも類例のない試みであったはずである。

従来、男性人類学者による成人男性を中心に描いた民族誌が多かったことへの反省に立ち、ジェンダーの観点を取り入れた女性の人類学者たちが、女性たちの存在を浮き上がらせる民族誌を著わしてきた。人類学のすそ野の広がりを受けて、障害をもつ人びとや高齢者など、社会の中の差異にも敏感である人類学的研究の試みが期待されている。そのような分野のひとつとして、私はぜひ「子ども」の研究を奨励したいと思う。それも、育児や教育というおとなの観点によるのではない、子どものまなざしによる民族誌である。牧畜民の子どもたち、焼畑農耕民の子どもたち、都市で生活する子どもたち、世界中の無数の子どもの民族誌を、子ども集団への参与観察により書かれた作品として手に取ってみたい。さらに言えば、子ども自身が調査法を習得して人類学者となり、「子どもによる子どもの民族誌」が書かれることがあってもいいだろう。

小松左京の短編に、おとながある日地上からすべて消えてしまい、子どもたちが自治する社会ができて、やがてそれが標準的な世界観となっていくという話があった。本書を書きながら、タイトルも失念してしまったこの巨匠の名作を時どき思い浮かべた。

私たちおとなは、だれひとりとして、かつて子どもでなかった者はいない。それにもかかわらず、子どもを「他者」としてあつかい、導き、語ることに慣れすぎてしまってはいないであろうか。おとなであっても、子どものまなざしで発想し、語ろうとすることは可能であろう。文化人類学的な視点の移動は、ＳＦ短編の想像力に負けずおとらず、私たちの属性をはるかに越えて思考することを可能にしてくれるのだから。文化人類学は、もっとおもしろくなれると思う。

本書は、アフリカ現地調査に基づいた、私の二冊目の単著である。前著『アフリカのろう者と手話の歴史――A・J・フォスターの「王国」を訪ねて』(明石書店、二〇〇六年)では、西・中部アフリカの一帯でろう者(手話を話す耳の聞こえない人たち)が手話で営んできた世界最大級のろう教育事業の五〇年史を描いた。本書であつかった狩猟採集民研究は、このろう者研究に先立って、私が大学院生であった時代から取り組んでいた課題である。

ふたつの研究は別の人びとを対象としているが、共通する点も多い。マイノリティによる自律的な文化の形成、学校教育の浸透、少数言語・文化を反映した教育実践、キリスト教ミッションの関与などである。もっとも、このような事象を「近代/伝統」「開発/文化」「文化帝国主義/少数固有文化」「マジョリティ/マイノリティ」のような二項対立に落とし込んでしまうのではなく、二項対立に見える構図の中で、実は私たちの先入見を裏切るような複雑なことがさまざまに生じているというような、人びとの細かい営みをすくいとることに私の関心の焦点がある。学校とは何か、文化とは、教育とは、マイノリティとは何かを再考する上で、そのような作業は重要であると考えるからである。

とはいえ、両作品はまったく同一の視角で描かれているものでもない。前作では学校設立運動を好意的に、本作では批判的に描くという微妙な温度差もあるであろうし、それは私自身も承知していることである。しかし、逆に言えば、私自身の立場が学校賛美の近代主義でもなければ、学校否定の反近代主義でもないことの現れでもある。学校そのものに賛否の結論を下すのではなく、その中で人びとがいかに文化の自由を達成できるかという問題を考えていくための手がかりとして、学校教育を理解したいと考えているからである。願わくは、人類学、アフリカ地域研究という学問の領域を越えて、本書がさまざまな立場からのご批評をたまわり、子ども、文化、教育をめぐる議論の活性剤として参照されることがあればと願っている。

本書は、東京外国語大学アジア・アフリカ言語文化研究所の「アジア・アフリカ言語文化叢書」のひとつとして刊行された。出版担当責任者の三尾裕子教授（東京外国語大学アジア・アフリカ言語文化研究所）をはじめとする担当委員、査読者、ならびに全国共同利用係事務員の各位には、本書の刊行のために多大なお骨折りとご助力をたまわった。また、同じ大学院の先輩でもある河合香吏准教授（同）には、大学院生の時代から本書の刊行にいたるまで、自然科学の素養をそなえた文化人類学者の先人として、たえずご助言と励ましをいただいた。

本書は、二〇〇二年三月に京都大学大学院理学研究科に提出した博士学位論文を中心とし、次の通り、各種の媒体で発表された論考を合わせる形で構成された。ただし、単著の形式を整えるため、いずれも大幅な加筆を行っている。調査の成果をいっそう多くの読者のみなさまのお手元に届ける機会をくださった、発行元の関係各位に厚くお礼を申し上げたい。

・亀井伸孝（2002）「狩猟採集民バカにおけるこどもの日常活動と社会化過程に関する人類学的研究」京都大学博士学位論文。（第一、二、四、五、七章）
・亀井伸孝（2001）「狩猟採集民バカにおけるこどもの遊び」市川光雄・佐藤弘明編『森と人の共存世界（講座・生態人類学 2）』京都大学学術出版会、九三―一三九頁。（第三章）
・Kamei, Nobutaka（2001）An educational project in the forest: Schooling for the Baka children in Cameroon. In: *African Study Monographs*. Supplementary Issue 26: pp.185-195.（第六章）
・亀井伸孝（2005）「フィールドで絵を描こう――社会調査のためのスケッチ・リテラシー」『先端社会研究』（関西学院大学二一世紀COEプログラム）二、九五―一二五頁。（補論）

本書のもととなる調査は、文部省科学研究費補助金(国際学術研究)「アフリカ熱帯多雨林における多民族共存に関する人類学的研究」(一九九六〜一九九八年度、課題番号〇八〇四一〇八〇、研究代表者・寺嶋秀明教授[神戸学院大学人文学部])により行われた。現地調査はカメルーン共和国科学技術省の調査許可のもとで行われ、ンギマ・マウング(Ngima Mawoung Godefroy)博士(ヤウンデ第一大学)には、調査許可の手続き面で多大なご助力をいただいた。

指導教官の西田利貞名誉教授(京都大学大学院理学研究科、現日本モンキーセンター所長)には丁寧に論文指導をいただき、寺嶋秀明教授には、渡航調査の機会およびさまざまなご指導とご助力をいただいた。市川光雄教授(京都大学大学院アジア・アフリカ地域研究研究科)には、初めてのアフリカ現地調査の手ほどきをいただいたほか、博士学位論文執筆にあたってさまざまなコメントをいただいた。木村大治准教授(同)には論文執筆にあたりご指導をいただいた。山極寿一教授(京都大学)、五百部裕教授(椙山女学園大学)、鈴木滋准教授(龍谷大学)をはじめとする京都大学大学院理学研究科人類進化論研究室各位、京都大学大学院アジア・アフリカ地域研究研究科各位、生態人類学会各位からは、セミナーや議論を通して貴重なコメントをいただいた。佐藤弘明教授(浜松医科大学)には現地調査中にご助力をいただき、川村協平教授(山梨大学)にはバカの子どもに関する調査結果の一部を提供いただいた。故伊谷純一郎名誉教授(京都大学)は、子どもと遊びながら調査する楽しさを身をもって示してくださり、その姿勢から私が受けた影響ははかり知れないものがある。また、箕浦康子名誉教授(お茶の水女子大学)は、本書に推薦のことばを寄せてくださった。

カメルーン東南部の現地で調査を円滑に行うことができたのは、ンボティ(Mboti)・イェンガ(Yenga)夫妻をはじめとするマラパ、マプンブル、ンゴリの各集落に暮らす狩猟採集民バカの各位、アンジャ・ガスパール(Andja Gaspard)教諭とバカの学校関係各位、シスター・テレーズ(Sœur Thérèse)ほかモルンドゥのカトリックミッションのスタッフ各位、フレール・アントワーヌ（Frère Antoine）ほかFrères des Ecoles Chrétiennes各位のおかげである。

同じカメルーンを調査地とする研究者の先輩、同輩、後輩のみなさまには、研究上のアドバイスや情報交換から、自動車の手配、病気のときの援助、本や資材の貸し借りにいたるまで、数えきれないほどの支援をいただいた。すばらしいチームワークのもとで、この現地調査を進めることができたことを感謝している。また、服部志帆さん（日本学術振興会特別研究員）には、本書全体に対する貴重なコメントをいただいた。

京都大学学術出版会の鈴木哲也編集長、福島祐子様、ならびに関係各位は、遅筆な私を励まし、常に的確なご助言をくださり、本書の完成へと導いてくださった。

前著のあとがきでは「家事をさぼって机に向かい続け」たと書いたが、本書では「家事のかたわら執筆を進める」という技を多少身につけた。それでも、時どき訪れる原稿の追い込み時期には、家の中のこともずいぶんとおろそかになっていたことだろう。多忙な本業と家事を両立させ、完成にいたるまでいつも励ましてくれた妻の秋山奈巳に謝辞を贈りたい。また、書斎の中に飛んできて、私が広げたノートパソコンを止まり木にし、いつもささやかな仕事のじゃまをしてくれたセキセイインコのチャッピー（雄、推定七歳）も、本書の完成を見届けてくれた大切な家族のひとり（一羽）である。

森歩きに慣れていない私を誘い出し、毎日の活動に連れ回してくれたバカの子どもたちのおかげで、本書ができあがった。私の師匠である「森の小さな狩猟採集民」たちに敬意と謝意をこめて本書を捧げ、結びの言葉としたい。彼ら、彼女らの森の中の小さな勇姿を本書にとどめることができたことで、いたらない「弟子」であった人類学者としての長年の願いがかなったように思う。

二〇一〇年一月

亀井伸孝

（付表5　続き）

28	2		●		●		おとなと
29	2		●		●		おとなと
30	3		●●		●		おとなと
31	3	●	●		●		おとなと
32	4	●●		●	●		おとなと
33	3		●	●	●		おとなと
34	4		●●	●	●		おとなと
35	4		●●	●	●		おとなと
36	3		●		●●		おとなと
37	3	●			●●		おとなと
38	3	●			●●	●乳児１人	おとなと
39	4	●	●		●●		おとなと
40	4		●	●	●●		おとなと
41	7	▲●●	●		●●●	●乳児１人	おとなと
42	3	▲▲			▲		おとなと
43	2	●			▲		おとなと
44	2		▲		▲		おとなと
45	3		●		▲●	▲乳児１人	おとなと
46	4	▲	▲		▲●	▲幼児１人	おとなと
47	4		●		▲●●	▲乳児１人	おとなと
48	6	▲▲▲̲	●		▲●	▲乳児１人	おとなと
49	6	▲▲▲▲			▲●		おとなと
50	6	▲	●●		▲●●	▲乳児１人	おとなと
51	6	▲▲	●●		▲●	▲乳児１人	おとなと
52	8	▲▲●		●●	▲●●		おとなと
53	9	▲▲●	▲●	▲	▲▲●		おとなと
54	5		▲▲▲△			不明１人	不明

1997年12月5日～1998年1月4日、1998年1月25日～3月2日（57日間）の聞き取り調査回答にもとづく。

▲：男　　　　●：女

▲●：マプンブルの人　　▲●：マラパの人　　△○：その他の集落の人

▲̲●̲：マプンブル一時滞在者　▲̲●̲：マラパ一時滞在者

乳幼児は分析対象外とし、備考に挙げた。

付表5　子どもが参加した農耕の事例一覧

No.	グループサイズ	性年齢構成				備考	年齢構成タイプ
		子ども年少期	子ども年長期	青年	おとな		
1	3	▲●●					年少期のみ
2	2	●	●				年少期＋年長期
3	4	●	●●●				年少期＋年長期
4	3	▲	▲●				年少期＋年長期
5	5	△	▲▲▲▲				年少期＋年長期
6	3		▲▲▲				年長期のみ
7	3		▲▲▲				年長期のみ
8	1		●				年長期のみ（1人）
9	2		●●				年長期のみ
10	2		●●				年長期のみ
11	2		●●				年長期のみ
12	2		●●				年長期のみ
13	2		●●				年長期のみ
14	2		●●				年長期のみ
15	2		●●				年長期のみ
16	3		●●●				年長期のみ
17	3		●●●				年長期のみ
18	2		●	●			青年と
19	4		●●○	●			青年と
20	5		●●●●	●			青年と
21	5	●	●●●	●			青年と
22	2	▲			●		おとなと
23	2	▲			●		おとなと
24	2	●			●		おとなと
25	3	▲	▲		●		おとなと
26	3	▲	▲		●		おとなと
27	2		●		●	▲乳児1人	おとなと

（付表４　続き）

29	3		●●		●		おとなと
30	3		◍	◍	◍		おとなと
31	4		●	●	●●	▲乳児１人	おとなと
32	5		●	●̲	●●●		おとなと
33	4		●		●●●		おとなと
34	5		●●		●●○		おとなと
35	7		●●●		●●◍◍	▲乳児１人	おとなと
36	12		●◍◍◍	●◍○	◍◍◍◍̲○		おとなと
37	7	◭̲◍	◍◍◍	◍	◍		おとなと
38	9	▲▲●●◍	●●◍		●		おとなと
39	7	●●	●●●		●●		おとなと
40	9	●◍◍	◍◍◍◍		◍◍		おとなと
41	9	●	●●●◍◍	◍	●●	▲乳児１人	おとなと
42	7	▲▲●	●	●	●●	▲乳児１人	おとなと
43	5	●		●●	●●	●乳児１人	おとなと
44	5	◍	◍	◍	◭◍	▲乳児１人	おとなと
45	4	●	●		▲●		おとなと
46	7	▲▲		◍	▲●●◍		おとなと
47	9		◭◍	◭●◍◍	◭◍◍		おとなと
48	19		●●●◍◍◍◍	◭●◍◍	◭◭●● ◍◍◍◍		おとなと
49	3		◭◭	◭		男性のみ	（＊２）
50	2	▲			▲	男性のみ	（＊２）

1997年12月5日～1998年1月4日、1998年1月25日～3月2日（57日間）の聞き取り調査回答にもとづく。

▲：男　　●：女

▲●：マプンブルの人　　◭◍：マラパの人　　△○：その他の集落の人

▲̲●̲：マプンブル一時滞在者　　◭̲◍̲：マラパ一時滞在者

乳幼児は分析対象外とし、備考に挙げた。

（＊１）　マプンブルの少女が滞在先の少女と行ったものであるため、同じ集落のグループと見なしている。

（＊２）　男性のみのグループは例外事例として分析対象外とする。

付表4　子どもが参加したかいだし漁の事例一覧

No.	グループサイズ	性年齢構成				備考	年齢構成タイプ
		子ども年少期	子ども年長期	青年	おとな		
1	3	▲●●					年少期のみ
2	2	●	●				年少期＋年長期
3	3	●	●●				年少期＋年長期
4	3	●●	●				年少期＋年長期
5	4	●◍◍	●				年少期＋年長期
6	4	●○	●○				年少期＋年長期
7	5	●●●●	●				年少期＋年長期
8	6	●◍◍◍	●◍				年少期＋年長期
9	6	◍◍	◍◍◍◍				年少期＋年長期
10	4	▲◍◍	●				年少期＋年長期
11	4	▲▲●	●				年少期＋年長期
12	2		●●				年長期のみ
13	2		●◍				年長期のみ
14	2		●◍				年長期のみ
15	3		●○○			(＊1)	年長期のみ
16	3		●●●				年長期のみ
17	4		●●○○				年長期のみ
18	4	●	●●	●			青年と
19	5	●●	●●	●			青年と
20	5	●	●●●	●̲			青年と
21	6	●	●●○○	●̲			青年と
22	9	●	●●●◍◍◍◍	◍			青年と
23	4	▲●	●	●̲			青年と
24	4	▲●	●	●̲			青年と
25	2	●		●			青年と
26	3	▲	●	●̲			青年と
27	3		●●	●			青年と
28	6		●●◍◍◍	◍			青年と

（付表3　続き）

28	2		▲	▲			青年と
29	3		▲▲	▲			青年と
30	3		▲▲	▲			青年と
31	7		▲▲△△△△	▲			青年と
32	3		▲	▲▲			青年と
33	5	△	▲△△	▲			青年と
34	3	●	▲	▲			青年と
35	2	▲			▲		おとなと
36	2	▲			▲		おとなと
37	3	▲▲			▲		おとなと
38	3	▲▲			▲		おとなと
39	3		▲		▲▲		おとなと
40	5		●	●●	●●	▲乳児１人 女性のみ	（＊2）
41	4		▲△			2人不明	不明

1997年12月5日〜1998年1月4日、1998年1月25日〜3月2日（57日間）の聞き取り調査回答にもとづく。

▲：男　　●：女

▲●：マプンブルの人　　▲●：マラパの人　　△○：その他の集落の人

▲●：マプンブル一時滞在者　　▲●：マラパ一時滞在者

乳幼児は分析対象外とし、備考に挙げた。

（＊1）　女性の参加は男性の組織する釣りグループへの同行であるため、年齢構成タイプは男性の年齢構成にもとづいて判断した。

（＊2）　女性のみのグループは例外事例として分析対象外とする。

付表3　子どもが参加した釣りの事例一覧

No.	グループサイズ	性年齢構成				備考	年齢構成タイプ
		子ども年少期	子ども年長期	青年	おとな		
1	2	▲▲					年少期のみ
2	2	▲▲					年少期のみ
3	4	▲●●●					年少期のみ
4	4	▲▲●	●				年少期のみ(*1)
5	2	▲	▲				年少期＋年長期
6	2	▲	▲				年少期＋年長期
7	2	▲	▲				年少期＋年長期
8	3	▲▲	▲				年少期＋年長期
9	3	▲▲	▲				年少期＋年長期
10	3	▲▲	▲				年少期＋年長期
11	3	▲▲	▲				年少期＋年長期
12	4	▲▲▲	▲				年少期＋年長期
13	5	▲▲▲▲	▲				年少期＋年長期
14	4	▲▲	▲▲				年少期＋年長期
15	4	▲▲	▲▲				年少期＋年長期
16	4	▲▲	▲▲̲				年少期＋年長期
17	5	▲▲▲	▲▲̲				年少期＋年長期
18	5	▲▲▲●	▲				年少期＋年長期
19	5	▲▲●	▲▲̲				年少期＋年長期
20	6	▲▲▲●	▲▲				年少期＋年長期
21	6	▲▲▲●	▲▲				年少期＋年長期
22	3	▲	▲●				年少期＋年長期
23	9	▲▲▲●	▲▲▲●	●̲			年少期＋年長期(*1)
24	2		▲△				年長期のみ
25	2		▲△				年長期のみ
26	2		▲	▲			青年と
27	2		▲	▲			青年と

（付表2　続き）

26	3		●	●	●		アブラヤシの実	調理用	集落での食事	+	
27	2		●		●		アブラヤシの実	調理用	集落での食事	+	
28	3		●	●	●		*ngongo* の茎	素材	ゴザを編む	+	
29	4		●●	●	●		*ngongo* の茎	素材	ゴザを編む	+	
30	2		●		●		昆虫の幼虫 /*ngongo* の茎	調理用 ／素材	集落での食事 ／ゴザを編む	+	
31	2		●		●		昆虫の幼虫	調理用	集落での食事	+	
32	4 ?		●			(*1)	アブラヤシの実 ／パパイヤの果実	調理用 ／生食用	集落での食事 ／間食	+	
33	4 ?		●			(*1)	*koko* の葉／ sapa（ヤムイモ）	調理用	集落での食事	+	
34	9 ?		▲			(*1)	昆虫の幼虫	調理用	集落での食事	+	
35	6 ?		●			(*1)	*boboko* の葉	素材	調理時の鍋のふた	+	

1998年1月25日～3月2日（30日間）の聞き取り調査回答にもとづく。

遊びのための素材採集は含まれていない。

（*1）漁撈・農耕グループの一部が採集を行ったため、採集参加者の顔ぶれが特定できなかった。
▲：男　　　　　●：女
▲●：マプンブルの人　　　▲●：マラパの人　　　△○：その他の集落の人
▲●：マプンブル一時滞在者　　▲●：マラパ一時滞在者

boboko = *Marantacee spp.*
ndaka = *Solanum sp.*
ngongo = *Megaphrynium spp.*
keke = *Dioscorea burkilliana*
koko = *Gnetum sp.*
kpasele = *Haumannia danckelmanniana*
kuku = *Dioscorea minutiflora*
sapa = *Dioscorea praehensilis*

＋　収穫あり　　－　収穫なし

付表2　子どもが参加した採集の事例一覧

No.	グループサイズ	性年齢階層					品目	分類	用途	収穫	備考
		子ども年少期	子ども年長期	青年	おとな	その他					
1	4	▲▲▲▲					サツマイモ	調理用	間食	+	
2	6	▲▲●	●●●				サツマイモ	調理用	間食	+	
3	3	▲	◬△				アボカドの果実	生食用	間食	+	
4	3	◍	◬◍				アボカドの果実	生食用	間食	+	
5	2		▲◬				アボカドの果実	生食用	間食	+	
6	2		▲◬				グァバの果実	生食用	間食	+	
7	2	▲●					昆虫またはミミズ	餌	釣り用	+	
8	4	▲▲●	●				昆虫またはミミズ	餌	釣り用	−	かいだし漁に移行
9	2	▲	▲				昆虫またはミミズ	餌	釣り用	+	
10	4	▲▲▲	▲				ミミズ	餌	釣り用	+	
11	1	▲					*ndaka* の果実	調理用	集落での食事	+	
12	2	●	●				アブラヤシの実	調理用	集落での食事	+	
13	2		●●				アブラヤシの実	調理用	集落での食事	+	
14	2	●	●				*koko* の葉	調理用	集落での食事	+	
15	2	●	●				*kuku*（ヤムイモ）	調理用	集落での食事	+	薪集めをかねて
16	1		●				*keke*（ヤムイモ）	調理用	集落での食事	−	イモが小さかった
17	2	●	●				*kpasele* の茎	素材	小さなカゴを編む	+	
18	2	●	●				*ngongo* の茎	素材	ゴザを編む	+	
19	2	●	●				*ngongo* の茎	素材	ゴザを編む	+	採集の後かいだし漁に合流
20	3		●●●				*ngongo* の茎	素材	ゴザを編む	+	
21	4	●	●●	●			アブラヤシの実	調理用	集落での食事	+	
22	2		●	◍			*koko* の葉	調理用	集落での食事	+	
23	2		●	●			*koko* の葉／*ngongo* の茎	調理用／素材	集落での食事／ゴザを編む	+	薪取りをかねて
24	2		●	●			*ngongo* の茎	素材	ゴザを編む	+	
25	2		●	●			*ngongo* の茎	素材	ゴザを編む	+	

付表1　子どもが参加した狩猟の事例一覧

No.	方法	グループサイズ	性年齢階層			場所	対象	捕獲	備考
			子ども年少期	子ども年長期	その他				
1	弓矢猟	2	▲▲			集落内	ネズミ	なし	
2	弓矢猟	3	▲▲▲			集落内	ネズミ	なし	餌をまく
3	弓矢猟	3	▲	▲▲		集落内	ネズミ	1匹	
4	弓矢猟	8	▲▲▲▲●	▲▲●		街道沿い	ネズミ	なし	
5	弓矢猟	2	△	▲		畑の出作り小屋	ネズミ	なし	命中するも取り逃がした
6	弓矢猟	3		▲▲▲		集落内	ネズミ	なし	
7	弓矢猟	6	●	▲▲▲●●		集落内	ネズミ	なし	
8	弓矢猟	6	▲▲▲●	▲	▲青年	集落内	ネズミ	なし	
9	弓矢猟	4		▲▲▲	▲青年	街道沿い	ネズミ	なし	
10	弓矢猟	5	▲▲▲	●	▲おとな	集落内	ネズミ	なし	
11	やり猟	5	▲●●	▲▲		集落内	ネズミ	なし	
12	やり猟	1		▲		集落内	ネズミ	なし	草むらに火をかける
13	投石	1	▲			集落近くの小川	鳥	なし	釣りの最中
14	投石	2	▲▲			集落内	ネズミ	なし	
15	投石	2	▲	▲		道ばたで	ネズミ	なし	釣り竿も使う 釣りの帰り
16	投石	1		▲		道ばたで	リス	なし	物売りの最中
17	投石	1		▲		道ばたで	鳥	なし	畑へ向かう途中
18	投石	1		▲		道ばたで	鳥	なし	畑へ向かう途中
19	わな猟	2	▲▲			集落近くのやぶ	全般	ニワトリ	放し飼いしているもの
20	わな猟	3	▲▲▲			集落近くのやぶ	全般	— (*1)	
21	わな猟	3	▲▲	▲		集落近くの森の小道	全般	— (*1)	
22	わな猟	?		▲	他不明	?	ネズミ	なし	
23	?	2	▲▲			集落内？	*mbenga* (*2)	1羽	

1998年1月25日～3月2日（30日間）の聞き取り調査回答に直接観察事例を加えた。

直接観察事例はNo.を太字にして示した。

パチンコ猟は除いた。

(*1)　観察時はわなを仕掛けただけだった。

(*2)　鳥の一種、フランス語で *pigeon sauvage*。
▲：男　　●：女
▲●：マプンブルの人　　▲●：マラパの人　　△○：その他の集落の人
▲●：マプンブル一時滞在者　　▲●：マラパ一時滞在者

原ひろ子．1973．「『働く』『遊ぶ』『休む』とは何か：カナダ北西部ヘヤー・インディアンの文化の側面を考える」『民族学研究』37（4）：297-298．

原ひろ子．1979．『子どもの文化人類学』東京：晶文社．

原子令三．1980．「狩猟採集民の成長段階と遊び：ムブティ・ピグミーの事例から」『明治大学教養論集：自然科学』137：1-44．

藤本浩之輔．1985．「子ども文化論序説」『京都大学教育学部紀要』31：1-31．

プラトン．前360～350頃（1976）．森進一・池田美恵・加来彰俊訳「法律」『プラトン全集13』東京：岩波書店．31-784．

分藤大翼．2001．「バカ・ピグミーのライフサイクル：日中活動の分析から」市川光雄・佐藤弘明編『森と人の共存世界（講座　生態人類学2）』京都：京都大学学術出版会．33-60．

ホイジンガ，J．1938（1973）．高橋英夫訳『ホモ・ルーデンス』東京：中央公論社．

ポランニー，K．1977（1998）．玉野井芳郎・栗本慎一郎訳『人間の経済Ｉ：市場社会の虚構』東京：岩波書店．

マルクス，K．1867（1958）．向坂逸郎訳『資本論（1）』東京：岩波書店．

マルクス，K．1867（2008）．（企画・漫画）バラエティ・アートワークス『まんがで読破　資本論』東京：イースト・プレス．

箕浦康子．1990．『文化の中の子ども（シリーズ　人間の発達6）』東京：東京大学出版会．

山本真知子．1997．「南東カメルーンのバカ・ピグミーの子どもたち：集い・遊び・採集・家事」『人間文化』（神戸学院大学人文学会）9：53-63．

山本真知子．2001．「フィールドノート：南東カメルーン・バカの子どもたちを通してみた森の生活」『季刊リトルワールド』（野外民族博物館リトルワールド）77：5-10．

読売新聞．2008年3月26日．「沖縄調査体験通じ生命の神秘に迫る　学者マンガ家・都留泰作さん」夕刊：6．

レイヴ，J．・E．ウェンガー．1991（1993）．佐伯胖訳『状況に埋め込まれた学習：正統的周辺参加』東京：産業図書．

レヴィ＝ストロース，C．1962（1970）．仲沢紀雄訳『今日のトーテミズム』東京：みすず書房．

ロバーツ，J．M．2000（2002）．東真理子・青柳正規訳『図説世界の歴史1「歴史の始まり」と古代文明』大阪：創元社．

モー社会の遊び研究への序説」『史観』115：47-59.

スチュアートヘンリ・岸上伸啓．1987.「遊びに関する研究の基礎理論（その二）：伝統エスキモー社会の遊び研究への序説」『史観』117：14-27.

寒川恒夫．1987.「遊戯」日本体育協会監修『最新スポーツ大事典』東京：大修館書店．1268-1272.

寒川恒夫．1998.「民族遊戯論」大林太良・岸野雄三・寒川恒夫・山下晋司編『民族遊戯大事典』東京：大修館書店．3-16.

ターンブル，C. M. 1962（1976）．藤川玄人訳『森の民』東京：筑摩書房.

タイラー，E. B. 1871（1962）．比屋根安定訳『原始文化：神話・哲学・宗教・言語・芸能・風習に関する研究』東京：誠信書房.

竹内潔．1995.「狩猟活動における儀礼性と楽しさ：コンゴ北東部の狩猟採集民アカのネット・ハンティングにおける協同と分配」『アフリカ研究』46：57-76.

竹内潔．1998.「コンゴ共和国」大林太良・岸野雄三・寒川恒夫・山下晋司編『民族遊戯大事典』東京：大修館書店．605-609.

武田丈・亀井伸孝編．2008.『アクション別フィールドワーク入門』京都：世界思想社.

田中二郎．1987.「ブッシュマンの子どもの社会参加」岩田慶治編『世界の子ども文化』大阪：創元社．96-113.

田中二郎．1994.『最後の狩猟採集民：歴史の流れとブッシュマン』東京：どうぶつ社.

丹野正．1984.「ムブティ・ピグミーの植物利用：とくに彼らの物質文化と野生植物性食物の利用を中心に」伊谷純一郎・米山俊直編『アフリカ文化の研究』京都：アカデミア出版会．43-112.

丹野正．1986.「ムブティ・ピグミーの生活と物質文化」伊谷純一郎・田中二郎編『自然社会の人類学：アフリカに生きる』京都：アカデミア出版会．71-109.

丹野正．1995.「活動と生業適応：狩猟採集・農耕・牧畜」『生態人類学を学ぶ人のために』京都：世界思想社．18-41.

チクセントミハイ，M. 1975（1979）．今村浩明訳『楽しみの社会学：不安と倦怠を越えて』東京：思索社.

都留泰作．1996.「バカ・ピグミーの精霊儀礼」『アフリカ研究』49：53-76.

寺嶋秀明．1997.『共生の森（熱帯林の世界 6）』東京：東京大学出版会.

西田利貞．1999.『人間性はどこから来たか：サル学からのアプローチ』京都：京都大学学術出版会.

林耕次．2000.「カメルーン南東部バカ（Baka）の狩猟採集活動：その実態と今日的意義」『人間文化』（神戸学院大学人文学会）14：27-38.

書房．74-90.
亀井伸孝．2009b.『手話の世界を訪ねよう』（岩波ジュニア新書　630）東京：岩波書店．
亀井伸孝．2010.「『子どもの民族誌』の可能性を探る：狩猟採集民バカにおける遊び研究の事例」木村大治・北西功一編『森棲みの社会誌』京都：京都大学学術出版会．印刷中．
亀井伸孝編．2009.『遊びの人類学ことはじめ：フィールドで出会った〈子ども〉たち』京都：昭和堂．
北西功一．1997.「狩猟採集民アカにおける食物分配と居住集団」『アフリカ研究』51：1-28.
木村大治．2003.『共在感覚：アフリカの二つの社会における言語的相互行為から』京都：京都大学学術出版会．
金田一京助．1931.「片言をいうまで」『科学画報』（藤本英夫編．2004.『ユーカラの人びと：金田一京助の世界1』東京：平凡社．10-19に再録）．
国連開発計画．2004.『人間開発報告書　2004：この多様な世界で文化の自由を』東京：国際協力出版会．
湖中真哉．1998.「ケニア」大林太良・岸野雄三・寒川恒夫・山下晋司編『民族遊戯大事典』東京：大修館書店．597-600.
コムリー，B.・S. マシューズ・M. ポリンスキー編．1996（1999）．片田房訳『世界言語文化図鑑：世界の言語の起源と伝播』東京：東洋書林．
サーヴィス，E. R. 1966（1972）．蒲生正男訳『現代文化人類学2：狩猟民』東京：鹿島研究所出版会．
サーリンズ，M. 1972（1984）．山内昶訳『石器時代の経済学』東京：法政大学出版局．
佐藤弘明．1991.「定住した狩猟採集民バカ・ピグミー」田中二郎・掛谷誠編『ヒトの自然誌』東京：平凡社．543-566.
佐藤弘明．2001.「森と病：バカ・ピグミーの民俗医学」市川光雄・佐藤弘明編『森と人の共存世界（講座　生態人類学2）』京都：京都大学学術出版会．187-222.
澤田昌人．1998.「コンゴ民主共和国」大林太良・岸野雄三・寒川恒夫・山下晋司編『民族遊戯大事典』東京：大修館書店．609-613.
菅豊．1998.「深い遊び：マイナー・サブシステンスの伝承論」篠原徹編『民俗の技術（現代民俗学の視点　第1巻）』東京：朝倉書店．217-246.
菅原和孝．1986.「ブッシュマンの日常行動と集団構造」伊谷純一郎・田中二郎編『自然社会の人類学：アフリカに生きる』京都：アカデミア出版会．111-145.
スチュアートヘンリ．1984.「伝統エスキモー社会の法と遊びの関係について」『法政大学教養部紀要：社会科学編』51：1-20.
スチュアートヘンリ・岸上伸啓．1986.「遊びに関する研究の基礎理論（その一）：伝統エスキ

World Conference on Special Needs Education: Access and Quality (June 1994, Salamanca, Spain).

青柳まちこ. 1977.『「遊び」の文化人類学』東京：講談社.
秋山なみ・亀井伸孝. 2004.『手話でいこう：ろう者の言い分　聴者のホンネ』京都：ミネルヴァ書房.
アンリオ, J. 1973 (2000). 佐藤信夫訳『遊び』東京：白水社.
市川光雄. 1982.『森の狩猟民：ムブティ・ピグミーの生活』京都：人文書院.
市川光雄. 1985.「豊かな物真似の世界：ザイールのムブティ・ピグミー」岩田慶治編『子どもの世界：39冊のフィールドノートから』東京：くもん出版. 72-75.
市川光雄. 1986.「アフリカ狩猟採集社会の可塑性」伊谷純一郎・田中二郎編『自然社会の人類学：アフリカに生きる』京都：アカデミア出版会. 279-311.
今村薫. 1991.「サンの日常と歌」田中二郎・掛谷誠編『ヒトの自然誌』東京：平凡社. 91-135.
今村薫. 1996.「同調行動の諸相：ブッシュマンの日常生活から」菅原和孝・野村雅一編『コミュニケーションとしての身体（叢書　身体と文化　第2巻）』東京：大修館書店. 71-91.
岩田慶治編. 1985.『子どもの世界：39冊のフィールドノートから』東京：くもん出版.
岩田慶治編. 1987.『世界の子ども文化』大阪：創元社.
ウィリス, P. E. 1977 (1996). 熊沢誠・山田潤訳『ハマータウンの野郎ども』東京：筑摩書房.
荻野昌弘. 2005.『暴力の風景』西宮：関西学院大学21世紀COEプログラム.
オルテガ・イ・ガセー, J. 1960 (2001). 西澤龍生訳『狩猟の哲学』東京：吉夏社.
カイヨワ, R. 1958 (1990). 多田道太郎・塚崎幹夫訳『遊びと人間』東京：講談社.
亀井伸孝. 1996.「ニホンザルの行動選択にかかわる社会的条件：食物をめぐる葛藤の事例分析」京都大学大学院理学研究科修士論文発表.
亀井伸孝. 2001a.「狩猟採集民Bakaにおけるこどもの遊び」第6回生態人類学会研究大会(2001年3月, 青森市, 南部屋).
亀井伸孝. 2001b.「狩猟採集民バカにおけるこどもの遊び」市川光雄・佐藤弘明編『森と人の共存世界（講座・生態人類学2）』京都：京都大学学術出版会. 93-139.
亀井伸孝. 2002.「狩猟採集民バカにおけるこどもの日常活動と社会化過程に関する人類学的研究」京都大学博士学位論文.
亀井伸孝. 2006.『アフリカのろう者と手話の歴史：A・J・フォスターの「王国」を訪ねて』東京：明石書店.
亀井伸孝. 2009a.「言語と身体の違いを越えて関係を構築する：アフリカのろう者コミュニティにて」箕浦康子編『フィールドワークの技法と実際Ⅱ：分析・解釈編』京都：ミネルヴァ

American Anthropological Association. Session 0-043 "Culture and ecology of forager children" (November 2002, Hyatt Regency New Orleans, USA).

Kamei, N. 2005. Play among Baka children in Cameroon. In: Hewlett, B. S. & M. E. Lamb eds. *Hunter-gatherer childhoods: Evolutionary, developmental & cultural perspectives*. New York: Aldine de Gruyter. 343-359.

Lee, R. B. 1979. *The !Kung San: Men, women and work in a foraging society*. Cambridge: Cambridge University Press.

Lee, R. B. & R. Daly eds. 1999. *The Cambridge encyclopedia of hunters and gatherers*. Cambridge: Cambridge University Press.

Letouzey, R. 1976. *Contribution de la botanique au problème d'une éventuelle langue pygmée*. Paris: SELAF.

Murdock, G. 1937. Comparative data on the division of labor by sex. In: *Social Forces* 15: 551-553.

Opie, I. & P. Opie. 1959. *The lore and language of schoolchildren*. Oxford; New York: Oxford University Press.

ORSTOM. 1964. *Localisation des groups humains*. Yaoundé.

Roberts, J. M., M. J. Arth & R. R. Bush. 1959. Games in culture. In: *American Anthropologist* 61: 597-605.

Sato, H. 2001. The potential of wild yams and yam-like plants as a staple food resource in the African tropical rain forest. In: *African Study Monographs*. Supplementary Issue 26: 123-134.

SIL International. On line. Ethnologue "Baka, A language of Cameroon" (http://www.ethnologue.com/14/show_language.asp?code=BKC, 2009年3月8日閲覧).

Sperber, D. 1996. *Explaining culture: A naturalistic approach*. Oxford: Blackwell.

Sutton-Smith, B. 1979. Epilogue: Play as performance. In: Sutton-Smith, B. ed. *Play and learning*. New York: Gardner Press. 295-322.

Tshireletso, L. 1998. A Case for assimilation or integration?: Issues, dilemmas and prospects on the state provision of education to traditional hunter-gatherer societies of Botswana. In: The 8th International Conference on Hunting and Gathering Societies (CHAGS 8): History, Politics and Future (October 1998, Osaka, Japan).

Tsuru, D. 1998. Diversity of ritual spirits performances among the Baka Pygmies in southeastern Cameroon. In: *African Study Monographs*. Supplementary Issue 25: 47-84.

UNESCO. 1994. *The Salamanca statement and framework for action on special needs education*.

and personality: Contemporary readings. Chicago: Aldine Publishing Company. 16–39.

Draper, P. 1976. Social and economic constraints on !Kung childhood. In: Lee, R. B. & I. DeVore eds. *Kalahari hunter-gatherers: Studies of the !Kung San and their neighbors*. Cambridge, Massachusetts: Harvard University Press. 199–217.

Garcia, R. L. 1992. Cultural diversity and minority rights: A consummation devoutly to be demurred. In: Lynch, J., C. Modgil & S. Modgil eds. *Cultural diversity and the schools 4: Human rights, education and global responsibilities*. Bristol: Falmer Press.

Harris, J. R. 1998. *The nurture assumption: Why children turn out the way they do*. New York: Free Press.

Hewlett, B. S. & L. L. Cavalli-Sforza. 1986. Cultural transmission among Aka Pygmies. In: *American Anthropologist* 88: 922–934.

Hewlett, B. S. & M. E. Lamb eds. 2005. *Hunter-gatherer childhoods: Evolutionary, developmental & cultural perspectives*. New Brunswick, NJ: Transaction Publishers.

Hirasawa, A. 2005. Infant care among the sedentarized Baka hunter–gatherers in Southeastern Cameroon. In: Hewlett, B. S. & M. E. Lamb eds. *Hunter-gatherer childhoods: Evolutionary, developmental & cultural perspectives*. New Brunswick, NJ: Transaction Publishers. 365–384.

Hirschfeld, L. A. 2002. Why don't anthropologists like children? In: *American Anthropologist* 104(2): 611–627.

Homan, R. 1992. Separate schools. In: Lynch, J., C. Modgil & S. Modgil eds. *Cultural diversity and the schools 1: Education for cultural diversity: Convergence and divergence.* Bristol: Falmer Press.

Kamei, N. 1997. Research on the material culture of the children of the Baka: Tools and toys. Kamei, N. ed. *A study of the traditional use of tropical forest: Intermediate report* 10. Ministry of Scientific and Technical Research, Republic of Cameroon (November 10th, 1997). 5–12; 19–24.

Kamei, N. 2001. An educational project in the forest: Schooling for the Baka children in Cameroon. In: *African Study Monographs*. Supplementary Issue 26: 185–195.

Kamei, N. 2002a. How the Baka children of Cameroon play. In: The 9th International Conference on Hunting and Gathering Societies. Session 32 "Recent research on forager children" (September 2002, Edinburgh Conference Centre, Heriot–Watt University, Edinburgh, UK).

Kamei, N. 2002b. How the Baka children of Cameroon play. In: The 101st Annual Meeting of the

文　献

Akiyama, H. 2001. The influence of the schooling and relocation on the G/ui pupil companionship. In: *African Study Monographs*. Supplementary Issue 26: 197-208.

Althabe, G. 1965. Changements sociaux chez les pygmées Baka de l'est du Cameroun. In: *Cahiers d'études Africaines* 5(20): 561-592.

Anderson, W. W. 1973. *Children's play and games in rural Thailand: A study in enculturation and socialization*. University of Pennsylvania, Ph.D. dissertation.

Antoine, J. 1993. *Observer, réfléchir, agir!: lecture 1*. Yaoundé: F.E.C. Yaoundé, Projet Pygmées.

Bahuchet, S. 1992. *Dans la forêt d'Afrique Centrale: les Pygmées Aka et Baka*. Paris: PEETERS-SELAF.

Barry, H., I. Child & M. Bacon. 1959. Relation of child training to subsistence economy. In: *American Anthropologist* 61: 51-63.

Bird, D. W. & R. B. Bird. 2000. The ethnoarchaeology of Juvenile foragers: Shellfishing strategies among Meriam children. In: *Journal of Anthropological Archaeology* 19: 461-476.

Blurton Jones, N., K. Hawkes & P. Draper. 1994. Differences between Hadza and !Kung children's work. In: Burch, E. S. Jr. & L. J. Ellanna eds. *Key issues in hunter-gatherer research*. Oxford; Providence: Berg Publishers. 189-215.

Blurton Jones, N., K. Hawkes & J. F. O'Connell. 1997. Why do Hadza children forage? In: Segal, N. L., G. E. Weisfeld & C. C. Weisfeld eds. *Uniting psychology and biology: Integrative perspectives in human development*. Washington, DC: American Psychological Association.

Bowman, J. R. 1987. Making work play. In: Fine, G. A. ed. *Meaningful play, playful meaning*. Champaign, Illinois: Human Kinetics, Inc. 61-71.

Brisson, R. 1984. *Lexique: Français-Baka*. Douala.

Brisson, R. & D. Boursier. 1979. *Petit dictionnaire: Baka-Français*. Douala.

Bundo, D. 2001. Social relationship embodied in singing and dancing performances among the Baka. In: *African Study Monographs*. Supplementary Issue 26: 85-101.

D'Andrade, R. G. 1974. Sex differences and cultural institutions. In: LeVine, R. A. ed. *Culture*

人　名

[な行]

[は行]

[た行]

[さ行]

索　引

事　項

著者略歴

亀井　伸孝（かめい　のぶたか）

1971年、神奈川県生まれ。京都大学大学院理学研究科博士後期課程修了、理学博士。日本学術振興会特別研究員、関西学院大学社会学研究科COE特任准教授を経て、現在、東京外国語大学アジア・アフリカ言語文化研究所研究員。専門は文化人類学・アフリカ地域研究。

単著に、『アフリカのろう者と手話の歴史：A・J・フォスターの「王国」を訪ねて』（明石書店、2006年、2007年度国際開発学会奨励賞受賞）、『手話の世界を訪ねよう』（岩波ジュニア新書、2009年）、*On va signer en Langue des Signes d'Afrique Francophone!*（東京外国語大学アジア・アフリカ言語文化研究所、2008年）。編著に、『遊びの人類学ことはじめ：フィールドで出会った〈子ども〉たち』（昭和堂、2009年）、『アクション別フィールドワーク入門』（武田丈と共編、世界思想社、2008年）。共著に、『森と人の共存世界』（市川光雄・佐藤弘明編、京都大学学術出版会、2001年）、*Hunter-gatherer childhoods: Evolutionary, developmental & cultural perspectives*（Barry S. Hewlett and Michael E. Lamb編、Transaction Publishers、2005年）、『手話でいこう：ろう者の言い分 聴者のホンネ』（秋山なみと共著、ミネルヴァ書房、2004年）、『文化人類学事典』（日本文化人類学会編、丸善、2009年）ほか。

森の小さな〈ハンター〉たち
——狩猟採集民の子どもの民族誌

2010年2月20日　初版第一刷発行

著　者　亀井伸孝
発行人　加藤重樹
発行所　京都大学学術出版会
京都市左京区吉田河原町15-9
京大会館内（〒606-8305）
電話（075）761-6182
FAX（075）761-6190
URL http://www.kyoto-up.or.jp
振替 01000-8-64677

ISBN 978-4-87698-782-5
Printed in Japan

印刷・製本　亜細亜印刷株式会社
装幀　鷺草デザイン事務所
定価はカバーに表示してあります